La responsabilité contractuelle du transporteur aérien en droit malien

Logiques Juridiques

Fondée par Gérard Marcou
Dirigée par Jean-Claude Némery et Thomas Perroud

Le droit n'est pas seulement un savoir, il est d'abord un ensemble de rapports et pratiques que l'on rencontre dans presque toutes les formes de sociétés. C'est pourquoi il a toujours donné lieu à la fois à une littérature de juristes professionnels, produisant le savoir juridique, et à une littérature sur le droit, produite par des philosophes, des sociologues ou des économistes notamment.

Parce que le domaine du droit s'étend sans cesse et rend de plus en plus souvent nécessaire le recours au savoir juridique spécialisé, même dans des matières où il n'avait jadis qu'une importance secondaire, les ouvrages juridiques à caractère professionnel ou pédagogique dominent l'édition, et ils tendent à réduire la recherche en droit à sa seule dimension positive. À l'inverse de cette tendance, la collection « Logiques juridiques » des éditions L'Harmattan est ouverte à toutes les approches du droit. Tout en publiant aussi des ouvrages à vocation professionnelle ou pédagogique, elle se fixe avant tout pour but de contribuer à la publication et à la diffusion des recherches en droit, ainsi qu'au dialogue scientifique sur le droit. Comme son nom l'indique, elle se veut plurielle.

Dernières parutions

Mariam Hamzeh TARCHICHI, *Le droit international de la délimitation des frontières,* 2021.
Rahma Bentirou Mathlouthi, *Le droit à un environnement sain en droit européen, Dynamique normative et mise en œuvre jurisprudentielle*, 2020
Serge SURIN, *Les travaux préparatoires dans l'interprétation constitutionnelle. Étude d'une stratégie interprétative du Conseil consitutionnel français*, 2020.
Romain SOUSTELLE, *Réchauffement climatique et droit des brevets. Carcan du pollueur et turbine de l'innovation verte*, 2020.
Christophe AUGER, *Discours d'un procureur de province illustrés et expliqués*, 2020.
Ariane CONUS, *La conciliation judiciaire*, 2020.
André KAZADI, *L'interprétation du droit pénal au Canada et en France. Entre la lettre et l'objectif de la loi*, 2020.
Xavier CABANNES (dir.), *Livres et manuscrits anciens. Approche juridique*, 2020.
Vincent LAUREAU, *Apprendre de Bamako. Un quartier urbain autoconstruit en terre*, 2020.

Souleymane DIARRA

La responsabilité contractuelle du transporteur aérien en droit malien

Contribution à l'étude de l'application des conventions internationales dans un contexte africain

Préfaces de David HIEZ,
professeur à l'université du Luxembourg

et Philippe DELEBECQUE,
professeur à l'Université de Paris-I (Panthéon-Sorbonne),
président honoraire de la Société française de droit aérien et spatial

L'Harmattan

5-7, rue de l'Ecole-Polytechnique, 75005 Paris

www.editions-harmattan.fr

ISBN : 978-2-343-20847-3
EAN : 9782343208473

REMERCIEMENTS

Je tiens à exprimer ma profonde gratitude à Monsieur le Professeur David HIEZ de l'intérêt qu'il a manifesté à la recherche au Mali et en Afrique, pour l'attention et la disponibilité avec lesquelles il a dirigé ce travail, ainsi que pour les précieux conseils qu'il m'a prodigués au fil de son élaboration.

Qu'il trouve ici l'expression de ma sincère reconnaissance.

Je remercie Messieurs les professeurs Gilles CUNIBERTI, Bréhima KAMENA, Isaac Yankhoba NDIAYE, Barthelemy MERCADAL d'avoir accepté de constituer le jury de soutenance de cette étude.

Je remercie Monsieur le professeur Pascal ANCEL pour son soutien et ses conseils tout au long de la préparation de ce travail.

Cette étude m'a permis de faire la connaissance de plusieurs magistrats dans les différentes juridictions maliennes, d'avocats et brillants juristes. Je les remercie de leurs conseils et surtout pour les nombreuses décisions qu'ils ont bien voulues me faire parvenir.

Je remercie enfin Mme le Professeur assistant Séverine MENETERY pour sa contribution à la relecture de ce travail.

PRINCIPALES ABRÉVIATIONS

AU : Acte uniforme
CV : Convention de Varsovie
CM : Convention de Montréal
C. : Contre
CA : Cour d'appel
Cass. Civ : Cass. Arrêt d'une chambre civile (1ère, 2e, 3e) de la Cour de cassation
Cass. Com : Arrêt de la chambre commerciale de la Cour de cassation Cass. Crim : Arrêt de la chambre criminelle de la Cour de cassation CCG : Convention complémentaire de Guadalajara
CEMAC : Communauté économique et monétaire de l'Afrique centrale CJUE : Cour de justice de l'Union européenne
CPCCS : Code de procédure civile, commerciale et sociale du Mali DTS : Droit de tirage spécial
Ed : Editeur
FMI : Fond monétaire international
IATA : Association du transport aérien international Ibid : Au même endroit, dans la même œuvre
Op. Cit. Opus citatum - œuvre citée
OACI : Organisation de l'aviation civile internationale
OHADA : Organisation pour l'harmonisation en Afrique du droit des affaires ONU : Organisation des Nations Unies
p./pp. : page/pages
PAM : Protocole additionnel de Montréal
PH : Protocole de la Haye
RAM : Royal Air Maroc
RFD : Revue française de droit
RGO : Régime général des obligations
RID : Revue internationale de droit
T.com : Tribunal de commerce
TGI : Tribunal de grande instance
TPI : Tribunal de première instance
UE : Union européenne
JOCE/JO : Journal officiel des Communautés européennes/
LTA : Lettre de transport aérien
LGDJ : Librairie générale de droit et de jurisprudence
PUF : Presses universitaires de France
RCADI : Recueil de Cours de l'Académie du droit international de La Haye
Vol. : Volume

SOMMAIRE

PRÉFACE 1

Au moment de commencer à rédiger la préface de cet ouvrage de M. DIARRA, je me trouve face à un dilemme : soit je parle exclusivement du contenu de la thèse, qui le mérite bien, et j'en refais un résumé à ma sauce, soit j'évoque aussi le contexte dans lequel cet ouvrage a été créé et certains en déduiront une moindre valeur scientifique. Je vais pourtant essayer de me sortir de ce dilemme en expliquant comment la qualité du travail ici présenté est le résultat d'un processus intimement lié au contexte de préparation de la thèse. Mais disons-le d'emblée, et je l'exposerai plus loin de façon détaillée, le travail que M. DIARRA présente est de qualité et intéressera de multiples publics. Mais venons-en au contexte.

J'ai découvert l'Afrique à travers le Mali à la fin des années 2000, à l'occasion d'une coopération entre mon Université et l'Université des sciences juridiques et politiques de Bamako, et je suis tombé et resté sous le charme du pays et progressivement du continent. Je le dis, car ma relation avec M. DIARRA est empreinte de la fascination que j'éprouve pour l'Afrique et l'amitié que j'ai pour le Mali et les Maliens. Ma rencontre avec Souleymane DIARRA n'est pas banale non plus : lors d'un séjour à Bamako en 2012, il m'avait demandé un rendez-vous et était venu me voir à l'hôtel où je logeais et nous discutions en fin d'après-midi dans le jardin. Finalement son téléphone a commencé à sonner sans discontinuité, et nous avons ainsi appris qu'un coup d'État était en cours de l'autre côté du fleuve. Il n'empêche que j'ai découvert ce jour-là un homme extrêmement dynamique, pas toujours mesuré, bref une énergie à canaliser. Je m'interrogeais tout de même si cette tornade soufflait longtemps où si elle ne risquait pas de se dégonfler et de ne pas aller loin. Il n'en fut rien. J'ai cédé à cette volonté et j'ai pris le risque d'accepter d'encadrer son travail. Le sujet de la thèse est exclusivement de Souleymane, car il avait une idée claire de ce qu'il voulait faire ; le sujet m'a paru bon, car il me semblait parfaitement en prise avec les réalités africaines. Après je ne sais plus trop quelles difficultés administratives, Souleymane a pu s'inscrire en doctorat à l'Université du Luxembourg.

Quelles ont été les étapes de l'initiation au travail académique ? Je ne vexerai pas Souleymane si je dis que nous partions de loin. Souleymane avait naturellement des connaissances, mais il manquait de méthode. D'abord, il a fallu le sevrer de son désir de rédiger une introduction pour commencer et d'avoir un plan figé avant de commencer à écrire.

Les premières versions de chapitre qu'il a envoyées ont reçu des critiques serrées, et le bienfait du système des comités d'encadrement de thèse se sont fait sentir : ce que je lui disais de façon répétitive, d'autres collègues le lui redisaient avec d'autres mots, et cela confortait le message du directeur de thèse. Et Souleymane était attentif, toujours emporté, mais de moins en moins, et il acceptait les remarques sans rien dire, devait digérer tranquillement, car il reprenait le collier avec ardeur. Souleymane a cessé de penser que quand on évoque la jurisprudence on fait de l'empirisme. Souleymane a abandonné le purement descriptif pour esquisser des analyses. Souleymane a arrêté de se référer à la Cour de cassation française comme à la cour supérieure à la Cour suprême du Mali.

C'est le fruit de cette évolution que le lecteur va découvrir. Pour la plupart des chercheurs, ce processus n'est pas très intéressant, ils en ont emprunté des sentiers, mais il y a longtemps. Pour les jeunes chercheurs en revanche, particulièrement pour ceux pour qui la lecture n'est pas un réflexe acquis avant le commencement de la thèse, le travail de M. DIARRA pourra aussi être vu comme l'aboutissement d'un cheminement qu'ils partagent.

Mais quel est l'apport de la thèse de M. DIARRA ? Il est pluriel, raison pour laquelle il pourra intéresser des lecteurs différents. Nul doute que le thème de la responsabilité du transporteur aérien est important en pratique. Par souci de cohérence et pour cantonner le sujet à une recherche réalisable, cette responsabilité a été amputée de son volet pénal, et même restreinte à sa dimension contractuelle. Sous cet angle, elle fournit un examen approfondi des règles internationales, là où les études francophones sont plus souvent centrées sur la réglementation européenne.

Mais l'originalité principale du travail de M. DIARRA est d'avoir envisagé la question sous l'angle malien. La tâche n'est pas aisée, dans la mesure où il n'existe aucune législation nationale et seulement des sources régionales très éparses et marginales. Et c'est là que l'énergie de M. DIARRA s'est révélée précieuse. Après avoir compris que l'interviewe de trois juges et deux avocats n'avaient pas de valeur scientifique en droit, M. DIARRA s'est mis à la chasse de jurisprudence, alors qu'il n'en existe aucune publication. A force de ténacité, de compulsation systématique des décisions de plusieurs tribunaux, avec un accès à ces documents grâce à des moyens que je ne veux pas connaître, M. DIARRA a rassemblé une série significative de décisions. Et là a pu commencer l'analyse dogmatique. Et le constat a été sans appel : sur plusieurs points, le juge malien, ou certains juges maliens, faisaient une application des règles de droit international non conforme aux textes.

Le démontrer, l'expliquer, l'évaluer… Voilà des apports éclairants pour les juges qui au moins pourront avec une conscience plus éclairée décider de poursuivre une application irrévérencieuse ou au contraire de modifier leur jurisprudence. Mais ce décalage soulève aussi d'autres questions. D'abord celle du pouvoir du juge dans un pays où le système législatif national n'est pas le plus développé, au moins quantitativement. Mais aussi le questionnement des règles internationales en matière de responsabilité du transporteur aérien, adoptées en considération des grandes compagnies aériennes et peut-être pas suffisamment attentives à la situation des consommateurs des pays plus pauvres et moins formalisés.

Comme toute œuvre, la publication d'une thèse donne le sentiment d'un aboutissement. Elle l'est à coup sûr. Mais comme sur tout chemin initiatique, le cherchant s'aperçoit bien vite que ce n'était qu'une étape, un point sur lequel il peut s'appuyer pour continuer. C'est tout ce que je souhaite à M. Diarra et que, bientôt, je pourrai formellement l'appeler cher collègue.

David HIEZ
Professeur de droit privé
Université du Luxembourg, Faculté de droit, d'économie et de finance

PRÉFACE 2

Il nous est très agréable de présenter la thèse de Monsieur Souleymane Diarra que nous avons eu l'honneur et le plaisir de rencontrer à l'Ambassade du Mali à Paris, ce qui, par parenthèses, nous permet déjà de souligner ses qualités et spécialement celles de juriste de droit international. Le droit aérien est une matière par essence internationale. S. Diarra l'étudie comme telle en montrant dans le moindre détail que sa compréhension ne peut se faire qu'à l'aune des conventions internationales, en l'occurrence la Convention de Chicago et les Conventions de Varsovie et de Montréal, au demeurant fort bien décrites dans un chapitre préliminaire particulièrement utile portant sur le cadre normatif. Toute sa démonstration l'atteste.

En effet, dans une première partie consacrée aux conditions de la responsabilité, Monsieur Diarra observe combien le droit malien est encore réservé, sinon « timide » lorsqu'il s'agit d'appliquer ou encore d'interpréter les textes internationaux. Sans doute la législation et la jurisprudence malienne font-elles leurs meilleurs efforts pour respecter et mettre en musique les stipulations de la Convention de Varsovie et aujourd'hui de la Convention de Montréal – la ratification en a été faite le 16 mars 2008 -, mais sans les valoriser : S. Diarra évoque, à cet égard, les conceptions trop nationalistes des notions d'accident ou encore de blessure qui commandent pourtant l'application des textes et appellent une lecture avant tout autonome, c'est-à-dire proprement internationale. On retrouve la même idée transversale lorsqu'après avoir étudié les conditions positives de la responsabilité du transporteur, S. Diarra s'attache à rendre compte de ses conditions négatives trouvant leur expression dans les causes d'exonération dont le transporteur peut faire état pour échapper, en tout ou partie, à sa responsabilité.

La seconde partie de la thèse de Monsieur Diarra porte sur la mise en œuvre de la responsabilité du transporteur aérien, responsabilité qui est peut-être davantage légale que contractuelle. L'auteur s'arrête dans un premier temps sur les questions essentielles de compétence : on sait que la détermination du for compétent est, lors d'une catastrophe aérienne, au commencement de toute discussion. Les indemnisations varient assez considérablement selon le tribunal compétent. La théorie du « forum conveniens » ou « non conveniens » est ici souvent mise à l'épreuve. Monsieur Diarra ne se limite cependant pas à l'examen de la compétence territoriale : il analyse dans le détail les problèmes liés à la compétence matérielle, ce qui nous vaut des critiques intéressantes et constructives à cet égard sur la jurisprudence de certains tribunaux maliens. Dans un second temps, et très logiquement au regard du plan choisi, l'auteur développe la question de l'indemnisation qu'il considère en filigrane comme insuffisante, ce qui lui fait dire, plus largement, que l'interprétation des conventions internationales est, dans la mise en œuvre de la responsabilité du transporteur aérien, « déformante ». Le qualificatif est peut-être un peu forcé, car en lisant toute cette seconde partie, l'impression qui se dégage est plutôt celle d'une grande fidélité aux textes. Ainsi en est-il lorsqu'il s'agit de savoir si les plafonds de réparation, en cas de pertes et d'avaries survenues à des marchandises, peuvent être écartées compte tenu du dol ou de la faute inexcusable du transporteur. La Convention de Montréal ne dit rien sur ce point, alors qu'il faudrait sans doute rappeler que le dol fait échec à toutes les règles.

La thèse de Monsieur Diarra ouvre ainsi de nombreuses perspectives pour les juristes, mais aussi pour tous les opérateurs du monde aérien. Elle débouche aussi sur des propositions qu'il faut encourager : ainsi en est-il, spécialement, de la nécessaire codification du droit des transports qui ne pourrait donner que plus de sécurité juridique et de cohérence dans l'application et la compréhension des dispositions légales et réglementaires. Monsieur Diarra serait certainement, grâce à son travail précis et bien construit, l'une des personnes les plus qualifiées pour mener à bien cette œuvre législative, dans sa partie aérienne, en tout cas.

La thèse de l'auteur est toujours bien écrite et a le grand mérite d'allier le très concret (on pense, notamment à la jurisprudence malienne sur les « fouilles corporelles » ou encore aux nombreux tableaux statistiques) avec l'abstrait et la conceptualisation des données tant économiques que juridiques. Le droit aérien africain, assez, à tort, méconnu, trouve ici un excellent observateur appelé rapidement à faire partie, ce qu'on se permet de lui souhaiter, de la meilleure doctrine aérianiste.

Philippe DELEBECQUE
Professeur à l'Université de Paris-I (Panthéon-Sorbonne)
Président honoraire de la Société française de droit aérien et spatial

INTRODUCTION GÉNÉRALE

« Le déplacement dans les airs ne peut être l'œuvre que de divinité. Seul Dieu a le privilège de s'élever de terre par son propre pouvoir »[1].

Vital pour la vie économique et sociale, le phénomène du transport ne saurait être ignoré par le droit. Selon le doyen RODIÈRE, « ***les transports sont les actions par lesquelles se trouvent organisés les déplacements des hommes et des choses*** ».[2] En tant que branche du droit privé, le droit des transports a pour objet d'étudier les mouvements des personnes et des biens et cela par différents moyens et modes de transport. C'est notamment le cas des transports terrestre, maritime et aérien.

La mondialisation actuelle de l'économie place le transport aérien au cœur des échanges internationaux, avec un rôle stratégique en matière de croissance et de rayonnement des pays. Ainsi, pour un pays aussi vaste comme le Mali avec des capitales régionales fortement enclavées[3], l'impact du transport aérien en matière économique, de solidarité sociale et de cohésion nationale reste un socle de la politique nationale[4].

Situé en Afrique de l'Ouest, le Mali est membre de l'Union Economique et Monétaire Ouest Africaine (ci-après l'UEMOA). Regroupant huit pays de l'Afrique de l'Ouest à savoir le Benin, le Mali, le Niger, le Burkina Faso, la Côte d'Ivoire, la Guinée Biseau, le Sénégal, et le Togo, l'UEMOA fut créée par le traité du 10 janvier 1994 - révisé en 29 janvier 2003. Avec une superficie de 3,5 millions de km2, l'UEMOA compte vingt aéroports internationaux pour une population de 87,6 millions d'habitants[5]. Elle a amorcé un processus législatif du programme communautaire du transport aérien des États de l'Union le 27 juin 2002 à Dakar.[6]

---

[1] Bible, Ancien Testament, Evangile de Marc, 16, 29, Evangile de Luc, 24, 51.

[2] R. RODIERE, B. MERCADAL, Droit des transports terrestres et aériens, précis Dalloz, 5è éd, Paris, 1990, n°1.

[3] 1224km sépare Gao de Bamako.

[4] Fascicule du Ministère des transports du Mali, Politique Nationale de l'Aviation Civile, 2011, p.1.

[5] Entretien au Burkina Faso au siège de l'UEMOA, avec Irène SEKA, directrice du transport aérien et du tourisme de l'institution, juillet 2012 ; V. sa communication à la conférence-UE-Afrique sur l'aviation, 2-3 avril 2009.

[6] Décision n° 8/2002 du Conseil des Ministres.

Comme pour les autres modes de transport, l'aviation a très tôt nécessité une organisation et surtout une règlementation à la fois nationale et internationale. Aussi, dès l'aube du transport aérien, s'est fait-il ressentir le besoin d'une loi universelle qui traiterait à la fois de la responsabilité du transporteur aérien, tant à l'égard des passagers qu'à l'égard de ceux qui lui confient l'acheminement du fret, et des règles relatives aux titres de transport. À ce titre, deux Conventions majeures méritent d'être signalées : la Convention de Varsovie du 12 octobre 1929 et la Convention de Montréal du 28 mai 1999.

Adoptée le 12 octobre 1929, la Convention de Varsovie est entrée en vigueur le 13 février 1933. Elle entrera en vigueur au Mali trente et un an plus tard, soit le 29 mars 1964. Elle fut modifiée à plusieurs reprises et complétée par une série de textes internationaux dont notamment la Convention de Montréal du 28 mai 1999 ratifiée par le Mali le 16 janvier 2008 et entrée en vigueur le 16 mars 2008.

Le champ d'application de ces conventions est défini à l'article 1er. L'article 1er de la Convention de Varsovie dispose ainsi qu'elle « *s'applique à tout transport international de personnes, de bagages ou de marchandises, effectué par aéronef.* » La même formule figure à l'article 1erde la Convention Montréal. La doctrine déduit des termes généraux de ces textes, « *l'exigence de la conclusion d'un contrat de transport* »[7], support juridique de la relation liant le transporteur à son client.

Ces deux conventions vont régir tant le contrat de transport aérien de marchandises que le contrat de transport aérien de passagers, contrats ayant respectivement pour objet le déplacement d'une chose et le déplacement d'une personne humaine. Le Professeur PAULIN définit ainsi le contrat de transport comme « *le contrat en vertu duquel un prestataire s'engage à déplacer des personnes ou des biens, moyennant paiement d'un prix* »[8]. Il obéit à un régime spécifique, dérogatoire au droit commun.

Discipline en constant renouvèlement, le droit aérien a acquis dès le début du XXe siècle une importance pratique indéniable. Il est constitué d'un ensemble de règles empruntées aux ordres juridiques les plus variés dont notamment le droit international public, le droit administratif, le droit civil, le droit commercial, le droit pénal, ce qui, d'après Michel De JUGLART, en fait à la fois « *l'intérêt et la difficulté* »[9]. D'après le Code d'aviation civil du Mali le « *transport aérien, [...] consiste à acheminer par aéronef, d'un point d'origine à un point de destination, des passagers, des marchandises ou de la poste à titre onéreux* »[10].

---

[7] V. GRELLIERE, *Responsabilité du Transporteur aérien international*, thèse, Toulouse, 1973, p.25.

[8] C. PAULIN, J.-Cl. fasc. Unique ou Civil Code Art. 1782 à 1786, n°2, décembre 2011.

[9] M. DE JUGLART, E. Du PONTAVICE, J. DUTHEIL DE LA ROCHERE et G. MILLER, Traité de droit aérien, LGDJ, 2e éd., 1989, n° 33.

[10] Art 1er paragraphe g.

Le contrat de transport aérien est un contrat synallagmatique qui fait naître des obligations à la charge du passager aérien, du propriétaire de la cargaison et du transporteur. Son exécution s'appréciera dès lors à l'aune du respect par chacune des parties de ses obligations légales et contractuelles.

Une acception usuelle retient que le contrat de transport se caractérise par l'obligation de déplacement, obligation principale du contrat, placée sous la maîtrise du transporteur. Cette obligation principale qui pèse sur le transporteur est de transporter le passager du lieu de départ jusqu'au point d'arrivée. En toute hypothèse et en harmonie avec le droit commun[11], la jurisprudence exige que le déplacement soit l'objet principal de la prestation pour qu'il y ait contrat de transport. Il faut en outre que les marchandises et le passager arrivent sains et saufs à destination et à la date prévue, ce qui engendre pour le transporteur une série d'obligations dont la violation engage sa responsabilité. Ainsi, l'article 11 du Régime Général des Obligations au Mali[12] (ci-après le RGO) qui est le pendant de 1142 du Code civil français, dispose que *« le débiteur d'une obligation de faire ou de ne pas faire doit exécuter son obligation » et qu'à « défaut, il est tenu à réparation... »*

Le régime de responsabilité qui pèse sur le transporteur aérien est sévère dans la mesure où il s'agit d'une responsabilité sans fautes. Le siège de cette responsabilité figure aux articles 17, 18 et 19 des conventions de Varsovie et Montréal, qui traitent respectivement des passagers, des marchandises et bagages et du retard. Ainsi que nous le verrons dans leur énoncé, ces textes ne requièrent pas la preuve d'une faute pour la mise en jeu de la responsabilité du transporteur ; ils fixent au contraire une responsabilité sans fautes du transporteur dès lors que le dommage est survenu lors du temps du transport ou pendant le temps qui lui est assimilé[13]. Cependant, la Convention de Varsovie tout comme celle de Montréal lui permet de s'exonérer de la charge qui pèse sur lui. Pour ce faire, le transporteur aérien doit prouver qu'il a pris toutes les mesures nécessaires pour empêcher le dommage. Toutefois, si dans le régime de Varsovie, le transporteur bénéficie d'un mécanisme protecteur qui lui est très favorable, la Convention de Montréal au contraire élimine ce privilège, excepté en matière de retard, et alourdit considérablement la responsabilité du transporteur de passagers et de marchandises.

I. La notion de responsabilité civile

La responsabilité du transporteur est l'un des sujets essentiels dans la théorie générale de la responsabilité civile. Il s'agit de la réparation qu'assume le transporteur vis-à-vis des victimes des activités de transport. Elle a pour objet de couvrir les conséquences pécuniaires de la responsabilité civile encourue par le transporteur pour les dommages corporels, matériels et

[11] V.G. RIPERT, et *alii*, Traité de Droit Commercial, LGDJ, 17è éd. 2004

[12] Loi n°87-31/AN-RM du 29 Aout 1987, portant Régime Général des Obligations au Mali.

[13] B. MERCADAL., Transport aérien, Répertoire Dalloz de droit commercial, juin 2014, p.148.

immatériels causés non seulement aux cocontractants du transporteur (passagers et expéditeurs), mais aussi aux tiers. La responsabilité du transporteur aérien, avec certaines exceptions, reste soumise aux principes généraux de la responsabilité civile.

D'après Madame VINEY l'origine de l'expression « *responsabilité civile* » est d'origine récente, car elle n'est apparue dans la langue française que durant le dernier tiers du XVIIIe siècle et entérinée par l'académie en 1789. Elle est ***« l'ensemble des règles qui obligent l'auteur d'un dommage causé à autrui à le réparer en offrant à la victime une compensation »***[14]. La responsabilité civile a une fonction principalement indemnitaire, à la différence de la responsabilité pénale dont la fonction essentielle est répressive et dissuasive. Elle englobe donc la responsabilité contractuelle et la responsabilité extracontractuelle. La responsabilité contractuelle se distingue assez nettement, en droit français tout comme en droit malien, de la responsabilité délictuelle, qui est l'autre branche de la responsabilité civile. Elles se différencient d'abord par leurs sources : l'une est la conséquence de la violation d'une obligation contractuelle, tandis que l'autre découle de l'inobservation d'une obligation imposée directement par la loi[15] notamment les articles 125 et suivants du Régime General des Obligation du Mali (RGO) qui sont le pendant des articles 1240 et suivants du Code civil français. Cela étant, le droit français, source d'inspiration du droit malien, va plus loin et déduit de cette distinction d'origine un certain nombre de différences relatives au régime. Le fondement et la portée de cette dualité ont donné lieu à des controverses : certains auteurs opposent plus ou moins radicalement les deux responsabilités, alors que d'autres pensent, au contraire, qu'elles ont une unité profonde.

Aujourd'hui, une conception intermédiaire semble l'emporter d'après le Professeur Gérard LÉGIER[16]. L'auteur soutient que les responsabilités contractuelle et délictuelle diffèrent sans doute par leurs sources, ce qui explique que leurs conditions et leurs régimes ne soient pas identiques, mais cela ne révèle pas pour autant une véritable dualité de nature. C'est la raison pour laquelle l'on parle parfois, non de deux responsabilités, mais plutôt de deux régimes de responsabilité, conclut Madame VINEY. Bien avant elle, André BRUN, qui est l'auteur le plus représentatif de cette tendance selon le professeur Philipe BRUN, écrit que « *scientifiquement, il n'y a pas deux responsabilités, mais deux régimes de responsabilités* »[17]. La responsabilité du transporteur aérien n'échappe pas à ce constat, elle reste soumise aux deux régimes de responsabilité.

---

[14] G. VINEY, Introduction à la responsabilité, LGDJ, 3è ed., 2008, p.1.
[15] G. LEGIER, Droit civil : les obligations, Paris, Dalloz,22è éd., p.5.
[16] Répertoire Dalloz de droit civil, responsabilité contractuelle, n°2, oct.2013.
[17] Cité par P. BRUN, Responsabilité contractuelle, Lexis Nexis, 4ème éd., 2016, p.7.

II. La nature de la responsabilité du transporteur aérien

Depuis plus d'un demi-siècle, la problématique de l'introduction des conventions internationales dans l'ordonnancement juridique interne des États reste non résolue quant à la détermination de la nature de la responsabilité. Les rédacteurs de la Convention de Varsovie de 1929 et de la Convention de Montréal en 1999, entendaient-ils organiser la responsabilité contractuelle du transporteur défaillant, ou faire également application des règles des conventions de Varsovie et de Montréal dans les hypothèses où serait mise en œuvre la responsabilité délictuelle du transporteur aérien ? *Apriori*, la délimitation des deux ordres de responsabilité, contractuelle et délictuelle, ne paraît pas devoir poser de problème : la responsabilité contractuelle est appelée à régir la réparation des dommages subis dans le cadre de rapports contractuels, la responsabilité délictuelle ayant, de son côté, vocation à s'appliquer, subsidiairement en quelque sorte, à tous les autres cas.

Alors que peut-on déduire du silence voire de l'ambiguïté des conventions internationales ? Peut-on affirmer dès lors qu'il est constaté que la défaillance du débiteur ne réside pas dans l'inexécution d'une obligation née du contrat, celle-ci ne peut être génératrice que des règles de la responsabilité délictuelle, quand bien même une convention existerait entre les deux protagonistes ? Un examen minutieux des solutions issues des divers droits nationaux révèle la diversité existant en la matière. Alors que les créancières victimes d'une exécution défectueuse du contrat de transport aérien intentent dans certains pays, comme au Mali, une action en responsabilité contractuelle à l'encontre du transporteur, sous d'autres systèmes notamment en France et surtout dans la Common law, on les voit souvent agir sur le terrain délictuel. Le jeune État du Mali en adhérant en 1963 à la Convention de Varsovie n'avait point conscience d'un tel enjeu. D'où l'intérêt de faire un cadrage dans l'interprétation d'un certain nombre de dispositions dont notamment l'article 24 de la Convention de Varsovie et l'article 29 de la Convention de Montréal.

L'article 24 de la Convention de Varsovie dans sa version originelle disposait que : « *Dans les cas prévus aux articles 18 et 19 toute action en responsabilité, **à quelque titre que ce soit**, ne peut être exercée **que dans les conditions et limites prévues par la présente** convention.* » Dans une formulation similaire, mais plus précise, l'article 29 de la Convention de Montréal dispose que : « *Dans le transport de passagers, de bagages et de marchandises, **toute action en dommages-intérêts, à quelque titre que ce soit, en vertu de la présente** convention,* […] *ne peut être **exercée que dans les conditions et limites de responsabilité** prévues par la présente convention…* »

Les articles sus visés jouent ce que certains appellent « *un rôle de cantonnement* ». En effet, ces conventions s'appliquent exclusivement quel que soit le dommage subi, peu important le titre sur lequel le demandeur fonde son action en justice. Il s'agit là d'une réponse aux vœux de Monsieur MANKIEWICZ qui avait plaidé pour que le régime mixte des conventions puisse résister à ce qu'il appelait les « *assauts des plaideurs inventifs et habiles* »[18]. De ce postulat, il résulte que la victime d'un dommage ne saurait obtenir réparation hors des termes des Conventions. Le demandeur ne doit trouver aucune échappatoire dans sa qualité de tiers au contrat. C'est ce que Monsieur MERCADAL appelle le « *principe d'exclusivité de la Convention de Varsovie* »[19].

Cependant, ainsi que nous le verrons par la suite, certains dommages subis par les passagers de vols internationaux se trouvent exclus du champ des Conventions en raison d'une application stricte des dispositions de l'article 17 par les tribunaux. En effet, ne relèvent des Conventions internationales que les seuls dommages survenus à bord de l'aéronef ou au cours des opérations d'embarquement ou de débarquement ; les autres devant obéir au droit commun. Ces demandeurs seront-ils privés de tout recours contre le transporteur ? Les Conventions internationales doivent-elles être le seul fondement juridique possible du recours ? Les réponses jurisprudentielles se partagent entre les tenants de l'exclusivité du régime varsovien, interdisant toute autre forme de recours, et les défenseurs de l'intérêt des victimes, qui estiment injuste de laisser celles-ci sans recours. La réalité est que, ces conventions, tout en s'abstenant formellement de qualifier la responsabilité qu'elles régissent, ont construit un régime commun ou mixe dont l'ampleur permet le plus souvent de trancher les difficultés auxquelles les deux ordres de responsabilité se confrontent.

Dans cette étude, la responsabilité du transporteur aérien ne sera envisagée que du seul point de vue de la responsabilité civile. Le régime de responsabilité contractuelle du transporteur aérien qui fera l'objet de notre étude, portera sur les dommages corporels, le retard, les annulations de vol, le refus d'embarquement, la perte et l'avarie de marchandises ou bagages. La super protection du transporteur aérien, qui était jadis nécessaire pour favoriser le développement de ce nouveau mode de locomotion, se révèle de nos jours excessive en raison des progrès réalisés dans la navigation aérienne en matière de sécurité. D'où l'intérêt de la reforme opérée par la Convention de Montréal en 1999.

III. L'obligation de sécurité

Comme on pouvait s'y attendre, le transporteur aérien, à l'instar du transporteur terrestre ou ferroviaire devra acheminer son passager sain et sauf à destination. De façon générale, tout transporteur est tenu d'une obligation de sécurité vis-à-vis de passager et des expéditeurs de marchandises. Cette obligation de sécurité impose de prendre toutes les mesures destinées à assurer

---

[18] Voir R. H. Mankiewicz, Les nouveaux Etats et les Conventions de Droit aérien. In Annuaire français de droit international, volume 7, 1961. pp. 752-760.

[19] B. MERCADAL, Transport aérien, Répertoire Dalloz de droit commercial, septembre 2017, n°131.

la sécurité des passagers lors du transport. Elle vise à garantir le créancier contre les risques qui menacent sa sécurité corporelle. Le Professeur PEYREFIITE se convainc qu'il s'agit d'une « *obligation de résultat* », car déclare-t-il : « *le passager aérien ne joue aucun rôle actif dans l'opération.* » Face à cette sévérité, le transporteur répondra des avaries sur la marchandise et de tout dommage corporel subi au cours du transport. Pour Madame VINEY le transporteur a « *l'obligation de restituer le passager intact à l'arrivée* »[20]. Madame GRELLIERE ajoute que : « *le transporteur ne s'acquitte pas de son obligation s'il conduit à destination un cadavre* »[21]. Il suffit alors de prouver que le passager a été blessé ou est décédé pendant le transport pour caractériser l'inexécution de l'obligation de sécurité. La preuve par le transporteur de sa diligence et sa prudence, c'est-à-dire l'absence de faute, ne suffit pas à l'exonérer[22]. Il faut pour cela qu'il établisse positivement l'existence du fait qui a causé le dommage et qu'il prouve que ce fait lui est étranger.

Pour rappel, la jurisprudence a « découvert » l'obligation de sécurité dans le contrat de transport de personnes en 1911[23]. Dès lors, la grande ferveur manifestée par les tribunaux à l'égard de l'obligation de sécurité de résultat les a conduits à retenir une définition très large de la notion de transport. C'est ainsi que cette obligation bénéficiait au voyageur non seulement pendant le déplacement proprement dit, mais dès qu'il pénétrait, muni d'un titre de transport, dans l'enceinte réservée aux voyageurs et jusqu'à ce qu'il ait quitté la gare[24]. Par la suite, il y a eu ce qu'il convient d'appeler le « recul » de l'obligation de sécurité de résultat dans le domaine des transports. Les tribunaux français adoptèrent une interprétation restrictive de la notion de transport en affirmant que l'obligation qui incombe au transporteur de personne est, en principe, « *pendant le déplacement une obligation de résultat* »[25].

Se voulant plus pointilleuse, la première Chambre civile de la Cour de cassation française a précisé que l'obligation de sécurité de résultat ne pèse sur le transporteur qu'« *à partir du moment où le voyageur commence à monter dans le véhicule et jusqu'au moment où il achève d'en descendre* »[26]. Doit-on alors assimiler l'obligation du transporteur aérien à celle du transporteur terrestre ? Certainement pas, car l'obligation du premier ne cède pas, à la différence de celle du second, en présence d'un cas de force majeure.

Le non-respect de cette obligation de sécurité par le transporteur aérien pourrait, dans certains cas, également constituer le délit pénal de mise en

---

[20] G. VINEY, Les conditions de la responsabilité, précis, n°519, p.588.

[21] Thèse préc, p.201.

[22] Dans la version originelle de CV la responsabilité du TA était subjective. Il devait employer toute la diligence requise pour éviter le dommage mais il n'était tenu que parce qu'il avait commis une faute.

[23] Cass. Civ., 21 novembre 1911, Cie Générale Transatlantique c/ Zbidi Hamida ben Mahmoud.

[24] R. RODIERE, « Le régime légal de l'obligation de sécurité due par les transporteurs à leurs voyageurs », JCP 1952, I, 997, n°30 et s. Civ., 17 mai1961, D.1961, p.532.

[25] Civ. 1ère, 15 mars 1965, D.1965, p.448.

[26] Civ. 1ère, 1er juill.1969, D.1969, p.641.

danger de la vie d'autrui[27]. Mais pour arriver à cela, il conviendrait de prouver que l'accident qui a causé la blessure ou la mort du passager est survenu durant la période du transport aérien. Or, cette période du transport aérien est plus étendue dans le temps que la période de vol proprement dite qui commence avec le décollage de l'appareil et prend fin avec son atterrissage.

L'obligation de sécurité prend fin lorsque le passager franchit le seuil de l'aérogare. On estime qu'il n'est plus soumis aux risques de la navigation aérienne car ayant retrouvé sa liberté de mouvement. Il cesse dès lors d'être protégé par l'obligation de sécurité, car le transporteur a complètement exécuté son obligation de déplacement. Enfin, à côté de l'obligation de sécurité, le transporteur est tenu aussi d'une obligation de « *célérité* » consistant à acheminer les marchandises, le passager et ses bagages dans un « *délai raisonnable.* » Cela se comprend aisément dans la mesure où la ponctualité est par nature inhérente à ce mode de transport.

IV. Problématique : La perception du juge malien

Au Mali comme en Europe, le législateur s'est depuis longtemps attelé à préciser la part de responsabilité des différents acteurs de l'opération de transport, particulièrement celle du transporteur aérien. Sur le plan international, le Mali adoptera trois ans après son accession à l'indépendance[28] la principale convention internationale dans le domaine des transports aériens : la Convention de Varsovie. Suivra ensuite celle de Montréal en 2008.

Sur le plan interne le Mali dispose d'abord du RGO qui constitue la base du droit commun de la responsabilité civile. Intervient ensuite le Code de commerce, qui règlemente de façon générale, toute catégorie de transport au Mali. Enfin, le Code d'aviation civile[29] pour régir spécifiquement le transport aérien, avec un renvoi exprès aux conventions de Varsovie et de Montréal pour les questions de responsabilité du transporteur aérien[30].

Au Mali le transport aérien de marchandises ne fait quasiment pas l'objet de contentieux à la différence du transport de personnes où les dommages sont à la fois très fréquents et plus importants. Nonobstant la symbiose voulue par les rédacteurs des conventions internationales et le droit national notamment le RGO et le Code de l'aviation civile du Mali, de nombreuses difficultés subsistent. Ainsi les juges vont non seulement recourir aux conventions internationales,[31] mais aussi et surtout au droit commun[32] pour résoudre le contentieux de la responsabilité aérienne. Entre le droit commun du RGO et le régime spécial instauré par les Conventions internationales, le juge malien

---

[27] Voir F. PRADON, La responsabilité pénale de l'entreprise de transport aérien en cas d'accident aérien, Thèse, Aix-en-Provence, 2001.

[28] Le 22 septembre1960

[29] Loi n°2011- 014 du 19 mai 2011portant code d'aviation civile du Mali

[30] Les articles 133 à 147 du code de l'aviation Civile du Mali.

[31] Jugement N°52 T.com Bamako du 22janvier 2014.

[32] Jugement N°708 TPI Commune II du 22 décembre 2010.

peine à tracer une voie idoine. Pourtant une ligne directrice est indiquée par la Constitution du Mali qui dans son article 116 dispose que « *les traités ou accords régulièrement ratifiés ou approuvés ont, dès leur publication, une* ***autorité supérieure à celle des lois****...* »[33]

Au point de vue de la compétence, les choses se compliquent davantage lorsque le droit interne[34] et le droit communautaire OHADA[35] énoncent des prescriptions contraires à celles des Conventions internationales aériennes. Lors des procès en responsabilité civile des compagnies aériennes, le tribunal commercial de Bamako, très souvent, a fait montre d'une grande fidélité à sa loi nationale[36] et au droit OHADA, au détriment des Conventions de Varsovie et de Montréal. En outre, le tribunal de première instance[37] et le tribunal de commerce[38] se sont déclarés compétents pour des affaires de même nature avec pour conséquence de larges contrariétés jurisprudentielles. Enfin d'une juridiction à une autre, les magistrats ne s'accordent pas sur l'application et surtout le sens des conventions internationales. De ce fait, se posent dans les tribunaux maliens de vrais soucis d'interprétation des textes internationaux[39] concernant la responsabilité contractuelle du transporteur aérien. Toute chose qui crée une insécurité juridique manifeste tant à l'égard des passagers, des expéditeurs de marchandises, qu'à l'égard des compagnies aériennes.

La question de l'interprétation des lois est une question centrale en droit, dans la mesure où le contenu d'une loi n'est pas toujours clair et qu'elle ne prévoit pas toutes les situations susceptibles de se présenter. Et partant, la signification qui lui est attribuée est extrêmement dépendante de la conception du droit lui-même et de la fonction des personnes chargées de son application. Et ce n'est pour rien que le 7 septembre 2017, la Cour de Justice de l'Union européenne était amenée à interpréter, à travers un renvoi préjudiciel, l'article 7 du Règlement du transport aérien[40] relatif aux refus d'embarquement et d'annulation de vol ou de retard[41]. C'est d'ailleurs pourquoi le Professeur David HIEZ affirma que : « *La modernité a réalisé un renversement de ce point de vue, en sorte que l'interprétation est passée de la recherche de la multiplicité des significations possibles des textes à celle de la bonne interprétation* »[42].

---

[33] Constitution du 25 février 1992 en vigueur au Mali.

[34] Code de procédure civile : décret N°09-220-P-RM du 11 mai 2009 portant modification du code de procédure civile, commerciale et sociale du Mali ; loi portant création du tribunal de commerce au Mali.

[35] Acte uniforme portant droit commercial général révisé et entré en vigueur le 15 mai 2011.

[36] Loi n°00-057/AN-RM du 22 août 2000 portant institution des tribunaux de commerce au Mali.

[37] Jugement N°545 TPI Commune II du 28 Aout 2013.

[38] Jugement N°149 T.com Bamako du 20 janvier 2013.

[39] Les articles 8 et 22 de Varsovie et 33 de la Convention de Montréal

[40] Règlement (CE) n°261/2004 du Parlement européen.

[41] CJUE, 7 septembre 2017, affaire C-559/16.

[42] D. HIEZ in « Grandes Théories de l'interprétation en droit », séminaire PHD, module 3, université du Luxembourg, 24/04/2016.

Pourtant Monsieur DWORKIN[43] enseignait qu'il n'y a pas qu'une seule bonne réponse aux questions qu'on lui pose. Pour le doyen CARBONNIER « *l'interprétation est la forme intellectuelle de la désobéissance* »[44]. C'est ainsi que Monsieur TARELLO distingue l'interprétation « *produit* » et l'interprétation « *activité* »[45] qui s'éloigne du sens primitif présumé de la loi. D'après Monsieur TROPER[46] le mot désigne à la fois l'opération par laquelle une signification est attribuée à une chose et le produit de cette opération. D'où sa double distinction de la nature de l'interprétation :

- la conception traditionnelle selon laquelle l'interprétation est une fonction de la connaissance consistant à faire apparaitre la signification cachée ;
- la conception opposée ou réaliste selon laquelle l'interprétation est une fonction de la volonté. Elle traduit alors les préférences subjectives de celui qui l'exprime.

En revanche quant à l'interprétation juridique véritable KELSEN[47] dégage à son tour, deux approches : celle authentique et celle de doctrine ou scientifique.

L'approche authentique. Classiquement l'interprétation authentique émane de l'auteur de l'acte dans la mesure où le législateur est censé mieux connaître sa signification. Mais pour KELSEN l'interprétation authentique n'est pas seulement celle qui émane de l'auteur, mais plus généralement celle qui est donnée par une autorité habilitée à interpréter (le juge). Il n'y a pas de signification authentique que celle qui est attribuée par l'interprète authentique, quel que soit son contenu.

Par ailleurs, on sait qu'en droit commun, l'auteur d'un dommage doit le réparer intégralement, lorsque les conditions de sa responsabilité sont réunies. Les conventions de Varsovie et de Montréal ont établi en transport aérien des principes contraires à ceux qui sont ordinairement reconnus par les diverses législations nationales dans le cadre général de la responsabilité civile. On parle de « ***privilège de la limitation*** »[48], ou du plafonnement de responsabilité du transporteur. Ainsi, le principe classique de l'intégralité de la réparation va céder le pas à celui du plafonnement de la responsabilité. Cependant le juge malien n'entend pas les choses de cette manière. Animés d'un souci d'équité, dans bien des cas, les tribunaux maliens condamnent le transporteur responsable à une réparation intégrale. D'une mauvaise interprétation à une application erronée des textes internationaux, la jurisprudence malienne a dévié de trajectoire.

---

[43] Cité par J.-L. BERGEL, Méthodologie juridique, 1ère éd., PUF, 2001, p.248.

[44] J. CARBONNIER, Droit Civil. Introduction, 25è éd., PUF, 1997, n°158.

[45] Voir Distinction de G. TARELLO, in S. CASTIFLIONE, R. GUASTINI et TARELLO, *Introduzione teorica allo studio del diritto*, Gènes, 1979, p.247 et s.

[46] Voir, La philosophie du droit : « Que sais-je ? », 13ème éd., PUF, 2011.

[47] Voir, H. KELSEN, Théorie pure du droit, LGDJ, 2è, éd., 1999.

[48] M. T. HASSAN, La limitation de la responsabilité du transporteur aérien international, thèse, université de Paris, 1970, p.9.

Quelle est l'interprétation des conventions internationales par le juge malien en matière de responsabilité du transporteur aérien ?

S'agissant des travaux de quelques auteurs africains sur le même sujet, la quasi-indisponibilité de la documentation a constitué un sérieux handicap que nous n'avons pas pu surmonter. Mais de façon générale, la plupart des auteurs ont retracé l'historique de la naissance du transport aérien africain au lendemain des indépendances. On citera entre autres Jean Paul REY[49] et Charles DUCARRE[50]. D'autres notamment Nongoma ZIDOUEMBA[51] ont travaillé sur les besoins de coopération entre les compagnies africaines et celles non africaines en vue de rationaliser l'exploitation du trafic aérien du continent. Quant à Pierre MOUANDJO B. LEWIS[52], il aborda la nécessité d'instaurer une règlementation harmonisée facilitant la coopération entre les compagnies africaines à travers des accords de partage. Enfin, très récemment la responsabilité du transporteur aérien a été traitée par des jeunes auteurs de l'Afrique centrale : Guilain BULAMBO NYANGI[53] et Lydie KABONGO[54]. Il faut relever que cette dernière étude a été conduite à travers un schéma descriptif des mécanismes de responsabilité du transporteur aérien.

La présente étude se démarque des précédents travaux en ce qu'elle se propose d'aborder la question de la responsabilité contractuelle du transporteur aérien au Mali dans une approche judiciaire à l'aune du droit comparé. Nous espérons que loin du vide doctrinal et des graves contrariétés jurisprudentielles, les praticiens du droit malien et les universitaires maliens auront à leur disposition un document référentiel leur permettant de mieux cerner la compétence claire des juridictions et le mécanisme d'indemnisation des victimes.

V. Les hypothèses et objectifs de recherches

L'application et l'interprétation des textes internationaux relatifs à la responsabilité contractuelle du transporteur aérien par les juges maliens ne sont conformes ni à l'esprit ni à la lettre des dits textes au regard de la jurisprudence internationale et peuvent être sources d'insécurité juridique. Les conflits de compétence entre les tribunaux et les contrariétés de jurisprudence découlant de l'incomplétude du cadre législatif malien ne feront qu'accentuer

---

[49] L'aviation en Afrique Noire d'expression française, Paris, LGDJ, 1961.

[50] Le transport aérien en Afrique Noire francophone et à Madagascar, Marchés Tropicaux, N°1476, 22 février 1974.

[51] La coopération en matière de transport aérien en Afrique Noire, thèse de doctorat, Université de Yaoundé, 1975.

[52] Le Transport aérien en Afrique subsaharienne, Harmattan, 1993.

[53] G. BULAMBO NYANGI, la responsabilité civile du transporteur aérien en cas de dommage subi par un passager, Université de Lubumbashi - Graduat en droit 2011 ;

[54] L. KABONGO, *la responsabilité civile de l'exploitant aérien en droit congolais. « Cas du crash aérien survenu au Marché Type K »*, Université protestante au Congo - Licence en droit option droit économique et social 2009.

cette insécurité. Quant aux objectifs de cette étude, ils se divisent entre un objectif général et des objectifs spécifiques.

L'objectif général de cette étude est d'étudier la responsabilité contractuelle du transporteur aérien au Mali à l'aune du droit français et européen. Pour ce faire, nous allons d'abord répertorier les différentes sources du droit du transport aérien au Mali et à l'international tout en déterminant leur champ d'application, leur jonction et leur interaction respective. Ensuite, nous analyserons les conditions de mise en œuvre de la responsabilité du transporteur aérien ainsi que les causes d'exonération qui lui sont offertes. Enfin nous diagnostiquerons les mécanismes d'indemnisation des dommages à travers les jurisprudences malienne et étrangère.

Somme toute, cette étude vise à démontrer d'une part le « désordre judiciaire » crée par l'inapplication et/ou la mauvaise interprétation des conventions internationales par le juge malien et d'autre part, que l'ambivalence et l'incomplétude du droit applicable à la responsabilité contractuelle du transporteur aérien au Mali en sont préjudiciables au sort des plaideurs.

VI. La méthodologie

En vue de vérifier les hypothèses et atteindre les objectifs ci-dessus fixés, la méthodologie portera sur deux approches : la recherche documentaire (1) et l'étude empirique (2).

1. Les recherches documentaires consistent d'abord en la cartographie des textes internes maliens et internationaux portant sur le droit du transport aérien et singulièrement ceux relatifs à la responsabilité du transporteur aérien. Il s'agira d'exposer le cadre normatif tout en analysant l'incohérence ou l'harmonie entre les textes épars de l'ordre juridique interne et international. Pour ce faire, nous adopterons une approche comparatiste à l'aune des textes français et ceux de l'UEMOA. Cette comparaison confirmera l'incomplétude du cadre législatif malien.

Ensuite, en une analyse systématique de la doctrine sur la responsabilité civile et singulièrement sur celle du transporteur aérien.

2. Quant à l'étude empirique[55], elle découlera d'une double approche :

- entretien avec les acteurs du transport aérien malien en proposant des questions ouvertes leur permettant de s'exprimer librement. Il s'agit d'une part, des professionnels du transport aérien notamment : des compagnies aériennes, agences de voyages, direction de l'aviation civile et assureurs et d'autre part, des praticiens du droit : juges et avocats.

---

[55] P. ANCEL, Plaidoyer d'un membre de la doctrine pour la recherche empirique, in Mélanges en l'honneur de Philippe JESTAZ : libres propos sur les sources du droit, Dalloz, 2006 p. 1-17.

- la compilation et l'analyse de jurisprudences maliennes, en clé de voute, des « échanges répétés » avec les juges[56] concernant la pertinence des motivations de leurs décisions. Une comparaison déductive sera adoptée avec comme standard la jurisprudence étrangère, singulièrement française. Pour ce faire, nous rendrons compte de la pratique surtout des juridictions du fond de Bamako à travers des décisions rendues ces dix dernières années.

Ainsi, de 2006 à 2016, nous avons collecté, dans des conditions extrêmement difficiles, plus de cent décisions de justice maliennes en matière de contentieux de droit aérien. Aussi avons-nous effectué plus de quarante entretiens avec une dizaine de magistrats et d'avocats maliens. Sur les six tribunaux de Bamako, nous avons rencontré les présidents et vice-présidents de quatre tribunaux. Au tribunal de commerce sur les sept juges, nous avons discuté, durant plus de quatre séances de travail avec son président et le vice-président. La même démarche nous a conduit à rencontrer deux juges de la Cour d'appel de Bamako, et deux autres de la Cour suprême y compris son président. Nous avons pu échanger avec trois grands cabinets d'avocats maliens. Enfin, la direction générale de l'aviation civile malienne n'est pas restée en marge, son directeur général, le conseiller juridique et des techniciens aéronautiques ont été consultés.

Le traitement et l'analyse des résultats de ces deux approches nous ont permis de démontrer non seulement de la mauvaise interprétation ou/application des conventions internationales par le juge malien, mais aussi une probable « *méconnaissance* » du cadre normatif du transport aérien de sa part.

VII. Le plan

La logique de la démonstration de notre problématique nous a conduit à une étude composée de deux parties. Dans une première partie, nous nous attèlerons à montrer à travers l'étude des conditions de la responsabilité du transporteur, la faiblesse d'interprétation du juge malien due à une rareté de jurisprudence. Dans la seconde partie de l'étude, nous avons tenté de démontrer que l'interprétation des conventions internationales par le juge malien dans le cadre de la mise en œuvre de la responsabilité du transporteur est « déformante ». Préalablement, un chapitre introductif sera consacré au cadre normatif du transport aérien au Mali.

1re partie : Une interprétation timide à travers les conditions de la responsabilité du transporteur aérien.

2e partie : Une interprétation déformante à travers la mise en œuvre de la responsabilité du transporteur aérien.

56 Une discussion avec pratiquement l'auteur de chaque jugement a eu lieu.

CHAPITRE PRÉLIMINAIRE

LE CADRE JURIDIQUE DU TRANSPORT AÉRIEN

« L'office de la loi est de fixer, par de grandes vues, les maximes générales du droit ; d'établir des principes féconds en conséquence, et non de descendre dans le détail des questions qui peuvent naitre sur chaque matière. »[57]

Pour mieux convaincre, la tradition mandingue[58] préfère s'introduire par une ou des anecdotes.

Cas N° 1 : Dans l'affaire *Siaka Sory Charles DEMBELE* contre *Ethiopian Air Lines* pour des pertes de bagages, l'un des plaideurs invoque une convention internationale le juge répond n'en avoir jamais eu connaissance. Ainsi le demandeur dans ses moyens prétend-il que « *Que le Mali a ratifié la convention de Montréal qui demeure le seul texte en vigueur en matière de transport aérien international, celle de Varsovie ayant été abolie* »[59].

Dans la discussion juridique sur le droit applicable, le juge[60] du tribunal de la Commune III ne se laisse point convaincre : « *Attendu qu'aucune preuve de la ratification par le Mali de la convention de Montréal n'ayant été rapportée, il convient d'appliquer celle de Varsovie qui a été ratifiée par le Mali depuis en 1961* »[61].

Cas N° 2 : Deux ans plus tard, nous sommes dans l'affaire *Mody TRAORE* contre *Sénégal Air Lines* pour une annulation de vol. À l'antipode du juge de la Commune III, celui de la Commune IV[62] estime que : « *la convention de*

---

[57] Portalis, « Discours préliminaire à la rédaction du Code civil », in La *naissance du Code civil*, consultable sur http://classiques.uqac.ca/collection_documents/portalis/discours

[58] Le mandé fut fondé par Soudiata KEITA en 1234, historiquement ce sont les pays de l'actuel CEDEAO.

[59] Voir par exemple les propos du *cabinet JCS CONSEILS*, avocats inscrits au Barreau du Mali dans le jugement rendu par le Tribunal de Première Instance Commune III, n° 523 du 26/12/12/2013.

[60] Le juge M. Hamidou Banahari MAÏGA, devenu président de la cour d'appel de Kayes depuis aout 2016.

[61] TPI. commune III, jugement N°523 du 26/12/2013, *op.cit.*

[62] Le juge M. Moussa Aly YATTARA.

Montréal en Vigueur depuis 1997est ratifiée par le Mali le 31 octobre 2005... »[63]. Manifestement, le désaccord des juges maliens et leur méconnaissance des conventions internationales sont bien visibles. En effet, il y a de quoi s'inquiéter entre le juge qui refuse l'application de la Convention de Montréal, car ignorant son existence juridique et celui qui applique ladite convention, mais visant des fausses dates d'entrée en vigueur et de ratification. Déjà depuis 1992 Michel DEJUGLART affirma : « *le droit aérien, en effet, est mal connu de la plupart des avocats, des juges et ses ressources sont largement inexploitées du côté des victimes »*[64]. En réalité la Convention de Montréal a été adoptée le 28 mai 1999, puis entrée en vigueur le 4 novembre 2003. Au Mali ce fut le 16 mars 2008. Mais comment le savoir ? D'où le besoin d'aller à la découverte des sources du transport aérien. D'après M. BERGEL[65] l'application de la loi à des situations de fait suppose trois opérations :

- d'abord, déterminer les dispositions applicables,
- ensuite les interpréter,
- enfin les appliquer à la situation en cause.

À la suite de l'auteur, on serait tenté d'ajouter une quatrième opération à sa liste : la connaissance préalable du texte par l'interprète. Si on va du postulat que l'interprétation d'un texte s'avère une nécessité, et que la mission de l'interprète consiste donc à préciser le sens de la loi pour procéder à son application, il serait irréaliste de penser que l'interprète pourra réussir sans mettre la main sur le texte en question. C'est ce que nous envisageons de faire de façon pédagogique, dans ce chapitre préliminaire. Nous pensons qu'il faille aller à la découverte de l'arsenal juridique régissant le transport aérien au Mali. Quant à l'enjeu et l'intérêt pour nous, il s'agit d'anticiper en éclairant la lanterne des tribunaux maliens afin qu'ils accordent leur violon.

Comme pour les autres modes de transport, l'aviation a très tôt nécessité une organisation et surtout une réglementation à la fois nationale et internationale (section I). Aussi, dès l'aube du transport aérien, s'est fait-il ressentir le besoin d'une loi universelle qui traiterait à la fois de la responsabilité du transporteur aérien, tant à l'égard des passagers qu'à l'égard de ceux qui lui demandent d'acheminer du fret, et des règles relatives aux titres de transport. Face à l'incomplétude de ces textes, les compagnies aériennes se sont organisées sur le plan mondial dans le but de compléter les règles adoptées par les États et de discipliner la concurrence (Section II). Dans le présent chapitre préliminaire, vu la diversité des sources et leur articulation, nous nous proposons une présentation générale des textes sans entrer dans les détails que nous aborderons dans la suite.

---

[63] TGI commune IV, jugement n° 091 du 11/05/2015.

[64] M. DE JUGLART et *alii*, *Traité de droit aérien*, t.2, 1992, LGDJ, p.38

[65] J. L. BERGEL, *Méthodologie juridique*, PUF, 1ére éd. 2001 p.231.

SECTION I. LE FOISONNEMENT DES SOURCES DU TRANSPORT AÉRIEN

Pour la présentation des sources des règles juridiques applicables en matière de responsabilité aérienne, nous examinerons successivement les dispositions des conventions internationales (paragraphe I) en dualité dans leur application avec les droits interne et communautaire (paragraphe II).

Paragraphe I. De la primauté des conventions internationales

Au départ les aéronefs évoluant à l'intérieur d'une périphérie nationale, le législateur a adopté des mesures de droit national. Mais depuis, l'importance des traités internationaux a pris un envol considérable en droit aérien.[66] L'organisation de l'aviation civile internationale (ci-après OACI) par le biais de son Comité juridique est à l'origine de la plupart des conventions internationales aériennes. De 1929 à Varsovie à 1999 en Montréal, que de chemin parcouru pour l'unification des sources du transport aérien international.

I. De Varsovie à Montréal

La Convention de Montréal, bouleverse, sous couleur de la refondre, la vieille Convention de Varsovie de 1929, modifiée à plusieurs reprises et complétée, laquelle continue à s'appliquer entre les États qui y sont parties lorsque les conditions d'application de la Convention de Montréal ne sont pas réunies. Nous évoquerons successivement la convention de Varsovie (I) et celle de Montréal (II).

A. La Convention de Varsovie et ses suites

La Convention pour l'unification de certaines règles relatives au transport aérien international, signée à Varsovie le 12 octobre 1929, constitue le texte de base : plus de cent cinquante États y sont parties, et tous les autres textes se rapportent à elle. Elle unifie, en matière de transport aérien de personnes, de bagages comme de marchandises, les règles relatives aux titres de transport et à la responsabilité civile du transporteur (art. 3 et 16). Sur ce point, son économie générale est la suivante : elle présume la faute du transporteur, mais lui permet, sous certaines conditions, de s'exonérer de sa responsabilité ; donc une présomption de faute et non de responsabilité. Par ailleurs, elle plafonne le montant de la réparation, sauf notamment dans le cas où le transporteur aérien commet une faute qualifiée (dol ou faute lourde). Ces plafonds, à l'origine, étaient de 125 000 F or par passager (franc Poincaré, soit environ. 10 000 $) et de 250 F or par kilogramme de bagages ou de marchandises (soit environ $20 ; art. 22).

---

66 M.DE JUGLART *et alii, Traité de droit aérien*, t.2, 1992, LGDJ, *op.cit.* p.70.

Elle est entrée en vigueur le 13 février 1933 entre les cinq premiers États contractants à savoir : le Brésil, l'Espagne, la France, la Roumanie et la Yougoslavie. À l'époque il n'en fallait que cinq alors qu'aujourd'hui les conventions internationales en transport prévoient en principe 30 ratifications pour entrer en vigueur. Elle fut modifiée et complétée par une série de textes internationaux :

1. Le Protocole de La Haye

Ce Protocole du 28 septembre 1955 a modifié la Convention de 1929, essentiellement pour relever le plafond de la responsabilité du transporteur aérien. Il double la limitation de réparation envers les passagers pour la porter à 250 000 F – même si les États-Unis d'Amérique souhaitaient un triplement du plafond – et étend aux préposés de ces derniers le bénéfice de ce plafond (art. 25 A). En outre, en donnant une définition plus restrictive de la faute qui en empêche l'application, il a simplifié les règles de documentation. Le Protocole de La Haye entra en vigueur le 1er août 1963, soit 90 jours après le dépôt du trentième instrument. Il lie la plupart des États avec quelques notables exceptions cependant, dont notamment celle des États-Unis[67].

2. La Convention complémentaire de Guadalajara

Cette Convention du 18 septembre 1961 a complété celle de Varsovie pour l'étendre au transporteur aérien de fait et à son préposé en ce qui concerne le plafond de responsabilité. Il introduit la notion de responsabilité objective pour le transport de passagers et remplace le système de la faute présumée par une responsabilité automatique.

3. L'Accord de Montréal du 4 mai 1966

Voulant remédier la modicité du plafond de réparation des dommages dans le transport de personnes, cet accord non gouvernemental est conclu entre des transporteurs de l'IATA et les USA.

4. Les Protocoles additionnels de Montréal (PAM) n° 1 et 2

Les protocoles additionnels de Montréal (ci-après PAM) n° 1 et 2 du 25 septembre 1975 n'apportent que des réaménagements de forme aux textes déjà cités en substituant les droits de tirage spéciaux du Fonds monétaire international à la traditionnelle unité de compte or. Le PAM n° 1 modifie en ce sens le texte original de 1929 et le PAM n° 2 modifie celui du protocole de la Haye de 1955.

---

[67] J. P. TOSI, « Transport aérien », *Juris-classeur, Fasc*. 460-10, mai 2005, p. 111.

5. Le Protocole additionnel de Montréal (PAM) n° 4

Le PAM n° 4 du 25 septembre 1975modifie la Convention de 1929 amendée en 1955 dans celles de ses dispositions qui intéressent les marchandises. Il simplifie les règles de documentation et supprime toute possibilité de dépassement des limites de responsabilité du transporteur.

B. Les textes non entrés en vigueur

Deux conventions ne sont jamais entrées en vigueur pour défaut de ratification suffisante. Il s'agit du Protocole de Guatemala du 8 mars 1971 modifiant la Convention de 1929 amendée en 1955 dans celles de ses dispositions concernant les passagers et leurs bagages ; et le Protocole additionnel de Montréal n° 3 du 25 septembre 1975.

II. La Convention de Montréal du 28 mai 1999

De tout ce qui précède, face à la multiplication des protocoles et à la complexité qui en résultait (entrés en vigueur ou non, ratifiés seulement par certains pays) il était devenu nécessaire de recréer l'uniformité[68] en reprenant l'ensemble des amendements apportés à la Convention de Varsovie. D'ailleurs, lors de la signature des quatre protocoles de 1975, la conférence diplomatique adopta une résolution enjoignant de préparer un nouveau texte qui couvrirait l'entier domaine de la Convention de 1929. D'où la pertinence de la Convention de Montréal. La nouvelle Convention pour l'unification de certaines règles relatives au transport aérien international signée à Montréal le 28 mai 1999 est entrée en vigueur le 4 novembre 2003, soit 60 jours après le dépôt du 30èmeinstrument. Elle est ratifiée par la totalité des pays de l'Union européenne, y compris par l'Union elle-même qui l'a signée pour approbation. Le texte est entré en vigueur en France le 28 juin 2004, au Luxembourg, le 28 juin 2004 ; enfin au Mali, le 16 mars 2008.

En la forme, elle refond en un instrument unique la panoplie de textes énumérés ci-dessus notamment la Convention de Varsovie, Protocole de La Haye, PAM n° 2 et 4, la Convention complémentaire de Guadalajara (ci- après CCG) intégrée aux articles39 et suivants. Il y a lieu de signaler que la numérotation de la Convention de Varsovie est conservée dans l'ensemble pour les vingt premiers articles. Il ne s'agit pas, cependant, d'un simple travail de refonte à droit constant. Sur le fond, elle introduit en effet des changements radicaux : en cas de décès ou de lésion corporelle le transporteur répond du dommage de façon illimitée. Lorsque sa responsabilité est exclue (sauf si c'est pour faute de la victime), il reste tenu de réparer à hauteur de 100 000 DTS. S'y ajoutent d'autres importantes modifications : possibilité pour le passager de se pourvoir devant les tribunaux de sa résidence principale, ainsi que pour ses ayants droit ; reconnaissance du principe de versement de paiements

[68] F. LETACQ, « Transport », *Juris-classeur*, Fasc. 920 du 30 septembre 2012, p.59.

anticipés d'allocations de premier secours ; augmentation des limites de responsabilité en cas de retard ; modernisation des documents relatifs au transport (billets et lettres de transport aérien électroniques) ; institution généralisée au plan mondial de l'obligation d'assurance des transporteurs aériens ; introduction d'une clause, dite régionale, permettant aux organisations d'intégration économique, telles que l'Union européenne, ou l'UEMOA d'adhérer à la nouvelle Convention. La continuité avec la Convention de Varsovie ne doit donc pas abuser, elle n'est que partielle. En ce qui concerne les passagers, la volonté de protéger le transporteur, qui était le ressort du texte de 1929, a laissé place à celle de protéger le consommateur de transport. En revanche, le plafond du transporteur aérien de marchandises devient infranchissable. Etant donné que ces conventions n'ont pas vocation à règlementer tous les contours du transport aérien, il va y avoir une nécessaire complémentarité avec le droit interne et communautaire.

Paragraphe II. De la complétude du droit interne au droit communautaire

La plupart des problèmes et questions de politique, liés au transport aérien transcendent les frontières nationales. Ainsi, le transport aérien constitue l'un des secteurs vitaux de l'économie dont la gestion optimale passe inévitablement par une coopération entre États, notamment au niveau des régions bien définies. C'est le cas dans en Europe à travers l'UE, en Afrique de l'Ouest à travers l'UEMOA et en Afrique Centrale à travers la communauté économique et monétaire de l'Afrique centrale (ci-après CEMAC). Avec la limite du système des vases clos des législations nationales, la tendance vise de nos jours à l'élaboration d'une règlementation communautaire, (II) surplombant du coup les lois nationales (I).

I. Les droits internes

Nous verrons les situations internes du Mali dans un premier temps (A) puis sous un angle critique (B) avant de survoler le cas luxembourgeois (C).

A. Le droit malien

À l'adoption de la Convention de Varsovie en 1929, le Mali était encore une colonie française ne disposant pas de souveraineté nationale ou internationale. Il a fallu attendre plus d'un quart de siècle, le 30 décembre 1963, juste au lendemain de son indépendance pour que le jeune État ratifie la Convention de Varsovie qui entrera en vigueur le 26 mars 1964. Pourtant, au niveau interne le vide demeurait. C'est une ordonnance de 1973 qui va régir finalement toute la matière du transport au Mali notamment les transports routiers, ferroviaire et aérien. Il faut reconnaitre que cette ordonnance (aujourd'hui incorporée dans le Code du commerce) faisait la part belle au transport routier de marchandises et passagers, au détriment du transport aérien qui est juste survolé de façon laconique et par extrapolation.

Deux décennies plus tard, la loi n° 93-079 du 29 décembre 1993 portant Code de l'aviation civile fut vit le jour. Dans une volonté de se conformer aux exigences de l'UEMOA, un service spécialement consacré à la gestion et l'encadrement du transport aérien, fut créé par l'ordonnance n° 005-024/P-RM du 11 septembre 2005 portant création de l'Agence Nationale de l'Aviation Civile (ci-après ANAC), ratifiée par la loi n° 005-066 du 26 décembre 2005. Ainsi au Mali, l'activité aéronautique civile relève d'une administration unique : l'Agence Nationale de l'Aviation Civile, placée sous l'autorité du ministre des transports.

Enfin depuis 2011, le Mali dispose d'une loi (la dernière-née) pour la règlementation de son secteur aéronautique. C'est la loi n° 2011- 014 du 19 mai 2011 portant Code de l'aviation civile du Mali (ci-après CAC). Peu calqué sur le modèle français, ce Code comporte 8 livres avec 250 articles. Le premier livre est consacré aux dispositions générales, le second à l'administration, la sureté et la sécurité, le troisième aux aéronefs, le quatrième aux aérodromes, le cinquième aux services aériens, le sixième au personnel navigant, le septième aux enquêtes techniques aux accidents et incidents et le huitième aux assurances.

Plus intéressant, est le livre V intitulé services aériens qui comporte un titre 1er consacré au transport aérien notamment les contrats de transport de personnes (art133 à 142) et de marchandises (art. 143 à 147). En ce qui concerne le régime juridique du contrat de transport aérien et singulièrement le régime de la responsabilité du transporteur, le Code de l'aviation civile du Mali (CAC) distingue entre d'une part, le transport de personnes et d'autre part, le transport de marchandises et de bagages.

S'agissant tout d'abord de la responsabilité dans le transport de passagers, l'article 135 alinéa 1er est péremptoire : « *La responsabilité du transporteur de personnes est régie par les dispositions de la Convention de Varsovie du 12 octobre 1929 ou de la Convention de Montréal du 28 mai 1999 ou de toute convention les modifiant et applicable au Mali* ». On pourrait déduire que cet alinéa ne concerne que le transport qualifié « *d'international* ». Mais, même s'agissant des transports internes au Mali, l'alinéa 2 poursuit : *« Lorsque le transport n'est pas international au sens de ces Conventions, la responsabilité du transporteur de personnes est régie par les dispositions de la Convention de Varsovie du 12 octobre 1929 ou de toute Convention la modifiant et applicable au Mali* ».

Quant à la responsabilité du transporteur de marchandises, l'article 144 dispose que : « *La responsabilité du transporteur de marchandises ou de bagages est régie par les dispositions de la Convention de Varsovie ou de la Convention de Montréal comme prévu aux articles 135, 136 et 137 »*. Cette manière de légiférer est qualifiée par le doyen RODIERE comme « *un abandon de compétence »* de la part du législateur malien en faveur des instances diplomatiques. Pour autant cette technique est commune tant aux législateurs français, malien et luxembourgeois. Ainsi, en France, au Luxembourg comme au Mali, du point de vue de la responsabilité du transporteur, il n'y a plus à distinguer entre transport interne et transport international Il y a, à n'en pas douter, un alignement indéniable du droit interne sur les conventions internationales[69]. Allant plus loin, le droit interne malien s'est aligné totalement sur le droit international présent ou futur. Ainsi les dispositions des conventions de Varsovie et de Montréal ont vocation à s'appliquer non seulement aux transports internationaux, mais aussi aux transports nationaux.

Nous estimons, pour une plus grande efficacité, que le Mali aurait dû transposer lesdites conventions dans l'ordonnancement juridique interne. Mais nous reviendrons sur les raisons de l'efficacité d'une telle transposition dans les futurs développements. On remarquera en fin, que contrairement à la France, le Mali ne dispose pas à ce jour d'un code de transport règlementant l'ensemble de ses modes de transport.

B. Analyse critique du droit aérien malien

Les conventions de Varsovie et Montréal constituent très souvent un pôle d'attraction pour les législateurs nationaux et communautaires. Certains d'entre eux ont décidé d'introduire dans leur ordre juridique interne, les dispositions des dites conventions pour régir le contrat de transport aérien domestique. Au Mali, l'article 135 du Code de l'aviation civile fait un double renvoi à la limite incongru entre le transport aérien international et national. S'agissant de transport dit « international » l'article 135 alinéa 1erest péremptoire : « *La responsabilité du transporteur de personnes est régie par les dispositions de la Convention de Varsovie du 12 octobre 1929 ou de la Convention de Montréal du 28 mai 1999 ou de toute convention les modifiant et applicable au Mali* ». On pourrait déduire de cet alinéa la suprématie confirmée des conventions internationales.

Mais, s'agissant des transports internes au Mali, l'alinéa 2 poursuit : « *Lorsque le transport n'est pas international au sens de ces Conventions, la responsabilité du transporteur de personnes est régie par les dispositions de la Convention de Varsovie du 12 octobre 1929 ou de toute Convention la modifiant et applicable au Mali ».* C'est très curieux que le Code malien ne cite expressément ici que la seule Convention de Varsovie à l'exclusion de celle de Montréal qui est plus récente. De toute évidence le législateur malien aurait dû nous dispenser de cette formulation peu orthodoxe, eu égard à la querelle doctrinale qui a eu lieu en France.

1. Un renvoi raté

Certains auteurs estiment que par l'expression « *toute convention la modifiant... »* viserait la nouvelle Convention de Montréal qui modifie la

---

[69] L. PEYREFITTE, « transport aérien », *Juris-classeur*.fasc.905, 20 dec.1998.

majorité des dispositions de la Convention de Varsovie. La ratification par le Mali de la Convention de Montréal du 28 mai 1999 aurait dû conduire le législateur à mettre à jour le texte de droit interne. Il n'en a rien été, de sorte que l'on trouve toujours un renvoi à la vieille Convention de Varsovie à l'article 135 alinéa 2 du CAC. Ce renvoi a cependant perdu l'essentiel de sa portée, car à l'observation, les juges maliens appliquent indistinctement les deux textes au transport interne ou international. Dans l'ensemble des décisions judiciaires que nous avons trouvées, il s'agissait uniquement de transports internationaux, ce qui n'a pas empêché les tribunaux de viser la Convention de Varsovie.

Nous estimons que dans le cadre de l'élaboration du CAC qui ne date que de 2011, le législateur malien aurait pu tirer les enseignements notamment dans les faiblesses des textes français et du débat doctrinal pour assoir toute sa maturité. Décidément, après 56 ans d'indépendance, le sevrage intellectuel n'est pas encore fini, le législateur malien n'arrive point à se départir de son ancienne métropole.

Par ailleurs étant donné que la Convention de Varsovie ne saurait régir tous les aspects du transport domestique, le recours au droit interne devient nécessaire pour la complémentarité. C'est pourquoi le transporteur aérien interne malien reste donc soumis au même régime de responsabilité que les transporteurs aériens régis par le système varsovien. Mais pour le reste, le contrat de transport aérien interne malien demeure soumis aux lois maliennes, notamment aux dispositions du Code de l'aviation civile et le RGO[70]. Ce dernier régit le régime juridique du contrat au Mali : sa formation, son exécution et la responsabilité des parties.

Précisons cependant, que les termes des renvois opérés laissent tout de même place à des règles spécifiques complémentaires, lesquelles demeurent toujours d'actualité. C'est notamment le cas des notions de faute inexcusable et de dol, qui sont envisagées par le Code de l'aviation civil malien. En effet, selon l'article 136 alinéa 1er in fine : « *Est inexcusable la faute délibérée qui implique la conscience de la probabilité du dommage et son acceptation sans raison valable* ».

Ce renvoi raté conduit aujourd'hui à une dualité de régime qualifié de regrettable par Monsieur LETACQ[71], puisque la responsabilité du transporteur aérien de marchandises est régie tantôt par la Convention de Varsovie lorsque le transport est intérieur, tantôt par la Convention de Montréal lorsque le transport est international.

Cependant, cette affirmation sur la dualité de régime n'est pas partagée par l'unanimité de la doctrine. Un auteur prétend en effet que la Convention de Montréal doit supplanter celle de Varsovie, même lorsqu'il s'agit de transport interne de marchandises[72]. Dans son argumentaire, l'auteur soutient d'une

---

[70] Loi no87-31/AN-RM du 29 aout 1987, art 20 et s.

[71] F. LETACQ, « Transport », *in Juris-classeur*, Fasc. 920 du 30 Septembre 2012, *op.cit.* p.67.

[72] V.GRELLIERE, *La responsabilité du transporteur aérien interne :* de Varsovie à Montréal, Gaz. Pal. 2-3 août 2006, doc. p. 2363.

part, que la Convention de Montréal modifie bel et bien celle de Varsovie, puisqu'elle se présente comme un texte de consolidation incorporant des solutions acquises dans le passé qui ne sont ni niées ni dévalorisées, et d'autre part, qu'en tout état de cause, la volonté du législateur français de 1957 était d'uniformiser le régime de la responsabilité sur la solution donnée dans l'ordre international dans sa version la plus récente.

En accord avec cet auteur, nul doute, la Convention de Montréal modifie largement la Convention de Varsovie. Mais allant plus loin que lui, nous pensons que loin d'une révision, la Convention de Montréal « enterre » celle de Varsovie. En effet une révision ou une modification est toujours partielle, car on ne touche qu'au minimum du texte ancien notamment le tiers. Mais dans l'élaboration de la Convention de Montréal, on est parti des40 articles de la Convention de Varsovie pour se retrouver avec 57 articles dans la Convention de Montréal, soit 16 articles de plus. Au fond on a touché à plus de la moitié de la vieille Convention de Varsovie. Ainsi à travers une modification, la Convention de Montréal s'est substituée à celle de Varsovie. Dès lors, contrairement à toute la doctrine, nous pensons qu'on ne devrait plus parler de la Convention de Varsovie, elle devrait mourir de sa belle mort, laissant place à la Convention de Montréal plus adaptée aux besoins changeants de la société.

Par ailleurs, quel sera le sort des transports aériens, exclus implicitement ou expressément du régime varsovien ou montréalais ? La détermination du régime juridique qui leur est applicable devra alors s'effectuer d'après les principes ordinaires du droit international privé ou des conditions générales IATA. Sachant qu'au Mali, comme dans la plupart des pays d'ailleurs, la loi applicable à un contrat de transport international est la loi d'autonomie[73]. La loi nationale régissant le contrat de transport aérien international sera alors celle choisie par les parties, soit expressément, soit même implicitement. Les parties peuvent ainsi avoir convenu de l'application d'une loi nationale ou bien même des dispositions de la Convention de Varsovie. Finalement, il y a place en droit malien » avec les conventions internationales, à une « application subsidiaire du droit commun ».

2. Les lacunes du Code de l'aviation

Elles peuvent être envisagées tant au niveau des titres de voyage que de la non-invocation par les plaideurs.

a. Le titre de transport

S'agissant de la question du titre de transport pour les passagers, le CAC, dans une formule laconique dispose que « *le contrat de transport des*

[73] La Convention de Rome du 19 juin 1980 sur « *la détermination de la loi applicable aux obligations contractuelles* » laquelle est en vigueur dans les pays de l'Union européenne depuis le 1er avril 1991.

passagers doit être constaté par la délivrance d'un titre de transport »[74]. Mais en pratique les passagers voyagent avec des bagages (enregistré ou à main). C'est pourquoi la Convention de Varsovie parle de « *bulletin de bagages* » pour prouver une telle opération. Au Mali, le CAC n'évoque nulle part la question du bulletin de bagages. Alors, on pourrait se demander au Mali, qu'en cas de contentieux portant sur les bagages, comment pourrait-on prouver qu'on avait des bagages ? Du coup, c'est un *nomasland* qui concerne le transport de bagages. Nous pensons que le CAC aurait pu simplement faire un renvoi à la partie de la convention internationale qui règle la question, mais la loi malienne à travers sa fausse solution, a tenté de régler un vrai problème sans y parvenir. Aussi la confusion est-elle répétée au niveau du transport de marchandises où l'article 143 dispose que « *le contrat de transport de marchandises par air est constaté par une Lettre de Transport aérien (LTA) ou un récépissé délivré par le transporteur* ». Aucune autre formalité n'est indiquée, notamment : la LTA est établie en combien d'exemplaires ? Qui doit-il l'établir réellement ? Quelles les mentions dit-elle contenir ? Contrairement à la lettre de voiture (ci-après LV)[75], la LTA est en principe rédigée par l'expéditeur et remise au transporteur aérien avec la marchandise[76].

b. La non-invocation du code

À l'observation de la quasi-majorité de la jurisprudence malienne relative aux contentieux de droit aérien, on peut faire deux constats regrettables.

- D'abord ni les plaideurs ni les juges n'invoquent le Code de l'aviation civile du Mali. Pourtant c'est le seul code national qui règlemente de manière spécifique le contrat de transport aérien et les questions de responsabilité du transporteur aérien. C'est ce Code qui « transpose » le contenu des Conventions internationales dans l'ordre juridique interne. Mais il a la particularité de ne mentionner expressément nulle part le recours au droit communautaire UEMOA.

- Ensuite aucune décision de justice malienne à notre connaissance ne vise le droit communautaire de l'UEMOA notamment la problématique du plafonnement de la réparation, les indemnités en cas d'annulation de vol ou de refus d'embarquer. D'ici l'entrée en vigueur du code communautaire qui est en gestation, on a l'impression qu'il y a un déphasage, un fossé flagrant entre le droit national et le droit communautaire. Cependant ces constats peuvent s'expliquer par la faible connaissance de l'arsenal juridique malien relatif au transport aérien non seulement par les juges, mais aussi par les plaideurs.

---

[74] Voir l'art. 133

[75] Qui est rédigée et remise par le transporteur à l'expéditeur.

[76] Convention de Varsovie, art 6 ; convention de Montréal, art 7.

De l'avis du juge Amadou BAH, président de la Chambre correctionnelle à la Cour d'appel de Bamako[77], la difficulté s'explique par « *la non mise des textes à la disposition des magistrats* ». En fait, les textes sont adoptés ou votés, mais ne sont pas mis à la disposition des magistrats. Pour lui, un magistrat, quels que soient sa volonté et son courage, si l'État fait voter des lois qui ne lui parviennent pas, on ne saurait lui en vouloir. Et cette triste réalité est valable non pas seulement pour les Conventions internationales, mais aussi pour les textes législatifs et règlementaires nationaux. Ainsi les juges sont-ils dans l'ignorance de plein de textes nationaux. On n'a donc pas besoin de leur faire un mauvais procès pour ne pas être au courant de la ratification par le Mali des conventions internationales conclut-il.

En somme, de toute vraisemblance, le Code de l'aviation civile du Mali souffre de deux grandes tares congénitales. En tant que loi nationale de transposition, on peut regretter qu'elle transpose très mal les deux conventions internationales dans l'ordre juridique interne. À notre humble avis, il pourrait avoir deux façons efficaces de transposer une convention internationale au niveau interne :

- soit la loi de transposition fait un renvoi direct, absolu ou systématique à la convention internationale, dans ce cas le problème est réglé.
- soit la loi nationale de transposition reproduit de façon *verbatim* le contenu de la convention internationale, avec quelques modifications possibles en vue de l'adapter au contexte local.

En clair le Code de l'aviation civile malien utilise les deux techniques, mais sans aller au bout de sa logique. Sachant pertinemment que les deux conventions ne règlent pas toutes les questions de contrat de transport aérien, elles ne régissent que deux questions fondamentales : le titre de transport et le régime de responsabilité. Qu'en est-il du droit luxembourgeois ?

C. Le droit luxembourgeois

Monsieur Fred KONZ[78] se posait en 1976 la question sur la position d'un petit pays comme le Grand-Duché de Luxembourg à l'égard des différentes conventions internationales. L'importance des conventions régissant le transport international est particulièrement grande pour un pays moins grand, en raison du fait que le nombre de vols commerciaux internes est infime par rapport au volume du trafic international touchant le pays. C'est pourquoi par une loi du 25 juillet 1949, le Luxembourg approuvait la Convention de Varsovie.

Une décennie plus tard, une loi du 21 décembre 1956 approuvait le Protocole de la Haye dont les dispositions s'appliquaient non seulement aux vols internationaux visés par la Convention de Varsovie, mais aussi aux vols

---

[77] Entretien du 10 janvier 2017 à son domicile.

[78] F. KONZ, « *la Convention de Varsovie et ses révisions : l'application du régime des conventions internationales en matière de responsabilité du transporteur aérien dans le Grand-Duché de Luxembourg* », revue française de droit aérien, 1976, p. 107.

internes. Certes, le but de remplacer une législation nationale luxembourgeoise en matière de transport aérien par la mise en application des dispositions des conventions internationales, avait été atteint dans une large mesure, mais des lacunes subsistaient. D'où la promulgation d'une loi cordonnée sur la responsabilité du transporteur aérien en 1967.

L'article 1er de cette loi disposait que la responsabilité du transporteur aérien était régie, au cas de transport par air, par les seules dispositions de la Convention de Varsovie (...) même si ce transport n'était pas international au sens de ces accords. Ainsi sur la base de ce texte un tribunal doit appliquer les solutions résultant des textes internationaux à tout litige pour lequel le droit luxembourgeois s'applique quant au fond. Enfin, la Convention de Montréal a été ratifiée par le Luxembourg le 29 avril 2004 et entrée en vigueur le 28 juin 2004.

II. Le droit communautaire

Par droit communautaire, il ne s'agit pas d'un droit extérieur, mais d'un corps de règles de plus en plus important en nombre qui s'intègre au système juridique national et qui lui est, de plus, bien souvent supérieur. Le transport au même titre que les autres secteurs de l'activité économique, n'est pas exclu de ce corps de règles et de nombreux textes lui sont consacrés tant en droit OHADA qu'en droit UEMOA. Si l'OHADA a légiféré en matière de transport routier de marchandises[79], l'UEMOA a préféré règlementer le transport aérien dans sa globalité.

A. Les axes majeurs du droit UEMOA

En Afrique, le développement global du réseau du transport aérien accuse un retard important. Cette situation se ressent plus profondément dans la zone UEMOA où figure le Mali. L'union Economique et Monétaire Ouest Africaine a amorcé un processus législatif communautaire en matière de transport aérien. À ce propos il y a lieu de rappeler que les transports aériens entrent dans le domaine de compétence de l'Union au titre des politiques sectorielles conformément au Protocole Additionnel n° II, notamment en ses articles 6, 7 et 8. Le Protocole Additionnel fait lui-même partie intégrante du Traité fondateur de l'Union signé à Dakar en janvier 1994 en application de l'article 102 dudit Traité. En effet, le programme communautaire du transport aérien des États de l'Union a été adopté le 27 juin 2002 à Dakar par Décision n° 8/2002 du Conseil des Ministres. Il est marqué d'après Monsieur IK DIALLO[80], par ce souci de l'Union de mettre en place un système de transport aérien sûr, ordonné et efficace en vue d'accélérer le développement de ce secteur dans l'espace communautaire. C'est pourquoi, l'Union n'a pas

---

[79] Acte uniforme sur le transport de marchandises par route adopté le 22 Mars 2003.

[80] I. K. DIALLO, « L'UEMOA et Transport aérien », *in Bulletin de transport multimodal*, n° 1, p. 8

manqué de réaffirmer, que tout ce Programme se déroulera en droite ligne et en parfaite conformité avec les normes internationales établies de l'Organisation de l'Aviation Civile Internationale (OACI) ; ce qui se reflète d'ailleurs, dans tous les visas des textes déjà adoptés en cette matière. Relevant quelques points saillants de ce Programme on retiendra entre autres : la libéralisation du secteur aérien, la sécurité de la navigation aérienne, l'harmonisation des législations, le désenclavement du territoire de l'Union…

1. L'harmonisation des législations nationales

Il faut rappeler que chaque État membre de l'Union a sa propre réglementation en la matière contenue dans un Code de l'Aviation Civile ; il était donc essentiel que l'Union commençât par l'harmonisation de ces textes. Le travail a donné lieu à deux paquets de textes datés successivement de 2002 et 2003 et contenant chacun trois Règlements et une Directive soit un total de huit textes qui sont : le Règlement relatif à l'agrément de transporteur aérien, le Règlement relatif aux tarifs, le Règlement relatif à la libéralisation des liaisons intracommunautaires, le Règlement relatif à la responsabilité du transporteur aérien en cas d'accident, le Règlement relatif aux compensations dues par le transporteur aérien, le Règlement sur les créneaux horaires dans les aéroports, la Directive sur les enquêtes en matière d'accidents d'aéronefs, la Directive sur l'assistance en escale.

Cet arsenal juridique constitue une base essentielle de normes uniformisées, conformes aux normes internationales telles qu'édictées par l'OACI. De même Monsieur DIALLO, estime que certaines approches peuvent être améliorées pour en faciliter la compréhension et l'interprétation par rapport au droit international des transports aériens. Cependant pour la présente étude, seuls nous intéressent primordialement d'une part le règlement N° 03/2003/CM/UEMOA relatif aux compensations pour refus d'embarquement des passagers et pour annulation ou retard important d'un vol et d'autre part le règlement N° 02/2003/CM/UEMOA relatif à la responsabilité du transporteur aérien en cas d'accident.

2. La libéralisation du transport aérien

Sur ce point, l'UEMOA s'est appropriée de la décision de l'Organisation de l'Unité Africaine[81] dénommé « Déclaration de Yamoussoukro » sur la libéralisation de l'accès au marché du transport aérien en Afrique. Toute chose qui nécessita l'adoption, en 2002, d'un certain nombre de textes, notamment le Règlement n° 24/2002 du Conseil des Ministres adopté le 18 Novembre 2002 et fixant les conditions d'accès des transporteurs aériens de l'UEMOA aux liaisons aériennes intracommunautaires.

---

[81] En date du 12 juillet 2000, mais l'OUA est devenue UA (union africaine) depuis 2002 au sommet de Durban en Afrique du Sud.

3. La sécurité de la navigation aérienne

L'atteinte de cette ambition passe inévitablement par la mise en conformité des normes internationales OACI, les infrastructures, les équipements, le renforcement de la sûreté et de la sécurité dans tous les maillons de la chaîne du transport aérien notamment aéroports, compagnies aériennes, aéronefs etc... Mais pour la mise en œuvre d'une telle politique, l'Union a préconisé, l'érection dans chaque État membre d'une Autorité Aéronautique civile dotée de l'autonomie juridique et financière afin d'assurer principalement le rôle de contrôle.

Cette Autorité devrait se substituer aux Directions de l'Aviation Civile (DAC) qui sont des structures administratives soumises à la tutelle administrative et technique de l'État. Désormais, les Autorités visées par l'Union, sans être indépendantes des États, auront tout de même les moyens juridiques et financiers d'assurer leur fonctionnement sans entraves extérieures majeures. Le Mali a réagi dans ce sens en créant l'Agence Nationale de l'Aviation Civile du Mali (ANAC) par l'Ordonnance n° 005-024/P-RM du 11 septembre 2005 ratifiée par la loi n° 005-066 du 26 décembre 2005 ; de même que le Sénégal où il y a l'ANACS[82] créée par la loi n° 2002-31 du 24 décembre 2002 portant Code de l'Aviation Civile adoptée par l'Assemblée Nationale en sa séance plénière du 12 Décembre 2002.

B. Critique des textes UEMOA

Il convient ici de rappeler la suprématie du droit communautaire UEMOA (1) avant d'en relever ses faiblesses (2).

1. La primauté des textes communautaires

L'article 6 du Traité UEMOA sert de fondement quant à la primauté du droit communautaire par rapport au droit national. À cet effet il dispose : « *Les actes arrêtés par les organes de l'Union pour la réalisation des objectifs du présent Traité et conformément aux règles et procédures instituées par celui-ci, sont appliqués dans chaque Etat membre nonobstant toute législation nationale contraire, antérieure ou postérieure* ». Au même moment l'article 10 de celui de l'OHADA prévoit que « *les Actes uniformes sont directement applicables et obligatoires dans les Etats-parties nonobstant toutes dispositions contraires, antérieures ou postérieures* ». L'enjeu et l'intérêt, est qu'on n'a plus besoin de passer par le service d'un parlement national pour l'entrée en vigueur de ces règlements communautaires. Le principe de la primauté du droit communautaire étant incontestable, il doit avoir selon l'auteur, son corollaire nécessaire, à savoir la subsidiarité du droit national des États membres. Ce caractère subsidiaire a pour vocation de suppléer les carences éventuelles des textes uniformes qui ne peuvent pas tout

[82] L'Agence Nationale de l'Aviation Civile du Sénégal.

prévoir et d'éviter ainsi les vides juridiques.[83] Si l'intégration juridique à travers les droit communautaires UEMOA et CEMAC est devenue une réalité, toute fois ces pays ayant hérité du droit de l'ancien colonisateur, la tentation serait grande de reprendre purement et simplement ce droit.

2. La reproduction des conventions internationales

L'élaboration des textes communautaires ne saurait échapper à l'emprunt, aux expériences et réglementations existant ailleurs, car il ne s'agit pas de réinventer la roue. Toutefois, une adaptation de tels textes venus d'ailleurs est nécessaire pour prendre en compte les réalités locales. Ce qui n'est pas toujours le cas, les rédacteurs se contentant souvent de reproduire, « *mutatis mutandis* », le texte d'origine. Pour l'auteur sénégalais[84] reproduire une convention internationale sans l'adapter dans un Acte uniforme, un Règlement communautaire parait inconcevable. À titre illustratif, l'auteur cite :

- Dans la CEMAC, la Convention inter-Etats de transport multimodal de marchandises en UDEAC adoptée 1e 16 juillet 1996 a textuellement repris la Convention des Nations Unies sur le transport multimodal international de marchandises du 24 mai 1980 ; il en est de même du Code de la Marine Marchande qui reproduit intégralement des textes de conventions internationales notamment en matière de transport maritime (d. art. 395 et suivants) ;
- Dans l'UEMOA, le Règlement relatif à l'agrément de transporteur aérien a repris le Règlement de la CEE relatif aux licences de Transport aérien adopté le 23 juillet 1992.

En outre l'article 3 du Règlement UEMOA relatif à la responsabilité du transporteur aérien en cas d'accident adopté le 20 Mars 2003 a maintenu abusivement la référence au DTS. Cette reproduction serait davantage inopportune dans l'UEMOA qui est avant tout une Union monétaire. Le DTS étant une monnaie internationale constituée fictivement à partir d'un panier de monnaies servant de référence ne peut valoir qu'entre États ne partageant pas la même monnaie. Par comparaison, aucun texte de l'Union européenne ne viendrait à se référer au DTS en lieu et place de l'Euro.

- Dans l'OHADA, l'Acte uniforme sur le transport de marchandises par routes adopté 1e 22 Mars 2003 a repris la Convention de Genève (CMR) de 1956 ayant le même objet.

Somme toute, la méthode de rédaction d'un texte communautaire voire d'une loi nationale n'obéit pas aux mêmes critères et exigences que ceux d'une convention internationale. Le caractère quasi universel desdites conventions devrait malgré tout exiger une adaptation à notre environnement juridique et éviter du « **copier-coller** » tout azimut.

---

[83] I. K. DIALLO, « L'UEMOA et Transport aérien », *Bulletin de transport multimodal*, n° 1, p. 8

[84] Voir en ce sens I.K. DIALLO, *ibid.*

Par ailleurs, on peut constater que dans le cadre du contentieux aérien, aucune décision de justice malienne à notre connaissance ne vise presque pas le droit communautaire de l'UEMOA. D'ici l'entrée en vigueur du code communautaire qui est en gestation, on a l'impression qu'il y a un déphasage, un fossé flagrant entre le droit national et le droit communautaire. Nous pensons qu'il sied pour l'UEMOA, à travers foras et séminaires, d'intensifier une véritable politique de communication en vue d'outiller ceux qui ont la charge d'appliquer la loi. Les juges maliens ont compris cet enjeu.

En février 2017, le président du tribunal de commerce de Bamako, sollicite gentiment notre concours : « *Monsieur DIARRA, pourriez-vous mettre ces textes de l'UEOMA à ma disposition ? Ne serait-ce que leur référence* ». Mieux, il sollicita le concours des universitaires et autres professionnels du droit pour une « conférence de midi » sur les sources du droit aérien au Mali, un vendredi avec tous les juges du dit tribunal.

Enfin la direction générale de l'école de magistrature, appelée au Mali institut national de formation judiciaire (INFJ) s'est engagée avec nous pour insérer le contentieux du droit aérien parmi les modules à dispenser dans leur école[85]. Outre les conventions internationales multilatérales, les compagnies aériennes ont de leur côté procédé à l'élaboration des sources dites professionnelles.

SECTION II. LES SOURCES PROFESSIONNELLES

La Convention de Varsovie et la Convention de Montréal ne règlent pas tous les problèmes du transport aérien[86]. La raison en est que cela n'est pas leur vocation : ainsi que l'indique leur titre, elles ne visent à unifier que « *certaines règles relatives au transport aérien international* ». C'est pourquoi les compagnies aériennes se sont organisées sur le plan mondial dans le but de compléter les règles adoptées par les États et de discipliner la concurrence. Elles sont groupées au sein de l'*International Air Transport Association* (ci-après IATA) qui est une organisation internationale non gouvernementale. Les compagnies qui assurent des transports réguliers internationaux ont la qualité de « membre actif », tandis que celles qui n'effectuent que des vols internes ont la qualité de « membre associé ». Ainsi la grande majorité des transporteurs aériens réguliers existant dans le monde sont regroupés au sein de l'IATA. Cette composition a permis à l'IATA de constituer un réseau quasi universel dans lequel chaque membre peut agir comme « agent » ou « mandataire » d'un autre membre. Il peut émettre au nom de tout autre membre un billet qui sera honoré sur presque toutes les lignes aériennes du monde. Monsieur Alexandre de JUNIAC[87] a été nommé Directeur Général de

---

[85] Séance de travail avec son directeur général adjoint, le juge Alou Badara COULIBALY en octobre 2016.

[86] J.P.TOSI, « transport aérien », *in Juris-classeur, Fasc.* 460-10 : Mai 2005, op.cit. p.27.

[87] De nationalité française.

l'IATA depuis le 1er septembre 2016 lors de sa 72e assemblée générale annuelle.

La chambre de compensation de l'IATA permet aux transporteurs aériens d'être débités ou crédités suivant qu'ils auront seulement émis le billet et reçu le prix ou qu'ils auront effectué le transport sans que le prix ait été acquitté par le passager ou l'expéditeur de la marchandise. Mais l'action essentielle de l'IATA consiste surtout à compléter les règles édictées par les États pour organiser le transport aérien sur le plan international. Dans ce but l'IATA dispose d'un pouvoir réglementaire lui permettant de prendre des décisions dans l'intérêt commun de tous ses membres notamment dans le domaine réglementaire et tarifaire. D'où l'existence des conférences IATA. Ces conférences sont chargées de mettre sur pied les tarifs des transports aériens de passagers et de marchandises. Les tarifs ne peuvent être adoptés qu'à l'unanimité des membres de la conférence. Cette règle évite que la majorité puisse imposer sa volonté à une minorité. Les tarifs proposés par la conférence entrent en vigueur automatiquement s'ils ne sont pas désapprouvés par les États dans un certain délai. Par ailleurs, l'IATA participe activement aux travaux de l'OACI et intervient auprès des autorités étatiques chargées de l'élaboration des divers droits internes[88]. Comment s'appliquent ces pratiques professionnelles (paragraphe I) et quelle est leur nature juridique ? (paragraphe II)

Paragraphe I. L'application des pratiques IATA

L'une des sources professionnelles intéressantes est la référence dans les contrats de transport aux conditions générales élaborées par l'IATA. Si ces conditions sont valides dès lors qu'elles ne heurtent aucune règle d'ordre public interne, elles ne sauraient cependant prévaloir sur les dispositions édictées par les conventions internationales.

I. Les Conditions générales de transport IATA

Nous examinerons le mécanisme d'élaboration (A) des normes IATA ainsi que leur condition d'application (B)

A. Leur contexte d'élaboration

L'IATA a élaboré des « *conditions générales de transport* » dont elle recommande l'adoption à tous ses membres[89]. L'association du transport aérien international (IATA), qui regroupe la plupart des compagnies, édicte des « *conditions générales de transport* », pour les passagers et bagages d'une part, pour le fret de l'autre. C'est alors que les compagnies membres

---

[88] L. PEYREFITTE, « transport aérien », *Juris-classeur*.fasc.905, 20 dec.1998, p.22.

[89] M. LEMOINE, « Vers une uniformisation du contrat de transport aérien international », *RFD* aérien 1954, p. 103.

reprennent dans leurs propres « *conditions générales de transport* », auxquelles renvoient leurs billets de passage et leurs lettres de transport aérien. Ce sont des contrats types auxquels les compagnies aériennes, membres de l'IATA, doivent se référer pour la rédaction de leurs propres contrats de transport. Normalement la qualité de membre de l'IATA implique pour la compagnie aérienne, l'obligation d'inclure ces conditions générales de transport dans les contrats conclus avec la clientèle. Mais cette obligation n'est tout de même pas entendue d'une manière rigide. Chaque transporteur conserve la faculté d'ajouter aux *conditions générales IATA* certaines stipulations particulières. Ces dernières ne doivent tout de même pas porter atteinte au sens ordinaire des *conditions générales IATA*[90]. En pratique, les compagnies membres de l'IATA utilisent tant en transport international que domestique une LTA dite universelle, qui comporte onze copies supplémentaires. Ces conditions générales modifient certains éléments du régime de Varsovie ou en étendent le champ d'application, ou celui de la Convention de Montréal, au prix de certaines adaptations. Elles ne peuvent jamais l'emporter sur celles de la Convention de Varsovie ou de Montréal sauf dans un sens plus favorable au cocontractant du transporteur.

B. Leur condition d'application

Il y a lieu de distinguer deux situations :

1. Face au silence des conventions internationales

Les conditions générales s'appliquent dans le silence des conventions internationales non seulement pour les préciser, mais aussi ou pour les rendre plus sévères à leur égard. En outre, elles s'appliquent lorsque le transport n'est pas soumis aux dites conventions.

2. Dans le respect des conventions internationales

Ces conditions générales sont valides dès lors qu'elles ne heurtent aucune règle d'ordre public interne, de même, lorsqu'une clause des conditions IATA n'est pas directement contraire aux conventions, elle est non seulement valide, mais peut être appliquée[91]. Tel est le cas notamment de la clause (résolution 700) autorisant le transporteur à refuser une personne à l'embarquement[92]. A contrario, elles ne peuvent jamais prévaloir sur les dispositions édictées par les conventions internationales. Ainsi à titre d'exemple, la règle des conditions IATA relatives au transport de marchandises qui exige du destinataire une réclamation dans les 120 jours à compter de l'émission de la LTA, en cas de perte, a été jugée nulle. Cette règle

[90] Voir Les conditions générales de l'IATA : RCADI I/1972, 441 s.
[91] F. LETACQ, « Transport », *Juris-classeur*, Fasc. 920 du 30 Septembre 2012, *op.cit.* p.49
[92] CA Rouen, 19 juin 2003, *R. c/ Cie Air France* et *Sté Brit-Air*, inédit IDIT.

se heurte pour les juges du fond, aux dispositions des articles 23 et 24 de la Convention de Varsovie selon lesquelles toute clause tendant à exonérer le transporteur de sa responsabilité est nulle et toute action ne peut être exercée que dans les conditions et limites de la Convention[93]. Par cette clause IATA, argumente la Cour d'appel de Paris, le transporteur ajoute à l'exercice de l'action une condition supplémentaire non prévue par la Convention de Varsovie. Dans tous ces cas, se pose la question de leur opposabilité aux cocontractants du transporteur aérien lorsque celles-ci sont contestées.

Paragraphe II. La nature juridique des pratiques IATA

Les compagnies aériennes prévoient dans leurs conditions générales de transport un traitement du passager beaucoup plus dur que ce que permettent les termes des conventions internationales. La question s'est alors posée de savoir si ces conditions générales IATA étaient opposables aux contractants du transporteur aérien. La Convention de Varsovie semble trancher la question dans son article 23 alinéa 1er :

« *Toute clause tendant à exonérer le transporteur de sa responsabilité ou à établir une limite inférieure à celle qui est fixée dans la présente convention, est nulle et de nul effet, mais la nullité de cette clause n'entraine pas la nullité du contrat qui reste soumis aux dispositions de la présente convention* ». Malgré cette clarté textuelle, une vive controverse doctrinale et jurisprudentielle s'est instaurée de laquelle émaillent 3 positions.

I. Les clauses valables et non discutables

Pour une certaine opinion ces clauses sont valables et non discutables. Ainsi la jurisprudence française a admis la validité de la clause IATA dans un premier temps[94] et dans l'affaire *Maché*[95], la Cour de cassation a gravi un degré de plus en n'hésitant pas à dire que les conditions générales de l'IATA opposables au porteur d'un billet de passage, car ce billet renvoyait aux conditions générales de la compagnie aérienne, lesquelles renvoyaient aux conditions générales IATA. À ce sujet, la jurisprudence américaine aussi est plus favorable au transporteur[96]. C'est également le cas aux Pays-Bas où la Cour de la Haye, le 08 mars 1962[97] a statué sur une expédition de visons qui arrivèrent en mauvais état en raison d'un retard dans le transport. Il s'agissait, par conséquent, non pas d'un retard, mais d'une avarie causée par le retard. La Cour décida qu'il résultait de la clause n° 5 des « conditions du contrat » imprimées au dos de la LTA, qu'aucun délai spécifique n'était fixé pour le

---

[93] CA Paris, 16 oct. 1979 : BT 1979, p. 517 ; RFD aérien 1980, p. 85

[94] Affaire Robert Houdin concernant la clause selon laquelle les horaires ne donnent que des indications, Trib. civ.de la Seine, 9 juillet. JCP 1960-2-1183

[95] Cass. Civ, I, 3juin 1970, RFDA.1970.300

[96] Cour suprême New York, 27 juin 1978, Air Law 1979, p. 229

[97] M. DE JUGLART *et alii, Traité de droit aérien*, t.2, 1992, LGDJ, *op.cit.* p.1131

transport et que la *KLM* n'était pas tenue d'acheminer les marchandises par un vol déterminé. Dans ces conditions elle n'encourait aucune responsabilité. Certains auteurs estimaient qu'à cette époque, on ne songeait point à protéger le consommateur, surtout la jurisprudence française.

En revanche, la solution fut l'inverse dans d'autres pays. De son côté, le doyen RODIERE[98] n'émet pas d'objection au « *fait que les transporteurs aériens ne prennent pas d'engagement de délai* », mais, ajoute-t-il, « *il n'est pas moins certain que l'absence de précision dans l'engagement du transporteur ne doive pas tourner à l'absence d'engagement de sa part...* ». D'ailleurs le seul fait pour le transporteur d'avoir accepté de transporter par avion une cargaison dont il savait qu'il ne pourrait pas l'acheminer dans des délais raisonnables le constitue en faute. Le transporteur a des éléments de connaissance que son client n'a pas, notamment l'état atmosphérique, disponibilité de ses appareils, conclut l'auteur. De même, on trouve un écho favorable de cette constatation dans la formule selon laquelle « *en l'absence de délai convenu, les tribunaux établiront l'existence d'un retard en fonction des circonstances de fait* »[99]. E. Du PONTAVICE se dit surpris par cette attitude, car selon lui, sur la LTA figure le numéro du vol, ce qui permet de savoir d'après les horaires de la compagnie l'heure de départ et, au moins, s'il n'y a pas de changement d'appareil prévu, l'heure d'arrivée ; or ce renseignement concernant le numéro des vols figure au recto de la LTA, c'est-à-dire sur le côté de la LTA que signe l'expéditeur de la marchandise, les clauses des conditions de transport figurant au verso. Le client est donc parfaitement informé des horaires, au moins à compter de l'émission de la LTA.

S'il s'agit d'un billet de passage, les clauses sont encore plus nettes puisque d'une part le billet n'est pas signé par le passager, ni avant ni après la clause faisant de l'obligation du transporteur une simple obligation de diligence et d'autre part, le passager voit sur le coupon de vol l'indication manuscrite de l'heure de départ et d'arrivée de son avion. Il n'est pas cohérent, dans ces conditions, de prétendre que la clause manuscrite concernant l'heure de départ et d'arrivée est sans intérêt et que la clause imprimée l'emporte et dit le contraire[100].

II. Les clauses et conditions vivement contestées

Sans les remettre systématique en cause, d'autres auteurs ont vivement contesté ces clauses et conditions. Ainsi M. R. ESPEROU, directeur du service Transport aérien de la Direction générale de l'aviation civile (DGAC) dans son rapport de 1981 relevait-il que « *la contradiction est flagrante entre le droit et les pratiques recommandées par une association professionnelle*

---

[98] R. RODIERE, *Droit des transports*, 2è ed.1977, n°418

[99] Lamy-Transport 1987, n°6182.

[100] B. CELICE, *Les réserves et le non-vouloir dans les actes juridiques*, 1968, LGDJ. Cité par M. DE JUGLART *et alii, Traité de droit aérien, op.cit.*

dépourvue de tout pouvoir normatif à l'égard des tiers ». La justesse de cette position est confirmée par la jurisprudence malienne dans *l'affaire MACCAIRE* contre Tunis Air en 2010. Voulant se rendre à Prague, M. Yaméogo MACAIRE en transit via Tunis, s'est vu retiré ses documents de voyage dont le passeport et le billet. Il fut ensuite débarqué pour Bamako. À la barre, la compagnie invoque :

- la résolution n° 701 des accords IATA relative à la validité des documents de transport qui stipule que : « *les passagers sont seuls responsables des formalités administratives »*.

- l'article XIII des conditions générales de transport qui dispose que « *la compagnie n'est pas responsable si les autorités aéroportuaires jugent que les documents ne sont pas valables »*. La Cour d'appel de Bamako rejette ces règles professionnelles en visant l'article 132 du RGO qui dispose que : « *la responsabilité du débiteur de l'obligation de résultat est engagée lorsque le résultat n'est pas atteint…* »[101]. Nous reviendrons largement sur cet arrêt dans nos futurs développements. Faute de pouvoir normatif de l'IATA à l'égard des tiers, les conditions générales de cet organe peuvent à la limite avoir valeur de coutume comme le remarque Madame MAUDY[102]. L'auteur note que les « *conditions générales ne peuvent avoir valeur de coutume* » qu'a une double condition : la réunion de 2 éléments subjectif et objectif. Or, l'élément objectif de la coutume suppose qu'un usage se soit forgé et ait obtenu force obligatoire au fil du temps. Il n'en est rien des stipulations des dites conditions. Celles-ci sont l'œuvre des seuls transporteurs. L'élément subjectif fait aussi défaut, car ces clauses ne présentent aucun caractère contractuel sérieux, mais sont seulement des actes unilatéraux ne résultant pas de la volonté des parties ; en outre elles ne concernent que les membres de l'IATA.

S'agissant également des clauses du billet de passage ou de la LTA, Madame MAUDY ajoute que de pareilles clauses ne sont pas claires, or selon l'article 1190 du Code civil français sur l'interprétation de ses conventions « *dans le doute, le contrat de gré à gré s'interprète contre le créancier et en faveur du débiteur, et le contrat d'adhésion contre celui qui l'a proposé.* » Ainsi, dans un contrat d'adhésion, c'est contre la partie qui a pré rédigé le contrat, c'est-à-dire le transporteur, que la convention doit s'interpréter.

III. La nullité des conditions générales

Enfin, certains auteurs notamment E. Du PONTAVICE, estiment qu'il faut aller plus loin en déclarant la nullité de ces conditions générales et clauses en application des règles relatives aux contrats d'adhésion et les clauses abusives. À cet égard, il faut distinguer selon qu'il s'agit du transport de marchandise ou de passager.

---

[101] CA Bamako, n°0361 du 23/6/2010.

[102] M. DE JUGLART, idem, p.1132.

S'il s'agit du transport de marchandises (cas le plus fréquent) et que l'expéditeur est un professionnel, c'est-à-dire un commerçant qui expédie des marchandises pour les besoins de son commerce, la législation propre aux clauses abusives et découlant de la loi Scrivener[103] ne s'applique pas, car elle ne s'applique qu'aux non-professionnels, c'est-à-dire les consommateurs. En conséquence, la législation propre aux clauses abusives ne s'applique qu'au transport de passagers. L'article 3 du décret d'application de cette loi dispose : « *dans un contrat conclu entre professionnels et non professionnels ou consommateurs est interdit la clause ayant pour objet ou pour effet de réserver au professionnel le droit de modifier unilatéralement les caractères du bien à livrer ou du service* ». Comme le déclarent les auteurs du *Lamy commercial*[104] à propos de l'article 3 « *le principe posé est celui de l'interdiction des clauses qui laissent au professionnel la faculté de modifier lui-même, arbitrairement, l'objet de sa prestation...* ».

En dehors de ce décret précité, la Commission des clauses abusives a émis un certain nombre de recommandations[105] :

1. que les conditions générales des transporteurs et commissionnaires soient affichées de façon apparente auprès de tous les guichets où est perçu le prix du transport ;

2. que les conditions générales susceptibles d'être opposées à l'expéditeur ou au destinataire soient intégralement lisibles et clairement reproduites sur le document qui leur est respectivement remis avant la conclusion du contrat.

Certes l'article 33 de la Convention de Varsovie déclare : « *rien dans la présente convention ne peut empêcher un transporteur... de formuler des règlements qui ne sont pas en contradiction avec les dispositions de la présente convention* ». Or, le règlement IATA en matière de transport de passagers, comme en matière de transport de marchandises est en contradiction avec les dispositions des articles 19 et 23 de la Convention de Varsovie. C'est bien ce qui a été décidé en Allemagne, le Bundesgerichtshof déclare :

« *Les conditions générales contraires à la législation qui règle les normes des conditions générales commerciales et ne peuvent, dès lors, ressortir le moindre effet (...) IATA en tant que groupement de coordination à l'initiative des compagnies aériennes, n'est autre qu'une association non gouvernementale se mouvant sur le plan international ; elle ne peut, dès lors, créer des normes de droit international. L'emploi mondial de ces conditions ou encore l'intention d'une uniformité du droit ne peuvent rien y changer* »[106].

La Cour de cassation allemande précisa encore que les conditions générales ne pouvaient pas davantage être considérées comme une coutume et elles ne lient que les membres de l'Association. Elles n'ont aucun effet à l'extérieur de l'Association.

---

[103] 10 janvier 1978 aujourd'hui abrogée.

[104] Voir sur ce point Lamy commercial, éd.2016, n°4856.

[105] N°82-01.

[106] Arrêt du 20 janv. 1983, Droit européen des transports,4/1984, p. 535.

Le droit apporte tout de même une précision à travers une décision qui estima que les conditions générales du transporteur étaient opposables à un commerçant qui se déplaçait dans le cadre d'un voyage d'affaires[107]. On peut en déduire, *a contrario*, qu'elles seraient inopposables aux consommateurs c'est-à-dire aux passagers qui voyagent dans un but étranger à leur activité professionnelle. La jurisprudence française apporta d'avantage de clarté. En effet, dans une posture proche de la position allemande, la Cour d'appel de Paris décida en décembre 1994 que les conditions générales de transport sont inopposables à l'expéditeur dès lors qu'elles ne figurent ni au recto ni au verso de la LTA[108].

En somme, les conditions générales qui incluent ainsi dans le contrat de transport une limitation de réparation lors de la phase ou les conventions s'appliquent de son propre chef, ne sont donc pas opposables au cocontractant du transporteur. Comme le notent, du reste, les professeurs MALAURIE et AYNES[109], les parties à n'importe quel contrat de transport « ne *sont liées par ces clauses* ». Cependant, il faut reconnaitre que ces conditions IATA constituent une véritable source de droit de fait, car les professionnels du transport aérien (compagnies aériennes et entreprises auxiliaires du transport) appliquent quotidiennement les textes IATA. Finalement « *l'infra-droit* » des dispositions qui sont « *contra legem* », est appliqué, de préférence au droit noble des conventions internationales ou d'un code, conclut E. Du PONTAVICE[110].

---

[107] T. com. Bruxelles, 30 mars 1988 : RFD aérien 1988, 398

[108] CA Paris, 7 déc. 1994 : BTL 1996, p. 23

[109] P. MALAURIE, L. AYNES, *Droit civil, les obligations*, LGDJ, 9è éd., 2017, p. 350

[110] M. DE JUGLARD et *alii,* Traité de droit aérien, t.2, 1992, LGDJ, op.cit. p.1130.

PREMIÈRE PARTIE

UNE INTERPRÉTATION TIMIDE À TRAVERS LES CONDITIONS DE LA RESPONSABILITÉ DU TRANSPORTEUR AÉRIEN

« C'est au magistrat et au jurisconsulte, pénétré de l'esprit général des lois, à en diriger l'application. »[111]

La responsabilité civile suppose toujours un dommage relié à un fait du responsable par un lien de causalité. Ce lien de causalité a pour fonction de mettre en relation deux éléments constitutifs de la responsabilité, à savoir le fait générateur et le dommage. L'article 116 du RGO précise que : « *La responsabilité implique une relation de cause à effet entre le fait générateur et le dommage* ». En l'absence de présomption légale, il revient au demandeur d'établir le lien de causalité entre le fait reproché au défendeur et le dommage[112].

Mais pour venir en aide aux victimes, la loi et la jurisprudence ont créé certaines présomptions de causalité qui réalisent un véritable renversement de la charge de la preuve. C'est pourquoi une présomption légale de causalité a été admise en France comme au Mali au profit des victimes d'accident nucléaires (loi du 30 oct. 1968), d'accidents de travail et d'accident de la circulation (loi du 5 juill. 1985). Dans le domaine contractuel, la jurisprudence admet que la responsabilité du débiteur d'une obligation de résultat est engagée sur la seule preuve de la non-obtention du résultat promis[113]. Pour le doyen RODIERE, cette solution implique non seulement une simplification radicale de la preuve de la faute, mais aussi très souvent l'admission d'une présomption de causalité[114]. Madame VINEY ajoute que « *le rapprochement entre les circonstances du dommage et le contenu de l'obligation (que la victime doit établir) suffira en effet fréquemment à présumer tant l'exécution*

---

[111] Portalis, « Discours préliminaire à la rédaction du Code civil » in *La naissance du Code civil,* consultable sut http://classiques.uqac.ca/collection_documents/portalis/discours.

[112] G.VINEY *et alii, Traité de droit Civil : Les conditions de la responsabilité*, LGDJ, 4ème éd., sept.2013, p. 269.

[113] *Ibid.*, p. 275.

[114] R. RODIERE, *La Responsabilité civile*, BEUDANT, t. IX bis, n°1671.

que le lien de causalité »[115]. De toute évidence le dommage montrera l'image *inversée du résultat* et prouvera du même coup l'inexécution causale. Dans la même logique, en matière d'accident de transport en général, les tribunaux français déclarent le transporteur responsable, sur le fondement de l'inexécution de l'obligation, sans exiger la preuve positive de rapport de causalité entre les risques du transport et le dommage invoqué. Qu'on ne se méprenne guerre, cela ne veut point dire que le créancier d'une obligation de résultat n'a aucune preuve à administrer. Outre celle de l'obligation contractuelle, qui lui incombe, la tache lui revient d'établir l'absence du résultat escompté[116].

Dans cette première partie, on ne trouvera pas la structure classique de la responsabilité conçue à travers ses éléments traditionnels à savoir le dommage, le fait générateur et le lien de causalité. Le lien de causalité étant présumé en transport aérien, seuls le dommage et le fait générateur seront examinés (**Titre** I). Pour échapper donc à cette responsabilité, le transporteur doit apporter l'existence des causes exonératoires (**Titre** II). L'interprétation timide de la jurisprudence malienne se mesure par rapport au nombre marginal d'espèces tranchées. Dans bien des contentieux, il va s'agir d'une inapplication des Conventions internationales que de leur timide interprétation. L'enjeu et l'intérêt consistent pour nous à anticiper en éclairant la lanterne du juge malien, sans mimétisme de la jurisprudence étrangère, et l'amener à asseoir sa propre jurisprudence dans les affaires futures.

[115] G. VINEY, idem.

[116] Idem, p. 600.

TITRE I

LES CONDITIONS POSITIVES : LE DOMMAGE ET LE FAIT GÉNÉRATEUR

En principe l'existence d'un dommage constitue l'une des conditions de la responsabilité contractuelle. Pourtant si la responsabilité civile suppose toujours un dommage, ni le RGO du Mali, ni le Code civil français n'ont donné de définition du dommage. Dans le langage courant d'après Madame VINEY, « *le dommage ou préjudice s'identifie à une perte, un désavantage, un détriment* »[117]. L'avant-projet Catala de réforme du Code civil n'a repris que la définition classique « *le préjudice est la lésion d'un intérêt* »[118]. Le rôle important réservé au dommage parmi les conditions de la responsabilité varie en fonction du fondement que chaque doctrine assigne à cette institution. Néanmoins, reconnait Madame VINEY, les auteurs tiennent un consensus[119] sur l'exigence d'un dommage pour faire naitre une dette de réparation sur le fondement des règles de la responsabilité civile et les tribunaux l'affirment constamment.

Pourtant une certaine doctrine conteste l'exigence d'un préjudice, pour elle, le seul constat de l'inexécution du contrat suffit à justifier l'allocation des dommages[120]. Cette étude vivement critiquée[121] n'a point été suivie par la

---

[117] Idem, p. 17.

[118] Art. 1343

[119] Voir sur ce point l'approbation par ces auteurs : L. MAZEAUD et *alii, Traité de la responsabilité civile,* t. I, Montchrestien, 6ème éd. n°208 et s. ; Voir notamment R. RODIERE, *La responsabilité civile,* BEUDANT, t. IX bis, n°1671, *op.cit.*p.216 ; P. ESMEIN, et *allit.*VI *du Traité de droit civil*, LGDJ, 1930 ;P.LETOURNEAU, *Droit de la responsabilité et des contrats*, Dalloz, 10è éd., 2014, n°1320 et s. ; voir aussi, F.TERRE, et *alii*, *Droit civil, les obligations*, Précis Dalloz, 11è éd.,2013, n°536 et s. A. BENABENT, *Droit civil, Les obligations*, Montchrestien, 7ème éd., n°419.

[120] P.LETOURNEAU, *Droit de la responsabilité et des contrats*, ibid. ; D. TALLON, « l'inexécution du contrat : pour une autre présentation », RTD civ. 1994, p.223 ; P. REMY, « La responsabilité contractuelle : histoire d'un faux concept », RTD civ.1997, p.323.

[121] P. JOURDAIN, *Réflexions sur la notion de responsabilité contractuelle, les métamorphoses de la responsabilité civile,* PUF, 1998, p.65 ; G.VINEY, « La responsabilité contractuelle en question », *in* Mélanges *Ghestin*, LGDJ, 2001, p.921 ; C.LAURROUMET, « Pour la responsabilité contractuelle » *in Mélanges* Catala, Litec 2001, p.543 ; E. SAVAUX et *alii*,

jurisprudence. Si certaines décisions clairsemées ont accepté des condamnations indemnitaires sans exigence d'aucun dommage[122], infiniment plus nombreuses sont celles qui restent fidèles en réaffirmant cette condition en matière contractuelle[123]. Pour lever toute équivoque, la Cour de cassation française énonça solennellement depuis le 3 décembre 2003 que : « *des dommages-intérêts ne peuvent être alloués que si le juge, au moment où il statue, constate qu'il est résulté un préjudice de la faute contractuelle* »[124].

L'élément déclencheur la responsabilité du transporteur aérien réside dans la survenance d'un dommage (**chapitre** I) dont est victime le passager ou l'expéditeur de la marchandise. De la réalisation de ce préjudice durant le transport on induit la faute du transporteur qui a failli à ses obligations (**chapitre** II).

« Exécution par équivalent, responsabilité et droits subjectifs », *in Mélanges Aubert,* Dalloz, 2004, p.271 s.

122 Com., 30 juin 1992, *Bull. civ.* IV, n°258 ; D.1994, p.454, note crit. A. Bénabent ; Civ.3è, 25 janv.1995, *Bull. civ.* III, n°29; Civ. 3è, 13 nov.1997, Bull. civ. III, n°202 ; Civ.1ère, 10 mai 2005, *Bull. civ.* I, n°201.

123 V. Déjà, très net, Req., 25 mai 1936 : « *Attendu que, pour l'inexécution d'une obligation donne lieu à des dommages- intérêts, il faut que cette inexécution ait causé au créancier un dommage* ». V., récemment, Civ.1ère, 18 nov.1997, *Bull. civ. I,* n°317 ; Com., 9 avr.2002, JCP2003, II, 10067, note J. M. TENGANG.

124 Civ, 3é, 3 déc. 2003, *Bull. civ.* III, n°221.

CHAPITRE I

L'EXIGENCE DU DOMMAGE

L'existence du dommage est une condition indispensable pour que soit engagée la responsabilité du transporteur. En clair, la victime n'est admise à agir en responsabilité contre le transporteur qu'après avoir subi un dommage imputable à ce dernier. Il ne faudrait cependant pas se méprendre, le transporteur ne répondra pas de tout dommage survenu au passager ou à la marchandise transportée. Les conditions de la responsabilité du transporteur aérien sont définies à l'article 17 de la Convention de Varsovie : « *Le transporteur est responsable du dommage survenu en cas de mort, de blessure, ou de toute autre lésion corporelle subie par un voyageur lorsque l'accident qui a causé le dommage s'est produit à bord de l'aéronef ou au cours de toutes opérations d'embarquement ou de débarquement* ». Les dommages réparables, c'est-à-dire, le décès, les blessures ou toute autre lésion corporelle, ont été remaniées par la Convention de Montréal (en supprimant la référence aux « *blessures et autres lésions* » corporelles).

Nous évoquerons d'abord les dommages corporels (section I) avant d'envisager ceux touchant les objets transportés (section II) et la situation délicate du retard (section III).

SECTION I. LE DOMMAGE AUX PASSAGERS

A l'instar du transporteur terrestre ou ferroviaire, le transporteur aérien devra acheminer son passager sain et sauf à destination. De façon générale donc, tout transporteur est tenu d'une obligation de sécurité vis-à-vis du passager. Le transport aérien est allé plus loin que ses sources d'inspiration[125]. En effet, dans des termes presque similaires les deux conventions disposent que le transporteur est responsable du dommage (ou du préjudice dans Montréal) survenu en cas de décès, de blessure (ce terme blessure est supprimé dans Montréal), ou de (toute autre) lésion corporelle subie par un passager... (article 17 Convention de Varsovie ; article 17-1Convention de Montréal). Si

[125] En réalité la responsabilité aérienne a été alignée sur le régime du transport terrestre.

le fondement est identique, pourtant les deux conventions ne règlent que la question de l'origine du dommage (décès ou lésion corporelle). Le flou et l'imprécision demeurent quant au sens de l'expression lésion corporelle. Le transporteur est responsable, aux termes de l'article 17 de la Convention de Varsovie du préjudice survenu en cas de mort, de blessure ou de toute autre lésion corporelle. Par principe nous estimons que l'expression *toute autre lésion corporelle* parait *a priori* faire double emploi avec le terme « *blessures* », étant donné que toute lésion corporelle est une blessure. La généralité de l'expression impose une conception très large du dommage corporel, « *toute lésion corporelle* » englobe toutes les atteintes qui relèvent d'un traitement médical[126].

Quelle interprétation font les tribunaux de notion de lésion corporelle ? Comprend-t-elle uniquement les lésions à caractère organique ou également les sentiments d'angoisse, les troubles psychiques, les chocs nerveux, les menaces, ou le stress, sans avoir forcément été physiquement subis ?

Ni la Convention de Varsovie ni la Convention de Montréal ne définissent cette cause de dommage. C'est pourquoi cette imprécision a souvent encouragé certains passagers, victimes d'atteintes purement psychologiques suite à des détournements d'avions ou des prises d'otages, à demander réparation au transporteur. La lourde tâche revenait ainsi à la jurisprudence d'apporter les précisions nécessaires pour un meilleur cadrage de la notion de lésion corporelle. Ce qui entraina des contradictions flagrantes jurisprudentielles (I). L'étude critique de cette jurisprudence (II) nous permettra de savoir la tendance législative privilégiée.

Paragraphe I. Les incertitudes jurisprudentielles

Le silence des conventions a conduit certaines juridictions suprêmes à prendre position en adoptant des solutions diamétralement opposées. La problématique de l'indemnisation du trouble psychique démontre s'il en était besoin les difficultés que rencontrèrent les tribunaux dans la détermination de l'étendue du dommage réparable. On a d'une part, les partisans d'une interprétation extensive (I) et d'autre part, ceux d'une interprétation restrictive (II).

I. L'interprétation extensive

De prime abord il y a lieu de remarquer que l'avant-projet de la Convention adopté par la conférence de Paris en 1925 définissait de façon succincte la notion en disposant que le : « transporteur *est responsable des accidents, pertes, avaries et retards* ». Cette définition à l'allure simpliste, aurait permis,

---

[126] RIESE et LACOUR, *Précis de droit aérien*, n° 323, cité par V. GRELLIERE, *La responsabilité du transporteur aérien international*, Thèse, Toulouse, 1973, *op. Cit.*, p. 186.

très certainement « *d'intégrer ces phénomènes récents* ».[127] Ce texte initial fut reformulé dans une version définitive contenue dans la convention de 1929. En revanche, on peut déplorer que les travaux préparatoires de la Convention de Varsovie n'aient pas permis d'avoir une définition claire de la notion de lésion corporelle. Ce qui va nous obliger, de même que les tribunaux à une déduction de différences entre sa définition originelle et sa version finale.

Si les juges de la *Common Law* distinguent entre les lésions corporelles (« *bodily injury* ») et les lésions mentales (« *mental injury* »), les juges maliens et français en revanche distinguent le dommage matériel du dommage moral. C'est ainsi que l'article 114 du RGO malien dispose que : « *Le dommage peut être matériel ou moral, actuel ou futur. Mais il doit toujours être certain et direct* »[128]. De toute évidence, les travaux préparatoires susmentionnés n'excluent pas expressément l'indemnisation des préjudices moraux. Une interprétation extensive du libellé de l'article 17 serait donc envisageable. De l'avis de Monsieur TERRENOIRE la traduction anglaise de l'article 17 avec le protocole de Guatemala City permet de supposer que le droit aérien s'est orienté vers une « *incorporation des dommages moraux dans la notion de lésion corporelle* »[129]. Si le texte français conserve l'expression *lésion corporelle,* la traduction anglaise se départit du concept de *bodily injury* (blessure corporelle) au profit de *personal injury* (blessure personnelle). L'auteur conclut que le mot *personal* remplaçant celui de *bodily* nous autorise à croire que « *les auteurs ont souhaité dématérialiser la notion au profit d'un concept plus général sans connotation physique particulière* »[130]. Partant de cette ferveur doctrinale, la Cour suprême d'Israël a jugé qu'il était souhaitable d'interpréter extensivement l'article 17 afin de permette d'allouer une indemnisation pour le seul préjudice psychique[131]. De même la Cour de cassation française, lors de l'affaire du détournement d'Entebbe[132] a reconnu l'existence du dommage psychique, sans faire droit à la demande des victimes au motif que le transporteur avait prouvé avoir pris toutes les mesures nécessaires pour éviter le dommage[133]. En Australie, il a aussi été jugé qu'un choc nerveux constituait un cas de lésion corporelle[134].

---

[127] O. M. TERRENOIRE, *De l'influence communautaire dans la protection du voyageur*, Thèse, université Jean Moulin Lyon 3, 2005, p.257.
[128] Loi N° 87 du 27 Aout 1987, portant Régime General des Obligations au Mali.
[129] O. M. TERRENOIRE, idem, p.258
[130] Idem.
[131] Cour suprême d'Israël, 22 oct. 1984 : Dr. europ. transp. 1988, p. 87 à propos du détournement d'Entebbe.
[132] En juin 1976, des terroristes ont détourné sur l'Ouganda un avion d'Air France reliant Tel-Aviv à Paris avec plus de 240 passagers à bord. Après une semaine de négociations, l'armée israélienne effectua un raid sur l'aéroport d'Entebbe, libérant la quasi-totalité des otages et tuant tous les terroristes.
[133] Civ.1ère, 16 fév. 1982, affaire du détournement d'Entebbe, RFD aérien 1982, p.342 ; Revue de Droit Uniforme, 1982-1-274; pour arrêt de la Cour de Paris (Paris, 1ere ch., 19 juin 1979) dont la doctrine a été confirmée par la Cour de cassation, v. Revue de Droit Uniforme, 1979-1-272.
[134] Suprême Court of New South Wales 10 déc. 1993 : Rev. dr. uniforme 1994-95, p. 367.

II. L'interprétation restrictive

Aux Etats-Unis, où le problème s'était posé avec assez d'acuité surtout à partir des années soixante-dix avec le début du terrorisme aérien[135] que de nombreuses juridictions s'orientèrent premièrement dans le sens d'une interprétation extensive en assimilant tout dommage psychique à la lésion corporelle. Les arguments pleurèrent de partout. Le tribunal du district Est de New York[136] invoque notamment une mauvaise traduction de l'expression *autre lésion corporelle* du texte authentique (en français) de la Convention de Varsovie par « *bodily injury* » dans la version américaine ; selon cette juridiction, la terminologie française engloberait toute atteinte à la personne. D'autres arguments soutiennent que dans le Protocole de Guatemala City (qui n'est jamais entré en vigueur), l'expression lésion corporelle a été traduite par celle de « *personal injury* », notion qui englobe sans nul doute le dommage mental[137] ; et que c'était donc dans ce sens qu'il convenait d'interpréter la Convention de 1929, le protocole reflétant l'opinion internationale.

Après quelques errements des juges du fond, la Cour suprême n'a point voulu assimiler un dommage purement psychique à une lésion corporelle. En effet, depuis une décision de la Cour suprême du 17 avril 1991, les juridictions américaines adoptèrent une approche plus restrictive de l'article 17 de la Convention de Varsovie. En l'espèce, suite à une annonce par l'équipage que l'appareil assurant le vol Miami-Nassau allait devoir amerrir en raison d'une panne des moteurs qui heureusement ont pu se remettre en route avant la catastrophe permettant à l'avion d'arriver sans dégâts[138]. La juridiction suprême a fondé sa motivation en estimant spécialement que la formule française de *lésion corporelle* a été correctement traduite par celle de « *bodily injury* »[139] et fait remarquer qu'aucune décision n'a affirmé que le texte de 1929 visait aussi le dommage psychique.

Aussi la Cour se réfère-t-elle aux travaux préparatoires de la Convention pour en déduire que le dommage psychique n'avait absolument pas été envisagé à l'époque de l'élaboration du texte. D'abord de nombreux États signataires n'accepteraient pas dans leur droit national la réparation de ce type de préjudice. Ensuite les auteurs de la Convention n'avaient certainement pas

---

[135] R.H. MANKIEWICZ, Terrorisme aérien et responsabilité civile du transporteur aérien, RFD aérien, 1977, p.382.

[136] Affaire Husser/, Trib. du District Est de N.Y., 10 fev.1975 ; Krystal v. B.O. A.C., Tribunal du district central de Californie, 10 sept. 1975 ; Kalish v. T.W. A., Trib. Civil de la ville de New-York, 19 janv. 1977 ; Palagonia v. T. W. A., Trib. Sup. de New-York, Comte de Westchester, 22 dec. 1978, Arrêts cités par G. LEGIER, l'application de la convention de Varsovie par les juridictions américaines : présentation de /a jurisprudence récente, RFD aérien, 1987, p.263, n. 47.

[137] Palagonia v. T.W. A., cite par G. LEGIER, idem.

[138] Cour Suprême, 17 avr. 1991, aff. Eastern Airlines V. Floyd, 23 Aviation cases 17, 367.

[139] Le dictionnaire Petit Larousse (éd. 2015), définit la lésion comme une « modification de la structure d'un tissu vivant ».

pensé au préjudice psychique non accompagné d'une atteinte physique[140]. Quelques temps plus tard, cette même Cour suprême a confirmé sa jurisprudence à propos des fouilles avant embarquement[141]. Ce n'est que si le dommage psychologique est consécutif ou concomitant à un dommage corporel qu'il est indemnisable ; telle est aujourd'hui la position de la jurisprudence dominante[142]. C'est dans cette logique que la jurisprudence américaine accepta l'indemnisation du préjudice émotionnel d'une mère dont l'enfant avait été brûlé suite à une maladresse d'une hôtesse de la compagnie[143].

En France, Monsieur LETACQ insiste à ce que les juges se démarquent de la position américaine en s'orientant vers une interprétation extensive[144]. Comme argument avancé, il soutient qu'en matière d'accident du travail la Cour de cassation a déjà assimilé un simple trouble psychique à une lésion corporelle[145]. Menant loin la réflexion, les choses pourraient davantage se compliquer quand il faut indemniser des « *dommages connexes* » résultant d'une lésion corporelle. Il s'agit des conséquences économiques des atteintes à l'intégrité physique[146].

En effet, un préjudice corporel engendre très souvent des *dommages connexes* directs notamment financiers lorsqu'il faut rembourser des frais d'hospitalisation ou d'enterrement. Il en sera de même pour la concubine qui n'est plus entretenue par son amant mort accidentellement et l'entreprise qui subit un grave préjudice du fait de la brusque cessation de travail de l'un de ses salariés très compètent.

Le mérite revient à la position dissidente du Professeur GRELLIERE qui renvoie directement à la loi nationale compétente[147] face au silence du législateur international. La jurisprudence y adhère en utilisant les règles de la *lex fori* dans l'interprétation de l'article 17de la Convention de Varsovie. Dans cette hypothèse, la détermination du dommage réparable s'établit en fonction de la loi désignée par la règle de conflit et non dans l'interprétation du dit article 17[148]. Or, nous savons que le droit malien et français exige que le dommage soit « *personnel, direct et certain* » pour être réparable. À ce propos,

---

140 G. LEGIER, l'application de la convention de Varsovie par les juridictions américaines : présentation de la jurisprudence récente, art. préc.et du même auteur, l'application de la convention de Varsovie par les Juridictions Américaines : évolution de la jurisprudence, RFD aérien, 1993 p. L23.

141 Cour Suprême 12 janv. 1999 : Rev. dr. uniforme 1999-1, p. 195.

142 B. MERCADAL, *Transport aérien, répertoire droit commercial,* juin 2014, *op.cit.,* p.173.

143 US court of appeals 5 janv. 1998 : Air and space law 1999, p. 108.

144 F. LETACQ, « titre de transport- responsabilité-Actions en réparation », *Juris-Classeur* Transport, Fasc. 925, 21 Avril 2011, p.44.

145 Cass. Soc., 27 janv. 1961 : Bull. civ. 1961, IV, n° 134.

146 G.VINEY, « La responsabilité contractuelle en question », *in* Mélanges *Ghestin*, LGDJ, 2001, op.cit. p.48

147 V. GRELLIERE, *La responsabilité du transporteur aérien international*, Thèse, Toulouse, 1973, p.186, *op.cit., p.186.*

148 O.M. TERRENOIRE, *De l'influence communautaire dans la protection du voyageur*, Thèse, université Jean Moulin Lyon 3, 2005, *op.cit.,* p 225.

l'article 114 du RGO malien dispose que : « *Le dommage peut être matériel ou moral, actuel ou futur. Mais il doit toujours être certain et direct* ».

Et en France, doctrine et jurisprudence s'accordent à indemniser toutes les incidences patrimoniales des dommages corporels qui sont aujourd'hui énumérés dans le rapport Dintilhac de 2007 dont l'application par les juges du fond est assurée par la Cour de cassation[149].

Au canada, c'est partant de la *lex fori* que les juges du fond se fondèrent pour refuser l'indemnisation du dommage moral causé aux parents ayant perdu leur fille dans un accident aérien[150]. De nos jours que retenir de cet imbroglio jurisprudentiel et quelles sont ses conséquences sur les droits nationaux ?

Paragraphe II. Les conséquences découlant de cette jurisprudence

De l'étude critique des jurisprudences sus mentionnées et de tout ce qui précède, on peut relever deux constats majeurs :

I. Vers une exclusion de la lésion mentale

L'évidence sied de reconnaitre que depuis les années1999 avec l'adoption de la Convention de Montréal, un pas important semble être franchi ; on s'achemine vers une exclusion de la lésion mentale comme cause du dommage dans le transport aérien. D'où la consécration textuelle de l'interprétation restrictive. En effet, les travaux préparatoires de la Convention de Montréal prouvent à suffisance la volonté des auteurs de mettre un terme à la querelle doctrinale et jurisprudentielle persistantes, quant au sens à donner à l'expression *autres dommages corporels.* Il ressort ainsi de l'alinéa 1er de l'article 16 du projet de texte de la Convention de Montréal (devenu l'article 17) que *le transporteur est responsable du dommage survenu en cas de mort ou de lésion corporelle ou mentale subie par le passager,* l'expression *autres dommages corporels* ayant donc disparu au profit de celle de lésion mentale, beaucoup plus explicite. Cependant, le Groupe spécial sur la modernisation et la refonte du régime de Varsovie (SGMW)[151] a décidé de supprimer le terme de *lésion mentale* purement et simplement de l'article 16. Monsieur DELEUZE en déduit la volonté affichée des rédacteurs de la nouvelle convention qui consiste à « refuser *de prendre en considération les*

---

149 ADIDA-CANAC (Hugues) « Le contrôle de la nomenclature Dintilhac par la Cour de cassation », *in Dalloz.* 2001, p.1497.Cependant le CE a élaboré sa propre nomenclature, beaucoup plus sommaire que celle de Dintilhac.

150 Cour d'appel de Montréal, 1972, Surprenant v/Air Canada, Recueil de jurisprudence du Québec, 1973, p.107) et des frais d'enterrement (High court of Ontario, 1963, Frederick v/Ottawa Aero Services Ltd, 1964, D L R second, p.122.

151 Mis en place par le conseil de l'OACI, en vue de compléter les travaux de la 30èmesession du Comité juridique de l'OACI (Doc. OACI, Rapport SGMW/1).

lésions mentales ou psychiques seules »[152]. Le texte définitif de la Convention de Montréal se limitant dans son article 17 que *le transporteur est responsable du préjudice survenu en cas de mort ou de lésion corporelle.*

II. L'anachronisme du droit communautaire UEMOA

Il sied d'indiquer qu'à ce jour, le juge malien ne s'est pas encore prononcé[153]. Mais il nous semble effarant que le droit UEMOA en la matière n'ait pas pris la mesure requise en tirant toutes les leçons des débats doctrinaux et jurisprudentiels en cours. Comment ne pas objecter, que depuis plus de 3 ans après son adoption, l'UEMOA n'a pas pris en considération les avancées dans le texte de la Convention de Montréal, afin de s'aligner sur le futur régime mondial ?

Dans une formule anachronique, l'article 2 de son Règlement stipule : *« Le présent Règlement fixe les obligations des transporteurs aériens en ce qui concerne leur responsabilité à l'égard des voyageurs pour les préjudices subis lors d'accidents en cas de décès, de blessures ou de toutes autres lésions corporelles d'un voyageur... »*[154]. C'est au moment où la jurisprudence internationale semble avoir clôs ce débat que l'Afrique de l'Ouest le remet sur le tapis. Est-ce une façon pour l'UEMOA *« d'imposer une interprétation extensive »* aux magistrats des huit pays de la zone ?

Une telle position ne pourrait être suivie par le juge malien et les magistrats de l'espace UEMOA, qui vraisemblablement doivent s'aligner sur les dispositions pertinentes de la Convention de Montréal. Or, nous savons que cette dernière a supprimé les références aux notions *de blessures et toutes autres lésions corporelles.* Est-ce une façon pour l'Union de garantir une meilleure protection des droits de ses ressortissants ? Si c'est le cas, une telle posture nuirait à la volonté d'unification voulue par les conventions internationales. Nous relevons que l'intérêt d'établir de nouveaux textes vise non seulement à éviter les écueils et omissions, mais aussi à consolider les acquis de l'ancien texte. Tel n'a pas été la démarche du « comité d'experts » de l'UEMOA qui maintient un modèle « périmé » de rédaction qui ne fera qu'accroitre l'insécurité juridique. Après quatre-vingts années d'application de la CV et quinze ans d'application de la Convention de Montréal, l'UEMOA demeure encore avec l'article 17 au stade des tâtonnements inadmissibles. Nous restons convaincus qu'une conception plus moderne de *« lésion corporelle »* devrait voir le jour, excluant toute interprétation extensive.

---

[152] N. DELEUZE, *La responsabilité du transporteur aérien de la communauté,* Thèse, Montpelier I,2001 p.50.

[153] De son indépendance à nos jours, le Mali n'a connu que deux crashs qui n'ont pas connu de suites judiciaires au plan national. Le 1er en 1984 avec Air Mali. Le second en juillet 2014 avec Air Algérie en survol du territoire malien.

[154] Règlement n° 02/2003/CM /UEMOA relatif à la responsabilité des transporteurs aériens en cas d'accident.

Telle semble être la position du législateur malien, qui en 2011 adopta un tout nouveau code d'aviation civile en s'éloignant de toute interprétation extensive. En effet l'article 138 dudit code supprime toute référence à la notion de *lésion corporelle* en disposant que : « Le *transporteur est responsable du préjudice survenu en cas de décès ou de blessure d'un passager...* ». À la différence de la Convention de Montréal, le texte malien maintient la seule notion de « *blessure* » *et* écarte toute « *lésion corporelle* ». Cette précision limpide du législateur malien traduit, à n'en point douter, sa volonté manifeste pour une interprétation restrictive des dommages réparables découlant du préjudice corporel. On pourrait tout de même penser qu'une telle disposition limiterait le droit d'indemnisation des passagers, car aucune extrapolation vers des dommages moraux et psychiques n'est envisageable.

Dans un futur proche ou lointain, la jurisprudence malienne est impatiemment attendue sur cette question extrêmement sensible. Au risque d'une interprétation « *manifestement erronée* » de la pensée du législateur, la jurisprudence malienne devra s'en tenir à une interprétation restrictive de la notion de la *lésion corporelle.*

Entre la lésion corporelle et la lésion mentale, quelle place revient au dommage découlant d'une fouille corporelle ?

III. La problématique des fouilles

Avant de monter à bord de l'avion, certaines obligations sont imposées au passager soit par l'État soit par la compagnie aérienne ou les conventions internationales. Ces obligations portent sur les fouilles corporelles, les formalités d'immigration et douanières. Aussi, le transporteur peut-il ou « doit-il » refuser d'embarquer le passager qui refuse d'être soumis à des fouilles corporelles ou qui ne justifie pas être régulièrement autorisé à atterrir au point d'arrivée et aux escales prévues. Le passager doit donc se soumettre à la fouille corporelle. À défaut, le transporteur est en droit d'opposer un refus d'embarquer à tout voyageur dont la présence à bord pourrait engendrer un danger pour le vol. L'enjeu est d'assurer préventivement la sûreté des vols. À cet effet, nonobstant l'avènement d'appareils très perfectionnés, la police peut procéder aux fouilles des voyageurs, bagages et du fret.

Une religieuse musulmane voilée peut-elle être indemnisée par une compagnie du fait des fouilles corporelles ? Ce débat très pertinent a fait le « tour complet » des juridictions maliennes. Une espèce très intéressante nous est donnée par un couple arabe de passage au Mali. C'est l'une des rares affaires ayant fait le « bout à bout » que nous avons puis suivre d'abord au tribunal d'instance, ensuite à la Cour d'appel, enfin à la Cour suprême. Que s'est-il passé ? Les époux SAOUD, de nationalité Koweitienne étaient en visite privée à Bamako. Ils avaient des billets aller-retour de la compagnie Royal Air Maroc. Le 29 Juillet 2009, date prévue pour le retour, ils n'ont pu embarquer sur le vol Bamako-Casablanca-Koweït de la compagnie Royal Air Maroc. En effet, suite à un incident entre les époux SAOUD et un agent de la

Société *SECURICOM,* chargée des contrôles des passagers avant embarquement, les époux SAOUD ont raté leur vol. L'agent avait exigé l'enlèvement du voile porté par la femme pour la fouille traditionnellement pratiquée dans les aéroports. Devant son refus, ils n'ont pu embarquer. Madame SAOUD exigeait de se faire dévoiler le visage par un agent féminin de *SECURICUM* pour éviter la jalousie de son mari et de préserver son intimité. Le conseil des époux estimant que la Royal Air Maroc a failli à ses obligations en n'empêchant pas la fouille de Madame SAOUD l'a assignée en paiement de préjudice et réclamé la somme de vingt-cinq millions (25.000.000) F CFA, tous préjudices confondus. Il prétend en outre que Madame SAOUD aurait été « brutalisée » par l'agent *SECURICUM* afin d'enlever son voile et sa tunique.

Accueillant cette demande, le tribunal de première instance de la Commune II du district de Bamako a condamné la Royal Air Maroc au paiement de la somme d'un million cinq cent mille francs (1.500.000 CFA) à titre de dommages-intérêts.[155] Sur appel des époux SAOUD, la Cour d'appel de Bamako[156] a infirmé le jugement querellé et débouté les époux SAOUD de leur demande. La Cour s'est appuyée sur le principe de la laïcité et le respect des Conventions internationales :

« *Considérant que* ***la fouille corporelle prévue par les normes internationales ratifiées par le Mali et applicable à tous les passagers des aéronefs du Mali sans distinction de race, sexe ou de religion*** [...] *Qu'en* ***dérogeant à cette règle, les époux SAOUD ont violé*** *la règlementation en vigueur* [...] *il convient d'infirmer le jugement entrepris et de déclarer mal fondée la demande de réparation des époux SAOUD et les débouter en conséquence ».*

C'est contre cet arrêt que le pourvoi a été formé. En parfait accord avec la Cour d'appel, la Haute juridiction malienne rejeta le pourvoi en estimant que la RAM : « *n'a aucun moyen légal ni aucune obligation de protéger les intimés face à l'application du règlement visant à mettre hors de danger la vie de tous les passagers comme il ressort de l'article 21 de la Convention de Varsovie* »[157]. Il faut en déduire de cette interprétation minimaliste de la Convention de Varsovie que les « *fouilles corporelles* » ne constituent pas « une brutalité » ; en conséquence il ne s'agit ni de lésion corporelle ni de lésion mentale. Quid des dommages matériels ?

---

[155] Jugement N°200 du 15/04/2009.

[156] Arrêt N°75 du 25/01/ 2012.

[157] C. Sup., arrêt n°102 du 12/05/2014.

SECTION II. LES DOMMAGES AUX BAGAGES ET MARCHANDISES

Dans le transport de choses, la compagnie ne s'engage pas seulement à acheminer les bagages ou les marchandises, mais encore à les conserver et à les rendre dans un aussi bon état que celui dans lequel ils lui avaient été remis. L'obligation de restitution est étroitement liée à la conservation, car pour Madame VINEY, « *on ne peut restituer que ce qui a été conservé* »[158]. Et le Code civil français dans son article1933exige du débiteur de rendre la chose « *dans l'état ou elle se trouve* » au moment de la restitution. Allant plus loin dans certains contrats, la loi rend le débiteur responsable de plein de droit en cas de perte ou d'avarie subie par la chose, sans qu'une faute ait à être prouvée à son égard. L'un des exemples patents se trouve dans la matière des transports. En effet, l'article 1784 dispose :

« *Ils (les transporteurs) sont responsables de la perte et des avaries des choses qui leur sont confiées, à moins qu'ils ne prouvent qu'elles ont été perdues ou avariées par cas fortuit ou de force majeure* ». Si la Convention de Varsovie avait regroupé dans un seul article (art. 18) le principe de la responsabilité du transporteur pour les bagages et les marchandises, celle de Montréal distingue dans deux articles différents la responsabilité en matière de bagages (art. 17-2) et celle relative au transport de marchandises (art. 18). Toutefois, la présomption de responsabilité demeure identique dans les deux conventions : le transporteur « *est responsable du dommage survenu en cas de destruction, perte ou avarie* » de bagages enregistrés ou de marchandises... Aussi la Convention de Montréal réserve-t-elle un sort spécial aux bagages à main.

En somme ce sont ces trois types de dommages relatifs aux objets transportés qui sont visés par les conventions : la destruction, la perte et l'avarie. Tandis que la destruction de l'objet transporté est la conséquence d'une catastrophe aérienne ou d'un incendie dans les locaux du transporteur, la perte serait plutôt le résultat d'une mauvaise organisation commerciale ou d'un vol.[159] Dans les deux cas de figure, le transporteur est dans l'impossibilité de délivrer l'objet qui lui avait été remis[160]. Si la destruction ne semble poser aucune difficulté, il n'en sera pas toujours aussi aisé pour la perte (paragraphe 1) et l'avarie (paragraphe 2) qui devront être rattachées de façon certaine au transport.

Paragraphe I. La perte

La perte correspond l'hypothèse où le transporteur est dans l'impossibilité de délivrer la chose qui a dû s'égarer. Elle peut être totale ou partielle. Elle est

[158] G. VINEY, *op.cit*, n°546-1, p.618.
[159] V. GRELLIERE, *La responsabilité du transporteur aérien international*, *op.cit.*, p.187.
[160] Cour d'appel de Beyrouth, 17 juillet 1969 R. F. D. A. 1970. 223 cité par V. GRELLIERE, idem.

totale si la chose n'a pas été retrouvée dans un certain délai sinon il y a retard. Pourtant la perte totale ne doit pas être confondue avec le retard. L'article 13 alinéa 3 des conventions de Varsovie et de Montréal les distingue : il y a perte totale si la chose transportée n'est pas retrouvée 7 jours après la date à laquelle elle aurait dû arriver à destination, ou si la perte est reconnue par le transporteur.

Agissant ainsi, il y aurait présomption de perte de la chose si la victime intente son action après le délai de 7jours. En revanche, lorsque la perte s'avère inexacte, le demandeur dispose d'une option entre :

- le retard (dans ce cas, il reprend la chose),
- et la perte (dans ce cas, il refuse la livraison tardive, car le retard peut avoir rendu la marchandise sans valeur). Le doyen RODIERE propose de s'en remettre aux usages et à la conjoncture[161].

Il y a perte partielle quand on prouve qu'il y a un manquant à la chose transportée. En principe, la preuve des manquants se fera par une confrontation avec le titre de transport. « *Les énonciations de la lettre de transport aérien... au nombre des colis, font foi jusqu'à preuve du contraire...* »[162] En conséquence, le transporteur devrait pouvoir attester qu'il n'a pas reçu autant de colis qui ne figure pas sur le titre et de supprimer la perte partielle. Par ailleurs, si la responsabilité du transporteur aérien est identique quant aux marchandises et aux bagages, pourtant les deux conventions ne les définissent pas.

I. Les marchandises

D'après Emmanuel DU PONTAVICE, les marchandises sont « *tous les objets transportés ou à transporter au nombre desquels figurent plus particulièrement les choses dont les hommes font le commerce* »[163]. Toutefois, les textes internationaux excluent de leur champ d'application le transport du courrier et des colis postaux[164]. À la différence du transport de personnes, le transport de marchandises a pour objet le déplacement d'une chose. Cette clarté n'a pas empêché de se demander si le déplacement aérien d'un cadavre relève du transport de passagers ou de marchandises[165]. Sous l'angle de la division des transports d'après leur objet, le doyen RODIERE, pense qu'il s'agit d'une marchandise. Même si un cadavre ne saurait être assimilé à un passager, cette qualification *choquante*[166] serait contraire à la dignité humaine. Pour Monsieur GAUTHIER, le cadavre est « *une chose hors du commerce*

---

[161] R. RODIERE, *Traite général de droit maritime*, tome II n° 598, op.cit.

[162] Art 11 alinéa 2 convention de Montréal.

[163] E. DU PONTAVICE, « Réflexion sur le transport par air et par mer de matières nucléaires », RGA. 1972. 140 n°29. Cité par A. HANAA, Responsabilité du transporteur aérien France-USA-Irak, thèse Paris2, 1998, p.175.

[164] Art. 2alinéa 2, Convention de Varsovie/Convention de Montréal.

[165] T. paix Paris, 31 mars 1952 : RFD aérien 1953, p. 494.

[166] L. PEYREFITTE « transport aérien », *Juris-classeur*.fasc.905, 20 dec.1998

juridique » en raison de « *son caractère sacré* »[167]. Il serait intéressant de tenter de comprendre ce que recouvre la notion de marchandises dans *la Common law* et en droit malien. En droit malien et français, le mot « marchandise » signifie tous les objets mobiliers corporels qui peuvent faire l'objet d'une transaction commerciale[168]. Dans la *Common law,* le mot « **goods** » ne comprend que des objets inanimés à l'exclusion des animaux vivants[169]. Une première difficulté relative au transport d'animaux vivants résulterait de la non-coïncidence entre les sens des mots « goods » et « marchandises ».

La seconde et grande difficulté provient d'une différence de traitement du transport de cadavre. En effet, le cadavre s'accommode parfaitement dans la définition du mot « goods », car un cadavre demeure « inanimé »[170]. En revanche, ce mot ne correspond pas aux définitions maliennes et françaises de la notion de marchandises, car dans ces deux pays le corps humain et la dépouille mortelle sont, pour des raisons d'ordre public, hors du commerce juridique.[171] En effet le Code des personnes et de la famille[172] (ci-après CPF) dans son article 4 alinéa 2 est formel : « *Le corps humain, ses éléments et ses produits ne peuvent faire l'objet d'un droit patrimonial ».* Cette interdiction se trouve renforcée par l'article 6 « *Les conventions ayant pour effet de conférer une valeur patrimoniale au corps humain, à ses éléments ou à ses produits sont nulles ».* Malgré ces interdictions légales, on est tenté toujours d'assimiler le cadavre soit à une marchandise soit à un bagage. D'abord, le cadavre est d'office exclu des passagers, car il ne voyage pas avec un billet, mais plutôt une LTA, et n'est point soumis à fouille corporelle et aux contrôles de formalités (passeport, visa, etc.). Ensuite, le cadre voyage dans la soute, c'est au même endroit que les marchandises et bagages. L'assimilation à la marchandise est couronnée par la décision du tribunal de paix de Paris depuis 1952, car le prix du transport d'un cadavre est « *calculé de la même manière que pour une marchandise, en fonction du poids et du volume.* »[173] Cette posture semble être maintenue par la Cour de cassation française qui n'a pas manqué de juger qu'« *un cadavre était une chose mobilière »* et pouvait faire l'objet d'un contrat de dépôt[174]. Dans l'hypothèse où un cadavre arrive sans tête, comment pourrait-on qualifier un tel préjudice ? S'agit-il d'une perte

---

167 P.-Y. Gauthier, obs. RTD civ. 1992, p. 412.

168 G. CORNU, Vocabulaire Juridique, PUF, 8è éd., 2007.

169 R.KERCHOVE : International maritime dictionary, 2é éd. New York, 1961, p.333, cité par A. HANAA, idem.

170 Aux USA le transport de cadavre est traité de la même façon que tout autre objet, V. A. HANAA, thèse prec.p.176.

171 T. Paix, Paris, 31mars 1952, affaire Djedraowi C/. Tamicier, Rev. Fr. Dr. Aer 1953, p.494. Le tribunal a déclaré qu'un cadavre ne pouvait être considéré comme une marchandise, bien que le prix du transport soit calculé de la même manière que pour une marchandise, en fonction du poids et du volume.

172 Loi N°2011 - 087 du 30 décembre 2011 portant code des personnes et de la famille au Mali.

173 T. paix, Paris, idem.

174 Cass. 2èciv., 17 juill. 1991 : Bull. civ. 1991, II, n° 233.

partielle ou d'un cas d'avarie ? Le juge certainement va s'en tenir au régime des marchandises pour fixer l'indemnité. Au Mali, le contentieux aérien relatif à la perte de marchandises est très infime par rapport à la perte de bagages (Tableau N° 1, Figure N° 1 et 2).

II. Les bagages

Sur l'ensemble des préjudices évoqués dans ce premier chapitre, une place de choix revient aux pertes de bagages. Nous verrons d'abord les statistiques du contentieux du transport aérien dans l'ensemble des juridictions de fond de Bamako sur les dix (10) dernières années (cf. Fig1). Les données de la Cour d'appel feront l'objet d'un traitement ultérieur. Nous ensuite ferons ressortir, statistiques à l'appui, que les pertes de bagages dépassent numériquement les autres types de dommages. Après leur définition (A), on examinera le temps de la garde (B) et le lieu de la livraison (C).

A. La notion de bagages

Les bagages sont les effets personnels que le voyageur emporte avec lui. Leur transport se présente comme une opération accessoire au transport de personnes, car la compagnie de transport n'effectue le déplacement des bagages que dans le cadre de l'exécution d'un contrat de transport de personnes. Il sied à ce niveau de faire une remarque : de la définition des bagages comme « effets personnels » du voyageur, on en déduit qu'il s'agit des objets qui ne seraient pas « *destinés au commerce* ». Or, nous pensons qu'une telle position s'écarterait de la réalité du terrain. En effet, rien n'exclut que des commerçants puissent garder des objets de valeur destinés à la vente (parfums, montres, téléphones portables) dans leurs valises ou sacs à mains. D'ailleurs de nombreuses immigrées maliennes en Europe, de retour au Mali, apportent plein d'objets dans leurs bagages qu'elles revendent auprès de leurs sœurs constituant du coup leurs fonds de commerce[175]. De nos jours, on peut distinguer les bagages enregistrés des bagages à mains. La présomption de responsabilité n'opère pas face aux bagages non enregistrés. Pour rappel, dans la Convention de Varsovie, seuls les bagages enregistrés étaient visés par l'article 18, lesquels étaient assimilés à des marchandises. À la différence de Varsovie, la Convention de Montréal dispose clairement que « *dans le cas des bagages non enregistrés, notamment des effets personnels, le transporteur est responsable si le dommage résulte de sa faute ou de celle de ses préposés ou mandataires* »[176]. Ainsi, pour les bagages à main, la présomption disparait et la responsabilité du transporteur ne sera engagée qu'à condition de prouver une faute du transporteur, de ses préposés ou mandataires[177].

---

[175] C'est le cas typique de notre tante qui qui réside à Paris.

[176] Art. 17alinéa 2.

[177] F. LETACQ, « Titre de transport- responsabilité-Actions en réparation », *Juris-Classeur* Transport, Fasc. 925, 21 Avril 2011, *op.cit.*, p.46.

Après ces définitions liminaires, il nous incombe d'examiner en quoi consiste la garde des objets par le transporteur. Dans la Convention de Varsovie, le transporteur répond du dommage dès lors que l'événement qui l'a causé s'est produit pendant que la chose se trouvait sous sa garde, à bord de l'aéronef, dans un aérodrome ou dans un lieu quelconque en cas d'atterrissage en dehors d'un aérodrome. La Convention de Montréal ne précise plus quels sont les lieux où joue la responsabilité du transporteur et se contente de viser « *la période pendant laquelle la marchandise ou les bagages enregistrés se trouvent sous la garde du transporteur* »[178]. De même, le juge malien dans une espèce de juillet 2013 s'est focalisé sur la notion de garde sans clarifier ni la durée ni les lieux « ... *Attendu qu'en la matière rien n'interdit alors de considérer qu'une obligation de garde s'est intégrée dans le contrat principal et qu'ainsi la responsabilité de la disparition incombe au professionnel qui a accepté, ne serait-ce que tacitement, compte tenu de son organisation, les objets ou marchandises... »*[179].

Si toute perte suppose une garde préalable, il importe d'indiquer le lieu et le temps de cette garde à la charge du transporteur. Cela étant, il convient de relever qu'au Mali, 73 % du contentieux dans le transport aérien porte sur le dommage relatif aux pertes de bagages (cf. Tableau N° 1, Figure N° 1 et 2).

Tableau N° 1 : Statistique générale des tribunaux de Bamako traitant les litiges aériens de 2006 à 2016

	Nombre total	**Litiges aériens**	**Perte de Bagages**
Tribunaux d'instances			
	Jugements		
Tribunal de Commerce	6826	86	65
Tribunal de Grande Instance de la Commune II	6872	17	12
Tribunal de Grande Instance de la Commune III	4868	28	25
Tribunal de Grande Instance de la Commune IV	2728	10	1
Total	**21.294**	**141**	**103**

NB : La proportion la plus élevée de litiges aériens a été traitée au Tribunal de commerce, c'est à peu près le quadruple du contentieux des autres tribunaux. Cette forte densité pourrait s'expliquer d'abord par le fait que le tribunal de commerce à compétence pour statuer sur les actes mixtes. Ensuite, c'est la seule juridiction commerciale dans tout le district de Bamako. D'autres raisons pourraient aussi renter en ligne de compte et que nous expliquerons dans nos développements futurs. Il s'agit de la « prodigalité » du juge commercial de Bamako.

---

[178] Art. 18, § 3, et 17, § 2.

[179] T. com., Bamako, jugement N°513, 10 juillet 2013, effectuant un voyage à bord d'Air Sénégal International pour le compte des Emirates entre Bamako et Dakar, la dame GUINDO Aminata DAOU perda sa valise contenant des objets de valeurs estimé à 2.000.000 FCFA.

Les trois autres tribunaux d'instance de Bamako à savoir le Tribunal de grande instance de la commune I, le Tribunal de grande instance de la commune IV et le Tribunal de grande instance de la commune VI n'ont pas connu de contentieux de droit aérien du fait de leur position géographique qui a une influence sur leur compétence. En effet, aucun siège ou représentation d'une compagnie aérienne n'est fixé dans ces trois localités Cela étant, l'aéroport est situé dans le ressort de la commune VI.

Figure N° 1 : Proportion des litiges aériens en fonction du nombre total de jugements rendus à Bamako de 2006 à 2016

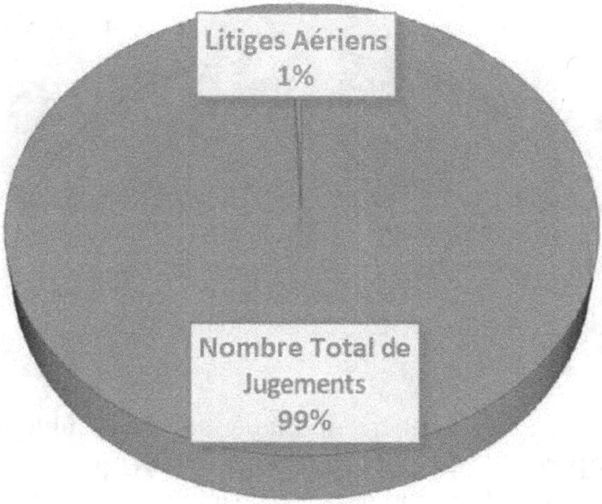

NB : Au cours des dix dernières années et sur les quatre juridictions d'instance de Bamako, les litiges de droit aérien ne représentent que 1 % sur l'ensemble des décisions rendues. Ce pourcentage très faible traduit la rareté du contentieux aérien devant le juge malien. Toutefois, les dommages causés par les compagnies aériennes sont nombreux, mais seuls quelques « initiés ou nantis » agissent contre les compagnies. De retour de la Mecque, certains pèlerins ont témoigné avoir perdu de nombreux biens, ou accusé un important retard durant le voyage. Mais la foi religieuse aidant, ils estiment que cela fait partie des efforts ou « sacrifices » du pèlerinage. D'où l'absence de mise en cause de la responsabilité du transporteur pour perte de biens ou retard.

Figure N° 2 : Pourcentage des dommages de pertes de bagages dans les litiges aériens à Bamako de 2006 à 2016

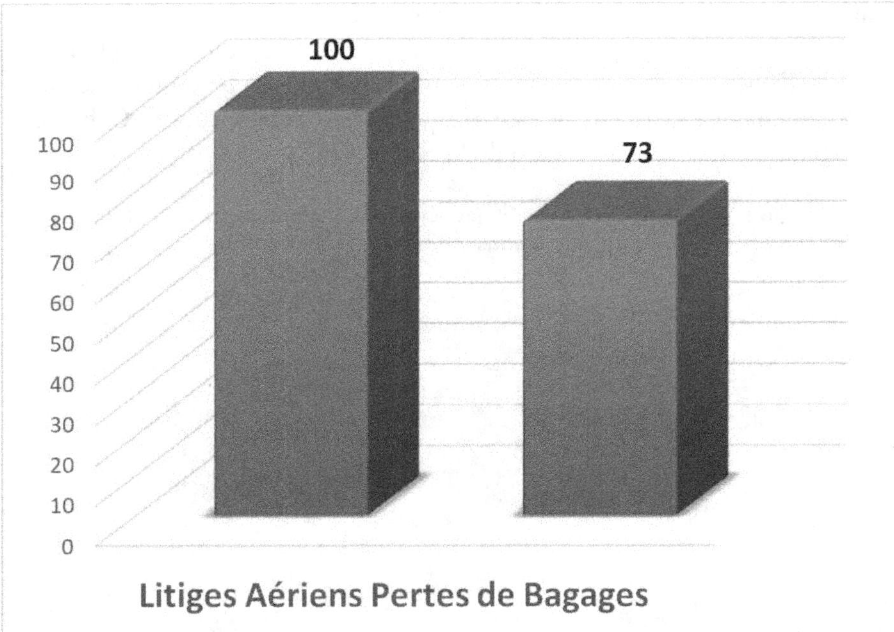

NB : Au cours de la dernière décennie, sur l'ensemble des dommages enregistrés, les pertes de bagages constituent **la proportion la plus élevée avec 73 %.** Au Mali, le transport aérien est par excellence propice au transport d'objets de valeur, ou de bagages, la voie routière demeurant quant à elle propice par excellence au transport de marchandises. En effet, dans les pays de l'Afrique de l'Ouest et du Centre, membres de l'Organisation pour l'harmonisation en Afrique du droit des affaire (OHADA) à savoir le Mali, le Burkina-Faso, le Tchad, la Centrafrique, le Niger, le Cameroun, le Benin, la Guinée-Bissau, le Sénégal, le Togo, le Gabon, la Guinée-Equatoriale, l'Union des Comores, le Congo, la Cote d'Ivoire, la Guinée, la République Démocratique du Congo, la route représente 60 à 90 % des déplacements de personnes et de marchandises[180].

Les territoires du Mali, du Burkina, de la Centrafrique, du Tchad et du Niger sont à plus de 1.000 km de la mer. Or, l'uranium du Niger, l'or du Mali, le coton du Burkina Faso et du Tchad doivent être exportés aux ports les plus proches. De même les bovins, ovins et caprins du sahel distribué dans les zones côtières, sont transportés par des colonnes de camions qui parcourent à longueur de journées des routes de l'Afrique subsaharienne[181].

---

[180] Voir J. YADOTOE, *Droit des transports, collection précis de droit burkinabé*, 2012, p.24.
[181] Idem.

B. La période d'exercice de la garde

La période de garde s'étend de la prise en charge à la livraison[182].

1. La prise en charge

Le transporteur prend les marchandises en charge et en assure la garde, à partir de l'instant où il les a acceptées pour transport. C'est dans l'exercice de leur pouvoir souverain d'appréciation que les juges décident si le transporteur avait pris en charge la marchandise au moment du dommage. Ils se focalisent sur l'émission de la LTA qui fait foi, jusqu'à preuve contraire de la réception de la marchandise[183]. La prise en charge de la marchandise n'est toutefois pas subordonnée à l'émission de la LTA et elle peut intervenir alors même que le titre n'a pas encore été émis[184]. Quid des mandataires ou préposés du transporteur ? Si la marchandise est gardée par un tiers agissant pour le compte du transporteur, le dommage est imputable à ce dernier dans la mesure où il est considéré comme ayant conservé la garde de la marchandise[185].

2. La livraison

Le transporteur conserve la garde de la marchandise jusqu'à son retrait par le destinataire désigné sur le titre de transport ou par son mandataire[186]. La livraison marque donc la fin de la présomption. À ce propos, Monsieur MERCADAL explique que « *la livraison est l'opération par laquelle le transporteur remet la marchandise à l'ayant droit qui l'accepte* »[187]. La Cour de cassation française opta pour une conception autant juridique que matérielle de la livraison. Selon la Haute juridiction, la mise à disposition de la marchandise n'équivaut pas à sa livraison, il faudrait en outre la reconnaissance et une appréhension matérielle de la marchandise par le destinataire ou son représentant[188]. Cependant le transporteur peut perdre la garde de la marchandise avant même de l'avoir livrée. Ce sera le cas, lorsqu'il est contraint de la remettre à un tiers notamment à la douane du pays de destination[189]. La période de la garde étant connue, il ne reste plus qu'à examiner la question des lieux où s'exerce cette garde.

---

182 Cass. com., 17 Oct. 2000 : BTL 2000, p. 749.

183 Cass. com. 28 mai 1996, BTL 1996.416, Dr. eur. Transp. 1997.129; CA Paris, 21 oct. 1993, BTL 1993.793.

184 CA Paris, 5e Ch., 5 Oct. 2005, Sodetair c/ Promotri et a., BTL 2005, p. 770 ; Cass. Com. 8 Oct. 1985, BT 1986.62.

185 CA Paris, 22 janv. 1985, BT 1985.111 ; 9 févr. 1990, Gaz. Pal. 1990.2. Somm. 466, BTL 1991.242.

186 CA Paris, 9 févr. 1990 préc.

187 B. MERCADAL, *Transport aérien*, in Répertoire de droit Commercial, septembre, n°139.

188 Cass. com. 5 juill. 1994, JCP 1994. IV. 2218, rendu en transport maritime mais transposable.

189 CA Aix-en-Provence, 29 nov. 1983, RFD aérien 1985, p. 478, considérant qu'un transporteur aérien qui s'était dessaisi, sans faute de sa part, de la garde des marchandises au profit des douanes iraniennes, car ne disposant pas d'entrepôt, avait agi selon la procédure habituelle de la mise en consigne de douane.

C. Le lieu d'exercice de la garde

Les conventions de Montréal et de Varsovie sont censées régir le transport aérien stricto sensu, c'est-à-dire de l'aéroport de départ à l'aéroport d'arrivée. Par principe, les transports, souvent routiers, de pré ou post-acheminement ne sont donc pas régis par les dispositions des conventions. L'article 18 alinéa 4 de la Convention de Montréal est formel : « *La période du transport aérien ne couvre aucun transport terrestre, maritime ou voie d'eau intérieure (fluviale) effectué en dehors d'un aéroport...* » et le transporteur aérien ne répond pas de la destruction, de la perte ou de l'avarie survenue pendant un tel transport. Chacun de ces modes de transport sera donc soumis à sa loi particulière. Ainsi, le transport routier amont ou aval, effectué sur ordre de l'expéditeur obéit au régime juridique correspondant à la Convention de Montréal[190], au Mali, ce serait l'Acte uniforme OHADA relatif au contrat de transport de marchandises par route. Aussi le transfert de la marchandise au sein de l'aérodrome entre les entrepôts du commissionnaire et ceux de l'agent d'handling, relève-t-il du régime de la manutention terrestre[191].

En revanche, une présomption renversant ce principe est prévue à l'alinéa 4 du même article18 qui dispose : « ... *lorsqu'un tel transport est effectué dans l'exécution du contrat de transport aérien en vue du chargement, de la livraison ou du transbordement, tout dommage est présumé, sauf preuve contraire, résulter d'un fait survenu pendant le transport aérien...* »[192]. Il en sera ainsi si l'avion atterrit hors de l'aérodrome et qu'il y a interruption du transport convenu. Dans cette hypothèse, le transporteur devra s'exécuter en acheminant la marchandise au lieu de destination ; peu importe qu'il emploie la voie terrestre, maritime ou fluviale, il sera censé avoir agi comme transporteur aérien, ayant la garde des marchandises et réputé responsable de leur sort. Si le doyen RODIERE, estime qu'en ce cas le transporteur assume une obligation de moyens, au contraire les auteurs du Lamy transport estiment qu'il s'agit d'une obligation de résultat[193]. En pratique les compagnies aériennes insèrent dans leurs conditions générales une clause dite « *de substituabilité* » par laquelle elles se réservent le droit, sans préavis, d'acheminer la marchandise par d'autres moyens de transport. Les tribunaux français sont favorables à cette clause et l'application de la Convention de Varsovie à la phase terrestre du transport, à la condition toutefois qu'elle ait été connue et acceptée par l'expéditeur lors de la conclusion du contrat de

---

190 CA Paris, 5e Ch. A, 7 Oct. 1998, BTL 1998, p. 820 ; CA Montpellier, 2e ch. A, 27 mars 2007, no 05/03574, ABX Logistics Air et sea France c/ Cosmar, BTL 2007, p. 287.

191 CA Paris, pôle 5, ch. 5, 27 oct. 2011, no RG : 07/14251, FM Insurance c/ Kuehne et a. BTL 2011, p. 686.

192 Pour des applications : Cass. Com., 17 oct. 2000 : BTL 2000, p. 49. – Cass. Com., 31 janv. 1978 : RFD aérien 1979, p. 310, note V. Grellière. – CA Paris, 26 nov. 1999 : BTL 2000, p. 138.

193 Lamy Transport, Tome 2 - 2017, p.21.

transport[194]. Nos développements sus mentionnés peuvent valoir aussi pour l'avarie.

Paragraphe II. L'avarie

L'avarie d'après Michel DE JUGLART se définit comme « *le dommage subi par la marchandise* »[195]. L'inexécution du contrat se caractérise lorsqu'on découvre que la marchandise a été abimée ou dévalorisée. Le destinataire doit prouver que l'objet transporté est dans un état pire que celui dans lequel il a été remis au transporteur. On a parfois du mal à distinguer les pertes des avaries. Ainsi, lorsqu'à l'arrivée d'une cargaison de poussins transportés par voie aérienne, on déplore une forte mortalité, y a-t-il avaries ou manquants ? Conformément à une position classique (selon laquelle l'avarie altère la substance et la perte implique le défaut de présentation), la Cour de cassation française estime qu'il s'agit bien d'avaries.[196] Mais les avaries consécutives à un retard sont traitées comme le retard lui-même.

À la différence des droits maritime et routier, il ne résulte pas de l'article 11 des conventions que le transporteur est présumé avoir reçu la marchandise en bon état. Fort de cette réalité, l'expéditeur a grand intérêt à faire constater sur la LTA par le transporteur l'état de la chose, car les énonciations relatives à « *l'état de la marchandise ne font preuve contre le transporteur que si la vérification en a été faite par lui en présence de l'expéditeur, et constatée sur la lettre de transport aérien* »[197]. Il y a lieu de rappeler que la LTA contient deux catégories d'énonciations relatives aux caractéristiques des marchandises. Les premières font foi jusqu'à preuve contraire : celles relatives aux poids, aux dimensions et à l'emballage de la marchandise ainsi que le nombre de colis. Les secondes ne feront preuve contre le transporteur qu'après leur vérification en présence de l'expéditeur : celles relatives à la quantité, au volume et à l'état de la marchandise. Les réserves lors de la livraison doivent être précises et indiquer de façon aussi complète que possible les dommages constatés[198]. Mais en l'absence de réserves émises à la livraison des marchandises (hypothèse de dommages non apparents), le destinataire doit impérativement, adresser au transporteur une protestation au plus tard dans le délai de quatorze jours suivant ladite livraison[199]. Le destinataire qui a reçu les marchandises sans réserve et qui a laissé s'écouler le délai légal sans protester

---

[194] CA Paris, 4 mars 1998 : BTL 1998, p. 231, clause opposable : convention applicable. – CA Paris, 30 avr. 1997 : BTL 1997, p. 386, clause non opposable : convention non applicable.

[195] M. DEJUGLART, et *alii*, *Traité de droit aérien*, prec., p.1123.

[196] Cass. com., 9 mai 1995, no 93-13.781, BTL 1995, p. 395.

[197] Article 11alinéa 2 de la Convention de Montréal. Ce texte définit une procédure extrêmement formaliste.

[198] CA Paris, 5e ch., 16 nov. 2006, no 03/22312, Air France Cargo c/ Dassault Aviation et a., BTL 2006, p. 743.

[199] Convention de Montréal, art. 31-2 ; convention de Varsovie, art. 26-2.

est irrévocablement déchu de ses droits[200]. Toute demande ultérieure de sa part, même accompagnée de la preuve certaine que le dommage existait à la livraison, est irrecevable[201], sauf cas de fraude du transporteur ou de force majeure ayant mis le destinataire dans l'impossibilité de protester dans le délai requis[202]. Raisonnablement, il s'agit d'un délai de forclusion non susceptible d'interruption ou de suspension[203]. Enfin, bien qu'elle ne soit pas expressément prévue par l'article 18 des conventions, l'erreur de livraison constitue une cause de responsabilité du transporteur aérien puisqu'elle équivaut à la perte ou défaut de délivrance des marchandises[204]. À ce jour au Mali, nous n'avons pas eu connaissance d'un contentieux relatif à l'avarie.

SECTION III. LE DOMMAGE RÉSULTANT DU RETARD

En des termes identiques, l'article 19 des conventions de Varsovie et de Montréal pose le principe de la responsabilité pour retard : « *Le transporteur est responsable du dommage résultant d'un retard dans le transport aérien de passagers, de bagages ou de marchandises* ». En revanche, la seconde phrase de l'article 19 apporte une limite à la responsabilité du transporteur par une simple présomption de faute et non une responsabilité objective comme pour les dommages aux passagers ou aux marchandises. Il s'agit donc d'une présomption de faute[205] dont le transporteur se libère dans les termes des articles 20 et 21 de la Convention.

C'est en matière de retard que le Professeur LETACQ parle de survie du « *système varsovien fondé sur la faute présumée* »[206]. Pour l'étude de ce phénomène, l'une des difficultés réside dans l'imprécision de la notion de « *retard dans le transport* ». Il faut se rappeler que l'expression *retard* est un terme bien connu du droit des transports, il évoque l'idée que le transporteur a exécuté le déplacement durant une période de temps plus longue que celle prévue au contrat[207]. Ainsi, il y a retard lorsque « *le déplacement a duré plus longtemps que prévu* »[208]. Cette doctrine classique du retard s'appuie sur trois éléments : l'heure de prise en charge du passager ou de la marchandise, le

---

200 CA Paris, 5e ch. A, 11 févr. 2009, no 06/12557 ; CA Paris, 5e ch., 5 mars 2003, no 2001/08514, Ema Services c/ Fujian ; CA Versailles, 4 févr. 2000, United Airlines c/ Conesa, BTL 2000, p. 424, s'agissant de bagages ; CA Paris, 5e ch. B, 27 mai 1999, Iberia c/ Galax'Air.

201 Trib. 1re inst. Genève, 25 juin 1980, RFD aérien 1985 ; T. com. Nanterre, 6e ch., 16 févr. 2001, Sarl John Caiman c/ SCAC Air Service et autres, BTL 2001, p. 192.

202 State of New York, Supreme Court, New York County, 27 juill. 1979, R. dr. unif. 1981-1-242.

203 Lamy Transport, t.2-2017 p.71.

204 M. DEJUGLARD, et *alii*, *Traité de droit aérien*, *op.cit.* p.1123.

205 M. DEJUGLART, idem. p.1139.

206 F. LETACQ, « titre de transport- responsabilité-Actions en réparation », in *Juris-Classeur* Transport, Fasc. 925, 21 Avril 2011, *op.cit.* p.48.

207 R. RODIERE, *Traite général de droit maritime*, t. III, Dalloz, 1970, n° 1051.

208 H. ABDELHAMAN, *La responsabilité civile du transporteur aérien en droit American*, français et irakien, Thèse Paris II, 1988 p. 202.

délai correspondant à la période du déplacement, et l'heure d'arrivée ou de livraison. Lorsque le premier élément est retardé, tout l'ensemble en ressent, même si le délai de transport correspond bien aux prévisions initiales.

Dans la pratique, c'est au cours des opérations au sol que le retard trouve le plus souvent son origine. Pourtant ni la Convention de Varsovie, ni celle de Montréal ne précise la période à prendre en considération pour savoir s'il y a retard. Pour cela, il faut prendre en compte non seulement le temps de vol, stricto sensu, mais aussi la totalité de la période de transport[209]. Il s'avère donc essentiel de fixer à quel moment le transport a pris fin, conformément aux articles 17 pour les passagers et 18 pour les marchandises. L'application de l'article 19 des conventions pose en outre deux autres types de problèmes, d'abord, tous les retards ne sont pas source de responsabilité (paragraphe 1), ensuite, tous ne relèvent pas des conventions (paragraphe II).

Paragraphe I. Le retard indemnisable

Il ne faudrait pas se méprendre en pensant que tout retard serait indemnisable, surtout le léger retard. En effet, il faudrait qu'un dommage en résulte. Même générateur d'un dommage, tout retard n'est pas forcément source de responsabilité, car le transporteur aérien a le devoir de concilier son obligation de célérité avec les impératifs de sécurité. Le dommage relatif au retard fait exceptionnellement l'objet de contentieux au Mali. À notre connaissance, un seul cas a été tranché par le juge malien. Le retard indemnisable doit porter essentiellement sur deux hypothèses : celle du non-respect d'un délai convenu (I), et en l'absence de délai convenu, l'hypothèse de l'arrivée du passager ou de la marchandise hors du « *délai raisonnable* » (II).

I. En cas de délai convenu entre les parties

Pour caractériser le retard, il faut se référer à la convention des parties figurant sur le titre de transport, le billet de passage ou la LTA. Si le transporteur s'engage à acheminer la marchandise à une date précise, ou si la LTA mentionne clairement un vol désigné, il y a retard dès que la marchandise n'arrive pas à cette date ou sur ce vol[210]. Il en est de même pour les passagers arrivés à destination après la date ou l'heure convenue[211]. En règle générale les compagnies aériennes ne prennent pas d'engagement de délais, elles sont

---

[209] K. GRÖNFORS, *The concept of delay in transportation law :* Dr. europ. transp. 1974 p. 400 cité par F. LETACQ, idem., p.49.

[210] CA Paris, 25 févr. 1986 : BT 1986, p. 480, obligation d'acheminer sur le vol convenu. – CA Lyon, 21 mars 1997 : BTL 1997, p. 684, colis arrivé 7 jours après la date convenue. – CA Paris, 7 déc. 1994 : BTL 1996, p. 23.

[211] TGI Évry, 5 mars 1990 : RFD aérien 1990, p. 219. – CA Paris, 23 oct. 1986, Sté Horizons nouveaux c/ Mezrahi : Juris-Data n° 1986-025845.

tenues de respecter ceux qu'elles ont convenus avec leurs clients[212]. De façon audacieuse et subtile elles stipulent dans leurs conditions générales des clauses de « non-garantie des horaires », du style : « *les horaires ne sont pas garantis et ne font pas partie du contrat de transport* » ou « *les horaires ne sont donnés qu'à titre indicatif* ». Si la jurisprudence française en admet la validité, du moins pour les retards de courte durée, elle les annule ou les rend non opposables pour les retards plus « importants », car « *le transporteur ne saurait s'exonérer à l'avance de toute responsabilité sans porter atteinte à l'essence du contrat de transport aérien* ».[213]

II. En l'absence de délai convenu entre les parties

En l'absence de délai convenu, les tribunaux recherchent le délai que le transport aurait dû raisonnablement prendre. Le retard sera donc établi en fonction des circonstances de fait, c'est-à-dire des délais jugés « *raisonnables* ». Ils ont ainsi statué sur des cas flagrants de retard, retenant que le transport avait nécessité « *un délai anormalement long* » en considération de la rapidité que l'on peut légitimement attendre d'un transport aérien[214]. Par ailleurs, il peut arriver, qu'un retard soit générateur d'avaries, de pertes ou de préjudice corporel. Du moment où il y a dans les conventions internationales, des règles particulières aux avaries et des règles particulières au retard, la question se pose de savoir quelles règles doivent être appliquées lorsque des avaries sont la conséquence d'un retard. Par exemple dans le transport de fret, la protestation doit être faite dans les 21 jours lorsqu'il y a retard, par contre en cas d'avarie le délai est de 14 jours seulement.

Dans un second exemple : un passager malien déjà atteint de malaises cardiaques, évacué d'urgence afin de subir une intervention chirurgicale au Luxembourg. Il voit sa maladie s'aggraver et y décède à la suite d'un retard dans le transport. Va-t-il agir sur le terrain de l'article 17 où la responsabilité est objective ou celui du retard où la faute est présumée ? Il est évident que le transporteur va s'employer à faire amener le procès sur le terrain du retard afin de pouvoir bénéficier des mesures d'exonération. Deux types de solutions sont possibles.

- Dans un premier système, on réserve au régime du retard les dommages autres que le dommage corporel et l'avarie des marchandises. Pour le doyen RODIERE l'article 19 viserait seulement les dommages dus au retard qui ne se traduisent ni en un préjudice corporel, ni dans une détérioration des bagages et des marchandises[215].

---

[212] Cass. Ass. Plén., 30 juin 1998, no 96-11.866, Bull. civ. ass. Plén., no 2, BTL 1998, p. 552 ; sur renvoi, CA Paris, aud. Sol., 10 nov. 1999, BTL 2000, p. 117.

[213] Cass. 1re civ., 22 juin 2004, Sté Corsair international c/ Lamotet, inédit.

[214] 5 jours pour un transport Égypte / France, CA Paris, 30 mai 1975 : BT 1975, p. 299. – 10 jours pour un Paris / Kartoum, CA Paris, 6 janv. 1977 : BT 1977, p. 146. – 17 jours pour un Paris / Téhéran, CA Paris, 14 nov. 1974 : BT 1974/504 ; RFD aérien 1975, p. 60.

[215] R. RODIERE, *Traite général de droit maritime*, t. II, Dalloz, n°531 et 607.

- Dans le second système, Monsieur GRELLIERE[216] propose de soumettre au régime du retard les conséquences dommageables provenant du retard, qu'elles se manifestent sous la forme d'une avarie ou de tout autre dommage, à la condition que le retard soit la cause du dommage.

Les jurisprudences malienne[217] et française ont opté pour la seconde solution. Dans une espèce où des abricots étaient arrivés avariés suite à un retard dans leur acheminement par voie aérienne, la Cour d'appel de Paris a considéré qu'il convenait de soumettre au régime du retard, et non à celui des avaries, les dommages matériels résultant du retard[218]. Quant à la protestation requise du destinataire par l'article 26 de la Convention de Varsovie, la Cour a appliqué le délai prévu en matière de retard (21 jours) et non celui prévu en cas d'avarie (14 jours).

S'agissant de l'indemnisation de l'avarie ou de la perte consécutive au retard, la Convention de Montréal, contrairement à celle de Varsovie, lève toute équivoque en disposant expressément que la responsabilité du transporteur est limitée en cas de « *destruction, perte, avarie ou retard* »[219]. Ainsi peu importe qu'il y ait avarie seule, ou retard seul, ou avaries consécutives à un retard, la limitation est identique.

Paragraphe II. Du retard à l'inexécution

Si les conventions ont bien pris en compte le retard, pourtant elles ne se sont pas préoccupées de l'ajournement du vol (qui peut parfois entraîner une absence de déplacement) et de l'exécution partielle du transport. Il s'avère donc indispensable de distinguer le retard proprement dit de l'inexécution du contrat (totale ou partielle), car les deux hypothèses ne sont pas régies par les mêmes règles.

La distinction entre retard et inexécution du contrat n'est cependant pas toujours aisée et fait l'objet, pour chaque cas d'espèce, d'une appréciation des juges du fond. On peut néanmoins tirer quelques enseignements de la jurisprudence.

I. L'obligation exécutée

Premièrement, en règle générale, il y a retard lorsque l'exécution de l'obligation du transporteur intervient hors du délai convenu ou hors d'un délai raisonnable. Les dispositions des conventions demeurent seules applicables[220]. C'est également la solution retenue dans les hypothèses délicates de vols ajournés, la jurisprudence applique le régime propre au retard

---

[216] V. GRELLIERE, *La responsabilité du transporteur aérien international*, Thèse, Toulouse, 1973, *op.cit.*, p. 193.
[217] Dans l'affaire Tap Portugal c/ Souleymane DIARRA.
[218] CA Paris, 7 juill. 1978, BT 1978.514, RFD aérien 1979.181.
[219] Art. 22-3 Convention de Montréal.
[220] CA Lyon, 21 mars 1997, BTL 1997.684 : colis arrivé 7 jours après la date convenue.

chaque fois que le passager a pu néanmoins « *être acheminé sur un vol ultérieur* »[221] ou qu'il « *aurait pu l'être s'il avait accepté la nouvelle offre du transporteur* »[222]. Telle semble être la position du juge malien dans une espèce de janvier2016. En effet, il s'agissait d'un un trajet Luxembourg -Bamako avec *Tap Portugal*. Lors d'une escale à Lisbonne, la compagnie nous informa de l'absence d'une correspondance pour le Mali et demanda d'attendre huit jours à l'hôtel. Face à notre refus catégorique, on nous a fait embarquer dans un autre vol (d'une autre Compagnie) en direction de Dakar où nous avons passé la nuit sans aucune prise en charge. Le lendemain matin, nous avons été rembarqués dans un second vol d'une autre compagnie pour atterrir à Bamako à 11h. Pour être dédommagé, nous avons invoqué le retard devant le juge malien. En réalité pour un vol prévu le mercredi de 16h à 23h, les passagers n'ont pu regagner leur destination finale que le lendemain jeudi à 11h soit avec plus de dix heures de retard. Le juge a mis l'ensemble des dommages (non prise en charge à l'aéroport de Dakar, épuisement physique, souffrance morale) dans le seul panier du retard en vue de la condamnation de *Tap Portugal*[223]. Cette décision prouve que le juge malien soumet au régime du retard les conséquences dommageables provenant du retard.

II. L'inexécution totale

Si le retard tombe sous le coup des dispositions des conventions, en revanche, la jurisprudence estime que l'inexécution est hors du champ d'application des conventions et doit par conséquent être soumise au droit commun de la responsabilité contractuelle. L'inexécution totale d'une opération de transport, ne constitue pas en principe un retard, car le transporteur n'accomplit pas le transport demandé. L'inexécution totale du transport se caractérise lorsque le passager voit sa place annulée (surréservation) ou que le transporteur supprime le vol (annulation de vol). De l'avis du Professeur les rédacteurs internationaux « *n'ont entendu régir que le cas du retard proprement dit* », c'est pourquoi le refus définitif d'exécution n'est nullement considéré dans les travaux préparatoires.

Ainsi, les tribunaux estiment qu'il y a inexécution totale et pas uniquement retard, lorsque le transport n'a pas été exécuté (surréservation ou annulation du vol) et qu'aucun moyen de transport de remplacement n'a été trouvé ou proposé[224]. L'ajournement ou « l'annulation d'un vol » vaut pareillement inexécution totale du contrat lorsqu'il rend « *intolérable le maintien du lien*

---

[221] CA Paris, 10 déc. 1993 : D. 1994, jurispr., p. 225, note BM, passagers transportés sur le vol du lendemain.

[222] TGI Paris, 15 mars 1993 : RFD aérien 1993, p. 351.

[223] T. com. Bamako, Jugement N°31 du 13 janv. 2016, cette affaire nous concernait personnellement.

[224] T. com. Paris, 30 mars 1993 : RFD aérien 1993, p. 359.

contractuel ».[225] Sont alors applicables les règles du droit commun de la responsabilité contractuelle, sans préjudice des droits accordés aux passagers.

Le débat relatif à l'ajournement a été mal posé depuis l'affaire Robert HOUDIN[226]. Dans cette espèce : le conservateur du château de Chambord devait aller animer une conférence à Lisbonne, le vol ayant été ajourné au lendemain Monsieur Robert Houdin n'était plus en mesure de participer au spectacle prévu. Le tribunal civil de la Seine a assimilé retard important et ajournement de vol, et condamné le transporteur sur le fondement de l'article 19Convention de Varsovie. Une certaine doctrine s'est inquiétée de cette confusion voire cette « extension » du concept de retard d'où la réplique du Professeur GRELLIERE : « *lorsqu'un vol est supprimé et renvoyé au lendemain, on a indubitablement dépassé le stade du retard pour entrer dans le domaine de l'inexécution du contrat* »[227]. On en déduit que dans l'affaire HOUDIN, il aurait été juridiquement préférable de ne pas invoquer la Convention de Varsovie, mais plutôt le droit commun interne. La remise en cause de cette posture de la Seine par la jurisprudence française est acquise depuis longtemps en atteste une décision de 2004 estimant qu'un vol différé de 24 heures ne pouvait être assimilé à un « simple retard »[228].

Au Mali, les tribunaux semblent avoir bien cerné la logique de l'inexécution totale à travers une récente affaire de 2016. Dans une espèce très enrichissante, l'agence *Satguru Travel* a vendu à Me Bérenger MEUKE avocat malien d'origine camerounaise, le 18 avril 2016, un billet d'avion aller-retour Bamako-Conakry-Bamako opéré et affrété par la compagnie de transport aérien ASKY. Le départ de Bamako pour Conakry était prévu le 21 avril à 17heures pour un retour à Bamako prévu au 25 avril 2016. Venu à l'aéroport le 21 avril conformément à la convocation à 15h, c'est à 17 heures que la représentante d'ASKY a informé le requérant que le vol initialement prévu ce jour a été reporté au lendemain 22 avril à la même heure. Revenu le 22 avril à 15heures, le requérant a été enregistré sur le vol N° KP0016 et attendait à la salle d'embarquement pour un décollage prévu à 20heures. Mais après quatre heures d'attente, la compagnie annonça d'abord que l'avion ne pourra décoller qu'à 22heures. C'est finalement à 00 heure (minuit) qu'ASKY informa les passagers de l'annulation définitive du voyage ce jour 22 avril pour une date ultérieure. Exerçant la profession d'avocat, Me Bérenger devrait se rendre à Conakry les 21,22, 23 et 24 avril 2016 pour représenter sa cliente en vue de la mise place d'un Consortium. Il estima que le comportement « *fautif et inadmissible* » de ASKY ne lui a pas permis d'honorer ses engagements professionnels vis-à-vis de sa cliente. En outre, que sa note

---

225 CA Paris, 30 mars 1990 : BTL 1991, p. 96 ; T. com. Bruxelles, 30 mars 1988 : RFD aérien 1988, p. 398.

226 Seine,26 juin 1964, RGA, 1965.

227 V.GRELLIERE, *La responsabilité du transporteur aérien international*, Thèse, Toulouse, 1973, *op.cit.*, p.199.

228 Cass. 1èreciv., 22 juin 2004, no 01-00.444, excluant dès lors la clause de non-garantie des horaires.

d'honoraire d'un montant de 7.500.000 Francs CFA n'a pas été réglée par sa cliente ; pire, il n'est parvenu à garder cette cliente dans son portefeuille clientèle. En plus de ce montant il sollicita la condamnation de la compagnie ASKY à lui payer la somme de 3.000.000 Francs CFA à titre de dommages et intérêts. Ce dossier est un véritable « *Cocktail Molotov* », c'est la seule affaire dont nous avons eu le privilège d'assister[229] aux débats durant tout le procès, qui a fait l'objet de plus de trois reports.

La compagnie se défend que la double réparation pour un seul et même préjudice serait « *fantaisiste et injustifiée* ». Elle invoque le retard de l'article 19 et l'exonération de l'article 20 des conventions de Varsovie et de Montréal. De façon magistrale, et loin des conventions internationales, le juge SISSOKO vise seulement le droit commun malien notamment les articles 125 et 126 du RGO. Le tribunal fait droit à la demande du requérant en condamnant la compagnie *ASKY* au paiement de la « *somme de 8.500.000Francs CFA tous préjudices confondus* »[230]. L'indication du juge commercial est sans équivoque : l'annulation de vol est synonyme d'« inexécution totale », seront donc appliquées les règles du droit commun relatives à la responsabilité contractuelle et non pas les conventions internationales. C'est certainement pourquoi le juge a pris en compte tant les frais d'honoraires non payés de l'avocat (manque à gagner) que le prix du billet et autres. Contrairement aux diatribes de la défenderesse, il ne s'agit pas d'un retard (article 19 CV/CM) ; en tous les cas ce retard rendra intolérable le maintien du lien contractuel de transport (le voyage n'a plus de sens). Nous ne sommes pas au bout de nos peines, il reste à qualifier la lancinante question de la surréservation avant d'aborder l'exécution partielle et la problématique des correspondances manquées.

III. Le refus d'embarquer

En vue de respecter son engagement de transporter le passager à sa destination, le transporteur doit au préalable fournir un aéronef en bon état de navigabilité et pourvu d'un équipage possédant les brevets et licences réglementaires[231]. Il importe de souligner que des passagers aériens se voient souvent opposer un refus d'embarquer. En effet, le transporteur n'a aucun fondement valable s'il refuse l'embarquement d'un passager au prétexte qu'il a émis plus de billets que de sièges disponibles dans l'avion, soit parce que finalement les passagers sont plus nombreux que prévus, soit parce que la capacité de l'appareil est inférieure à celle initialement envisagée. Le refus d'embarquer résultant très souvent de la surréservation, entraine des correspondances manquées, et peut être assimilé à un débarquement ou refus de réembarquement.

---

[229] Le président du tribunal Monsieur SISSOKO, sachant notre intérêt pour le sujet, a eu l'amabilité de nous informer de la date du procès.

[230] T.com., Bamako jugement n°780 du 07/12/2016.

[231] P. CHAUVEAU, *Droit aérien :* Litec, Paris 1951, n° 290.

A. La surréservation, « *surbooking* » ou « *over-booking* »

Le refus d'embarquement de passagers titulaires d'une réservation confirmée, pour cause de survente de billets, relève-t-il de l'article 19 ? La liberté et la gratuité des réservations qui favorisent des comportements « opportunistes » des passagers, peuvent aussi nuire aux compagnies aériennes. En effet, chaque vol dénombre entre 20 et 25 % de désistements[232]. Pour y faire face en toute logique, les transporteurs réservent des places en nombre plus important que celui des places offertes, suppléant ainsi la défaillance des clients. La surréservation constitue un outil efficace de gestion pour les compagnies. Elle aurait fait gagner à Air France 150 millions d'euro par an[233].

En revanche, cette volonté d'atteindre des coefficients de remplissage très élevés et d'augmenter la rentabilité des vols conduit parfois les compagnies à refuser l'embarquement de certains passagers. En 1999, environ 250.000 passagers ont été victimes de ce traitement de la part des compagnies européennes[234]. À l'analyse, le transporteur n'a aucun fondement valable s'il refuse l'embarquement d'un passager au prétexte qu'il a émis plus de billets que de sièges disponibles dans l'avion, soit parce que finalement les passagers sont plus nombreux que prévus, soit parce que la capacité de l'appareil est inférieure à celle initialement envisagée. Dans une telle hypothèse, loin d'un refus de contracter (le contrat est déjà formé à partir de la remise du billet) on est face d'un « refus d'exécuter le contrat » de la part du transporteur aérien. Cette pratique consistant à vendre à la clientèle un nombre de places supérieur à la capacité d'emport de l'avion a été souvent dénoncée et a donné lieu à une jurisprudence internationale des plus nourries et de plus en plus sévère à l'égard des compagnies aériennes.

Bien qu'au tout départ on considérait qu'une telle pratique n'était pas particulièrement fautive et n'interdisait pas au transporteur de se prévaloir des limitations de réparation[235], la jurisprudence s'est ensuite rendu compte que la survente ne pouvait résulter d'une simple erreur compte tenu des moyens informatiques modernes et correspondait à une politique commerciale fautive de surréservation[236]. La jurisprudence française va plus loin en décidant que le choix d'une telle politique en connaissance du risque pour le transporteur était constitutif d'un dol[237]. Si le Mali n'a pas connu de contentieux en la matière, à l'étranger plus nombreuses sont les décisions qui qualifient la

---

[232] M. BOURASSIN, « Surbooking : les droits viennent aux passagers qui veillent, non à ceux qui dorment », Revue Lamy droit civil, avr.2005, n°15, p.46.

[233] Voir F. BOSTNAVARON, « Surbooking » : indispensable aux compagnies, intolérable aux passagers, www.fsa. Ulaval.ca.

[234] M. BOURASSIN, « Surbooking : les droits viennent aux passagers qui veillent, non à ceux qui dorment », Revue Lamy droit civil, av. r 2005, n°15, *op.cit.,* p.46.

[235] TGI Bobigny, 18 janv. 1984 : RFD aérien 1984, p. 95.

[236] CA Paris, 3 nov. 1988 : D. 1988, inf. rap., p. 295 semblant retenir la faute inexcusable.

[237] CA Paris, 15 sept. 1992 : D. 1993, jurispr. p 98, note Ph. DELEBECQUE : RFD aérien 1993, p. 252.

surréservation d'inexécution du contrat et refusant d'y appliquer les conventions.

En Europe, des décisions ont confirmé cette tendance notamment en Belgique[238] et en Allemagne[239].

Aux États Unis d'Amérique, les tribunaux ne considèrent pas un « Overbooking » comme un retard. Dans l'affaire *Mahaney contre Air France*, la Cour fédérale de New York a jugé qu'un *« Overbooking »* ne constitue pas un retard au sens de l'article 19 de la Convention de Varsovie[240].

Au Canada, dans l'affaire *Stephen Hendler,* la Cour provinciale du district de Montréal a estimé que la Convention de Varsovie ne pouvait trouver application en matière d'*Overbooking* dans la mesure où il s'agit d'une inexécution du contrat et non pas d'un risque de l'air[241]. Cependant, dans l'hypothèse où, par suite de surréservation, des clients se sont vu imposer un déclassement en classe touriste, une cour d'appel française a estimé que l'élément essentiel du contrat était l'acheminement des passagers, la classe de transport ne constituant qu'un élément accessoire. Ainsi, loin d'une inexécution ou d'un retard, cette hypothèse constitue un simple « préjudice de jouissance » résidant dans la différence de confort et de prestations entre les deux classes et devant être réparé sur le fondement de l'article 1147 du Code civil français[242] - devenu l'article 1231-1 du même Code.

Du reste la surréservation ou surbooking n'est condamnable que lorsqu'elle empêche les passagers arrivés à l'heure d'embarquer[243]. Elle ne doit pas relever de l'article 19 des conventions, mais du droit commun de la responsabilité civile. Le droit commun de la responsabilité autorise donc de dédommager intégralement les passagers qui sont victimes de surréservation[244].

B. Le débarquement

Conformément à l'article 13 de la Convection de Chicago de 1944[245] le passager est tenu de se conformer aux lois et règlements en vigueur sur le

---

238 T. com. Bruxelles, 30 mars 1988 : RFD aérien 1988, p. 398.

239 Bundesgerichtshof 20 sept. 1978 : Rev. dr. uniforme 1981, p. 226, écartant également les règles IATA.

240 Federal District Court for the southern District of New York, l'affaire Mahaney V. Air France, 474 F. supp. 532 (S.D.N.Y. 1979), J. Air Law and Comm 1980, p.892.

241 Cour provincial du District of Montréal, 20 sep 1977, Rev.Fr.Dr. Aér.1980, p.215, cité par H. ABDELHAMAN*La responsabilité civile du transporteur aérien en droit American*, français et irakien, Thèse Paris II, 1988, *op.cit.,* p.212.

242 CA Paris, 5e ch. A, 24 oct.2001 : Juris-Data n° 2001-164911 ; rappr. Règl. (CE) n° 261/2004, art. 10.

243 CA Paris, 9 janv. 2001 : RFD aérien 2001, p. 357 ; Juris-Data n° 2001-161876, et l'arrêt de rejet : Cass. 1re civ., 13 juill. 2004 : JCP G 2004, IV, n° 2961.

244 Voir CA Montpellier, 7 nov. 2000, JCPE, 2002, p.254, n°249.

245 La Convention relative à l'aviation civile internationale, connue aussi sous le nom de Convention de Chicago fut signée le 7 décembre 1944 à Chicago par 52 pays. Elle a reçu sa 26èmeratification le 5 mars 1947 et est entrée en vigueur le 4 avril 1947. Depuis, le texte a été

territoire des États parties. Ces prescriptions concernent les formalités d'immigration, le passeport, le visa, les formalités douanières et celles relatives à la santé. Aussi, le transporteur peut-il ou « doit-il » refuser d'embarquer le passager qui ne justifie pas être régulièrement autorisé à atterrir au point d'arrivée et aux escales prévues. Certes, la vérification de ces prescriptions incombe à la police, mais nous pensons que les compagnies aériennes doivent être plus vigilantes en s'assurant de ne transporter des passagers en situation irrégulière. C'est pourquoi, nous désapprouvons une certaine doctrine et jurisprudence française qui excluent toute responsabilité du transporteur lorsque le voyageur se voit refuser l'accès sur le territoire du pays de destination en raison de l'absence de visa[246]. À quoi sert d'embarquer des passagers qui seront débarqués en cours d'escale ?

Dans un pays comme le Mali où 70 % de la population est constituée d'analphabètes ignorant tout du transport aérien, doit-on laisser les compagnies aériennes s'abriter derrière leur « obligation simpliste d'information » ? Nous ne le pensons pas. Il y a lieu de passer d'une obligation d'information à une véritable « obligation de vérification » à la charge du transporteur. C'est ainsi d'ailleurs que la majorité des juges maliens retient la responsabilité du transporteur chaque fois que des passagers sont débarqués en cours d'escale (trois jugements du tribunal de commerce).

1er cas : Courant janvier 2005, Monsieur Yaméogo MACAIRE emprunta à Bamako le vol Tunis Air à destination de Prague. Comme à l'accoutumée, les passagers en transit via Tunis changent d'appareil pour refaire les formalités de police et de contrôle avant l'embarquement sur la destination finale. C'est en ce moment que le sieur Yaméogo a été séparé des autres voyageurs et s'est vu retiré ses documents de voyage dont le passeport et le billet. Il soutient qu'il dispose de documents valides relatifs à son séjour à Prague émanant des autorités tchèques et qu'il n'était censé être qu'en transit à Tunis. Pour sa défense, la compagnie invoqua trois arguments :

En premier lieu, l'irrégularité des documents de Monsieur MACAIRE sans la moindre précision.

En deuxième lieu, la résolution n° 701 des accords IATA relative à la validité des documents de transport qui stipule que « *les passagers sont seuls responsables des formalités administratives* ».

En troisième et dernier lieu, l'article XIII des conditions générales de transport qui dispose que « *la compagnie n'est pas responsable si les autorités aéroportuaires jugent que les documents ne sont pas valables* ».

Pour débouter Monsieur MACAIRE de sa demande en réparation, le premier juge[247] soutient que le concluant a été refoulé par les agents à la suite

---

révisé neuf fois, en 1947, 1959, 1963, 1969, 1975, 1980, 1997, 2000 et en 2006. Aujourd'hui, 191 pays en sont signataires.

[246] L. PEYREFITTE, *op. Cit.*, J.-C., Fasc. 915, n°112 ; CA Paris, 23 janv. 1981 : Gaz. Pal. 1981, 1, p. 311 ; RFD aérien 1981, p. 227 ; TI Paris, 24 mai 1994 : RFD aérien 1995, p. 93.

[247] TPI. commune III, jugement n°78 du 12/05/2005.

d'un contrôle des documents des passagers par les agents de la police « *arrivée et frontière* » de Tunis.

La Cour d'appel de Bamako désapprouva cette position du juge d'instance de la commune III. Elle visa d'abord l'article132 du RGO qui dispose que « *La responsabilité du débiteur de l'obligation de résultat est engagée lorsque le résultat n'est pas atteint…* ». Elle releva ensuite l'article 113 de la même loi qui précise que « *la responsabilité emporte l'obligation de réparer le préjudice résultant soit de l'inexécution d'un contrat soit de la violation du devoir général de ne causer aucun dommage à autrui…* », avant d'infirmer le jugement entrepris et condamner Tunis Air à payer au requérant la somme de 8.000.000 FCFA à titre de dommages et intérêts[248].

Cela étant, cette jurisprudence mérite d'être nuancée au regard d'une autre espèce pouvant être qualifiée d'accident de parcours de la Cour d'appel de Bamako. En l'espèce, Monsieur Sidi BAMADIO a emprunté le vol Tunis Air en partance de Bamako-Tunis-Bamako, en compagnie de ses deux enfants mineurs munis de titres de voyage délivrés par les autorités maliennes. Arrivés à l'aéroport de Tunis, ils ont été retenus par la police de l'air tunisienne qui a refusé de reconnaitre les titres de voyage des enfants et a procédé à leur expulsion le même jour vers la Mauritanie.

Devant le premier juge, la compagnie se défend de n'avoir commis aucune faute et qu'elle « *ne saurait répondre de la méprise des services de police* ». Cet argument n'a pas empêché le tribunal de la commune II de la condamner au remboursement de la somme de 1.474.900F au profit de M. BAMADIO. Tunis Air décida d'interjeter appel. Contrairement à sa jurisprudence de principe, et contre toute attente, la Cour d'appel de Bamako releva l'absence de faute imputable à Tunis Air :

« *Considérant cependant que le contrôle des titres de voyage ne relève pas de la compagnie de transport, mais plutôt de la police de l'air et des services chargés de la sécurité de l'aéroport*, […] *l'intimé aurait dû diriger son action contre l'Etat de Tunisie à travers sa police et non la compagnie Tunis Air* […] *et que le juge d'instance en condamnant Tunis Air à réparer le préjudice, a fait une mauvaise interprétation factuelle de la cause et une interprétation erronée de la loi, que dès lors sa décision mérite d'être censurée* »[249].

Cette position très curieuse de la cour d'appel ne doit pas et ne sera pas suivie par les tribunaux d'instance. D'abord nous sommes en face d'une responsabilité objective et aucune faute imputable aux passagers n'est rapportée. Ensuite, nous plaidons toujours que les agences des compagnies aériennes de transport sont avant tout, des conseils et guides des voyageurs, au-delà de leur fonction de vente de billets. Dans le cas d'espèce, les billets ont été achetés sur la base des informations qu'elles avaient fournies. S'il est vrai que le contrôle des titres de voyage ne relève pas de la compagnie de transport, celle-ci ne doit pas non plus fournir aux clients des informations

---

248 CA Bamako, arrêt n°0361du 23/6/2010.

249 CA Bamako, arrêt n°001 du 12/01/2011.

erronées ou incomplètes en vue de vendre des billets. À l'antipode de la Cour d'appel, nous pensons que Tunis Air aurait dû les empêcher d'embarquer depuis Bamako et éviter par conséquent la réalisation du dommage.

2e cas : Malgré l'écoulement du temps, le juge d'instance n'a pas suivi la « position flottante » de la Cour d'appel. En effet, un an plus tard, le tribunal de commerce de Bamako semble adopter la logique primaire du juge d'appel. Voulant se rendre à New York, Madame TOURE Fatma MAIGA acheta à l'agence *Arawane Tours* un billet d'avion de la Compagnie Royal Air Maroc Bamako-Casa-New York aller-retour. À l'aller, au cours d'une escale à Casablanca, elle a été débarquée du vol au motif que son passeport qui avait une durée de validité inférieure à 6 mois ne pouvait être admis par les autorités américaines.

Le tribunal relève que « *le fait pour la RAM d'embarquer Dame TOURE à Bamako et la débarquer à Casablanca sans l'informer des conditions d'embarquement pour les USA constitue une omission grave à sa charge* [...] *Que la responsabilité de la RAM dans le dommage subi par la demanderesse soit indiscutable, car elle a été défaillante dans l'exécution correcte de ses obligations contractuelles vis-à-vis de Dame TOURE...* »[250].

3e cas : Quatre mois plus tard le tribunal de commerce maintint sa position de principe dans une espèce assez similaire. Courant septembre 2013, Monsieur Fodé Kaba CAMARA devrait se rendre aux États Unis d'Amérique par un vol de la Compagnie Royal Air Maroc. L'itinéraire indiqué sur son billet se présentait comme suite : Bamako-Dakar, Dakar- Casablanca, Casablanca-New York. En transit à Casablanca, Monsieur CAMARA a été empêché de réembarquer pour New York et fut renvoyé à Bamako au motif que son passeport expirerait dans un délai six mois. Le tribunal retint que par ce comportement « la *RAM n'a pas honoré ses engagements souscrits dans le contrat principal notamment son empêchement d'embarquer M. CAMARA sur le vol Casablanca-New York [...]* ». Elle la condamna à lui payer la somme de 50.000.000 F CFA à titre de réparation de préjudices[251].

Il y a lieu de remarquer que ni la Convention de Varsovie ni celle de Montréal ne règlemente pas le refus d'embarquer ou le débarquement. En gardant le silence sur une telle pratique, ces conventions internationales ont voulu s'en effacer au profit des droits nationaux. C'est pourquoi le juge malien va puiser dans son droit commun en toute logique. L'équité et la morale condamneraient à ce qu'on laisse embarquer des passagers (en situation irrégulière), faire une partie du trajet avec eux, et les débarquer en cours de trajet lors d'une escale. Raisonnablement, en professionnelles du secteur, les compagnies aériennes et les agences de voyage, dès la vente du billet, doivent communiquer toutes les informations utiles et nécessaires au futur voyageur.

---

250 T.com. Bamako, jugement N°52 du 22/1/2014.

251 T.com. Bamako, jugement N°292 du 30/4/2014.

Au pire des cas, elles ne doivent point décoller de Bamako avec un passager en « *situation irrégulière.* » En clair, les transporteurs qui acceptent d'embarquer des passagers sans se soucier de la régularité de leurs documents de voyage engagent leur pleine et entière responsabilité. Aussi, pourrait-on se réjouir d'une telle audace du juge malien.

IV. L'inexécution partielle

Si l'inexécution totale ne relève pas des textes internationaux, la donne change en présence d'une inexécution partielle, dont on peut douter de la règlementation applicable. C'est l'hypothèse dans laquelle le transporteur exécute une première phase du transport avant de l'interrompre, empêchant ainsi l'arrivée des passagers et des marchandises à la destination prévue. Si le transporteur persiste dans son refus, la solution serait identique à celle applicable à l'inexécution totale : les conventions demeurent étrangères au litige. Dans un tel schéma, il ne saurait y avoir de retard, il s'agirait plutôt d'un « **abandon de passager** » en cours de trajet. Ce dernier, s'il le souhaite toujours, il pourrait rejoindre sa destination prévue ; dès lors, on serait sorti du cadre contractuel primitif. Il y a manifestement inexécution, car le transporteur n'a pas daigné acheminer son passager à destination conformément à son obligation.

Cependant, le juge malien dans une espèce sus visée de janvier 2014 a adopté une toute autre solution en assimilant le retard à l'inexécution partielle. C'est l'affaire Madame TOURE Fatma MAIGA contre la Compagnie Royal Air Maroc. Ayant été abandonnée seule en pleine nuit dans une ville étrangère, elle a dû recourir à une nièce étudiante pour passer la nuit sur le campus. Le tribunal de commerce de Bamako tranche : « ... *l'article 19 de la Convention de Montréal rend le transporteur responsable du retard subi par le passager, ses bagages ou ses marchandises... »*[252]. On ne saurait approuver une telle position de recul de la jurisprudence malienne qui ne fait qu'accroitre davantage l'insécurité juridique. Doit-on continuer à assimiler l'inexécution partielle au retard ? Selon la doctrine[253], le retard implique *nécessairement un accomplissement du transport*, tandis que l'inexécution partielle concerne la situation dans laquelle le transporteur n'achemine pas définitivement son passager à destination.

Retard ou inexécution, quel est l'enjeu de la distinction ? Dans le premier cas, le litige relève intégralement des conventions de Varsovie ou de Montréal. Ainsi le transporteur pourrait se prévaloir des causes exonératoires, des limitations de responsabilité, de la prescription biennale et la forclusion. Dans le second, le droit commun de la responsabilité contractuelle demeure applicable : prescription décennale, absence de forclusion, réparation totale du préjudice prouvé à défaut de réserves dans les 21 jours. Dans cette affaire, il

---

252 T. com. Bamako, jugement N°52, 22 janvier 2014.

253 Voir M. GRELLIERE, *La responsabilité du transporteur aérien international*, Thèse, prec., p.196.

aurait été juridiquement préférable de ne pas invoquer l'article 19 de la Convention de Montréal ; c'est donc la seconde option que devait choisir le juge malien. En effet, ce qui est reproché à la RAM, ce n'est pas le retard, mais l'inexécution de son contrat. Le transporteur ne s'étant pas préoccupé de la bonne fin du voyage de Madame TOURE, il ne s'agissait donc pas d'une simple responsabilité pour dépassement de délai, mais de l'inexécution de ses obligations. En clair, quand le trajet est interrompu, on ne peut plus parler de retard : il y a manifestement inexécution du contrat dans les conditions initialement convenues et donc manquement à l'obligation essentielle. En conséquence, le litige devrait être exclu de la Convention de Montréal, et ne relever que de la responsabilité contractuelle de droit commun notamment le RGO comme l'A fait la cour d'appel de Bamako. Après neuf ans d'application de la Convention de Montréal au Mali, il est inadmissible d'être encore s'agissant de l'article 19, au stade des « hésitations et tâtonnements ». Il est temps de sortir d'une timidité d'interprétation, et d'adopter une conception plus claire de l'inexécution partielle du transport excluant toute confusion avec le retard. Après avoir prouvé son préjudice, il appartient à la victime de déterminer le fait générateur de la responsabilité que retiennent les conventions internationales.

CHAPITRE II

LA PREUVE DU FAIT GÉNÉRATEUR

Le fait générateur du dommage doit être un « accident » dans le transport de passagers, (art. 17) un « événement » ou un « fait » dans le transport de marchandises ou de bagages. (art. 18). La Convention de Montréal (art.17), reprenant la terminologie du texte de la Convention de Varsovie (art.17), déclare le transporteur responsable lorsque le fait générateur du dommage « *s'est produit à bord de l'aéronef ou au cours de toutes opérations d'embarquement et de débarquement* ». Si les auteurs de la Convention de Varsovie ont utilisé le terme d'« *événement* » (art. 18), ceux de Montréal lui ont en revanche, préféré celui, plus générique, de « *fait* »[254]. Événement ou fait, le terme semble plus large que celui d'accident. Pour le Professeur LETACQ, « *il désigne tout fait générateur autre que le vice propre, lequel est d'ailleurs expressément visé comme cause exonératoire dans la Convention de Montréal...* »[255].

Il ne serait pas vain de rappeler que « *dans le cas des bagages non enregistrés, notamment des effets personnels, le transporteur est responsable si le dommage résulte de sa faute ou de celle de ses préposés ou mandataires* » (art. 17-2 Convention de Montréal). Ne relèvent donc des conventions que les seuls accidents survenus à bord de l'aéronef ou au cours des opérations d'embarquement ou de débarquement ; les autres devraient obéir au droit commun[256]. Si la reconnaissance d'un accident (Section 1) semble faire l'objet d'un consensus par les juges lors *d'un évènement indépendant de la volonté du transporteur*, la jurisprudence aussi abondante soit-elle parait plus hésitante quant aux opérations d'embarquement et de débarquement (Section 2).

---

[254] Art. 18-1, pour les marchandises ; art. 17-2 pour les bagages enregistrés.

[255] LETACQ (Frédéric), « titre de transport- responsabilité-Actions en réparation », in *Juris-Classeur* Transport, Fasc. 925, 21 Avril 2011, *op.cit.*, p.83

[256] Cette solution a été notamment consacrée dans la retentissante affaire des passagers de British Airways retenus en otage du fait d'une escale intempestive au Koweit : Cass. 1re civ. 15 juill. 1999 : Bull. civ. 1999, I, n° 242 ; Resp. civ. et assur. 1999, comm. 336.

SECTION I. LE DOMMAGE RELATIF À UN ACCIDENT

Source d'interprétations jurisprudentielles diverses[257] et de larges controverses doctrinales, que signifie la notion d'accident. Quelle est sa portée juridique ?

Dans une démarche de droit comparé, nous examinerons d'abord la jurisprudence internationale qui a procédé à une interprétation extensive de la notion d'accident (Paragraphe I). Ensuite, nous irons à la vérification de la définition donnée par le règlement UEMOA relatif à la responsabilité des transporteurs aériens en cas d'accident pour savoir si tout *évènement* est constitutif d'un accident (Paragraphe II).

Paragraphe I. L'interprétation extensive de la notion d'accident

En vue d'asseoir une interprétation large, la jurisprudence s'appuie sur deux critères : d'abord pour évènements fortuits (I) et les actes délibérés (II).

I. Un évènement indépendant de la volonté du transporteur

Dans le langage courant français, le dictionnaire Robert définit l'accident comme « *un évènement fâcheux ou malheureux qui intervient fortuitement, par hasard* »[258]. Du point de vue juridique, Gérard CORNU[259] le désigne comme étant un *fait involontaire ou un évènement fortuit* qui cause un dommage aux personnes ou aux choses et qui, s'il résulte de la faute, de l'imprévoyance ou de la négligence de quelqu'un, peut mettre enjeu la responsabilité de celui-ci. Au Mali, bien qu'ayant statué sur un cas de « fracture de la cheville », les tribunaux ne se sont pas encore prononcés sur le concept d'accident. Dans une espèce de 2014, Madame Salimata KONE dite Sylvie, voulant se rendre à une conférence au Cameroun, emprunta le 5 janvier 2013 le vol Royal Air Maroc AT 522. Au moment d'embarquer, elle glissa sur la passerelle juste à la porte d'entrée de l'avion et se fractura la cheville. Se fondant sur l'article 17 de la Convention de Varsovie, elle soutient que cet accident est imputable à la compagnie.

Bien qu'ayant utilisé expressément le mot « accident », le tribunal[260] de la commune II de Bamako n'en donne aucune définition.

Sur le plan international, aucun texte, traitant de la responsabilité du transporteur aérien en l'occurrence les conventions de Varsovie et de Montréal, ne définit la notion d'accident. Pour endiguer cette lacune, des

257 M. GEORGETTE, *Le système de responsabilité issu de la Convention de la Varsovie à l'épreuve des jurisprudences nationales,* Thèse Montpellier, 1978, p.53.

258 Dictionnaire Petit Larousse, illustré, 2015.

259 Vocabulaire juridique, PUF, 11ème éd., 2016.

260 TPI. Commune II de Bamako, jugement N°442 du 02 juillet 2014.

juridictions américaines[261] ont décidé de se référer à la Convention de Chicago en vue de soutenir une vision élargie de cette notion.

Le texte du 7 décembre 1944 désigne sous ce vocable tout *évènement* lié aux opérations d'un aéronef et prenant place entre le moment de l'embarquement et celui du débarquement. Cette définition figurant à l'annexe 13, relative aux recherches en cas d'accident d'aéronef, « *n'est a priori pas transposable à des textes régissant la responsabilité du transporteur* »[262]. Mais cette démarche traduit la volonté affichée des juges d'interpréter largement le mot accident afin de toujours mieux indemniser le passager. Partant de cette définition de la Convention de Chicago le juge suprême américain analyse « *l'accident* » comme un « *évènement inattendu ou inhabituel extérieur au passager* ». Sont dès lors considérés comme des « accidents » aux États-Unis, des dommages consécutifs à l'utilisation de produits insecticides, à la prise d'un service d'aliments avariés, à la chute d'une tasse de café bouillant par une hôtesse sur un passager, à la trop forte inclinaison du fauteuil de devant etc.

En Europe, en particulier selon le tribunal de grande instance de Paris, rien « *ne permet de limiter l'accident à une avarie technique ou mécanique affectant l'appareil au cours du vol* » ; l'accident doit plus largement s'analyser « *comme un évènement subi et indépendant de la volonté du transporteur et de ses préposés* »[263]. Dans une position similaire à celle de la jurisprudence française, la Cour d'appel de Bruxelles estime que cette notion ne peut être interprétée restrictivement et qu'elle vise en particulier tout « *évènement subi et imprévisible du point de vue de la victime.* »[264] La doctrine majoritaire européenne adhère à une telle interprétation large de l'article 17. C'est pourquoi selon Monsieur LITVINE[265], il convient d'écarter toute définition restrictive ou technique et d'interpréter le terme accident de manière suffisamment large pour inclure notamment des dommages subis par un passager à cause du mauvais fonctionnement du système de pressurisation.

II. Les détournements et autres actes délictueux

Il s'agit là des atteintes à la sûreté de l'aviation civile. Le détournement d'avion ou sa destruction par la défense anti-aérienne d'un État sont-ils assimilables à des accidents au sens 17 de la Convention de Montréal ? La jurisprudence répond par l'affirmative avec l'avènement du phénomène terroriste à partir des années 1970. Partant de la définition de l'accident par l'encyclopédie Larousse - « *un fait involontaire ou un évènement fortuit* » -, mais dans un acte d'agression par un État ou dans un acte de terrorisme, rien

---

261 V. Cour suprême des Etats Unis, 4 mars 1985, affaire Saks, cité par N. DELEUZE, *La responsabilité du transporteur aérien de la communauté,* Thèse, Montpelier I,2001, p.50

262 N. DELEUZE, idem.

263 TGI de Paris, 28 avril 1978, Aff. Epoux Haddad, RFD aérien 1979, p.327.

264 Arrêt du 24 juin 1980 Cité par J. NAVEAU et alii, *Précis de droit aérien*, ULB, 1988, p.201.

265 M. LITVINE, *Précis élémentaire de droit aérien*, Bruxelles, 1953, p. 260.

ne s'apparente en réalité à *un évènement fortuit ou involontaire.* Le forcing manifeste des juges de l'interprétation a eu pour effet de faire peser le risque économique de l'accident sur le transporteur. Si ces phénomènes contemporains de détournements et autres actes délictueux n'avaient pu être envisagés par les rédacteurs de la Convention de Varsovie en 1929, ceux de la Convention de Montréal en 1999 auraient dû les prévoir expressément. Mais hélas, tel ne fut pas le cas.

Heureusement, la jurisprudence a accepté de considérer ces actes comme des accidents au sens des conventions[266]. Le tribunal de grande instance de Paris dans l'affaire BORNIER contre *Air Inter*, justifie l'application des articles 17 et 25 de la Convention de Varsovie, en retenant que « *l'éventualité d'un acte de terrorisme aérien constituant par sa fréquence actuelle un risque grave que tout transporteur aérien, soucieux de la sécurité de ses passagers ne peut plus se permettre d'ignorer* »[267]. La Cour d'appel de Paris dans l'affaire *époux Haddad* a même précisé que le terme « *accident* » concerne aussi « *le trouble au cours normal du voyage résultant d'une intervention imprévisible de tiers mal intentionnés* », ce qui est le cas du détournement criminel de l'aéronef par des pirates[268]. Répondent également à la définition de l'accident, une attaque terroriste à l'intérieur de l'aéroport[269] ou une alerte à la bombe[270].

Allant plus loin la Cour suprême d'Israël a jugé qu'une prise d'otage débutant par le détournement de l'avion et se poursuivant à terre, dans l'aéroport, doit être considérée comme s'étant produite à bord de l'aéronef puisque c'est là qu'elle a commencé et les événements qui s'en sont suivis à terre n'en sont que la suite directe[271]. Cette notion de *suites* directes nous contraint à faire un choix : faudrait-il s'appuyer sur le moment de l'accident ou celui de la réalisation du dommage ? Cette hypothèse particulière de découplage entre le moment de l'accident et celui de la réalisation du dommage a été tranché aux États-Unis. Dans une espèce où un fauteuil roulant est endommagé durant le vol, très tard dans la soirée, le demandeur subit des lésions corporelles par le fait du fauteuil endommagé. La cour a jugé que l'accident touchant le fauteuil s'étant produit pendant le vol, le moment où le demandeur a subi le préjudice corporel était indifférent en vertu de l'article 17 Convention de Varsovie[272]. Monsieur TOSI acquiesce que : « *La rédaction de*

---

266 Cour suprême Israël, 22 oct. 1984, détournement d'Entebbe, *Dr. eur. transp.* 1988, p.87, RFD aérien 1985, p.232.

267 TGI Paris, 27 avril 1979, RFD aérien 1979, p.340.

268 CA Paris, 19 juin 1979, RFD aérien 1979.327, Rev. dr. uniforme 1979.272.

269 US *Court of Appeals*, non daté, Day c/ TWA, Air Law 1976.277 : attaque dans l'aéroport d'Athènes le 15 août 1973 cité par B. MERCADAL, septembre 2017, opcit,, p.113

270 US District Court [Southern District] New York, 22 avr. 1985, *Air Law* 1986.128, cite par B. MERCADAL, idem.

271 Cour suprême Israël, 22 oct. 1984, préc. ; V. Cass. 1re civ. 16 févr. 1982, Bull. civ. I, no 73, BT 1982.255, Dr. eur. transp. 1983.666, rendue à propos des mêmes événements.

272 US district court of Pennsylvania, 28 août 2001, Dillon v United Air Lines, Rev. droit. unif. 2002-3, p. 931.

l'article 17 tolère parfaitement cette interprétation » même s'il aurait été galamment préférable estime-t-il de retenir que « *l'événement » ayant endommagé le bagage enregistré s'était produit pendant le transport aérien (art. 18, Convention de Varsovie) et que le dommage corporel en était la suite immédiate et directe »*[273].

Pour systématiser on peut considérer comme des accidents, au sens de l'article 17 des conventions de Varsovie et de Montréal d'une part, les actes de terrorisme et les détournements d'avion et d'autre part, le mitraillage (*affaire Cie Korean airlines contre Epoux Entiope)*[274], voire la destruction en vol d'un avion par la défense anti-aérienne d'un État survolé (*affaire Maydeck)*[275]. Certes le juge malien n'a pas encore caractérisé la notion d'accident, mais d'ores et déjà, on peut raisonnablement estimer qu'une interprétation large de la notion d'accident devrait s'imposer en vue de couvrir les cas d'atteintes à la sécurité aérienne. La notion d'accident étant devenue un « fourre-tout », il était devenu nécessaire de procéder à un filtrage.

Paragraphe II. L'interprétation restrictive de la notion d'accident

Si pour des raisons d'équité, il y a eu un large consensus au tour de la notion d'accident, la jurisprudence a toutefois fini par éliminer du champ d'application de l'article 17 de la Convention de Varsovie les dommages qui auraient pu survenir dans n'importe quel autre contexte.

I. Le refus d'une assurance tous risques passagers

Aucun évènement survenu à bord de l'avion ou au cours des opérations d'embarquement ou de débarquement ne sera pris en compte lorsqu'il demeure sans lien avec le transport aérien. D'origines diverses, ces évènements vont de la rixe entre deux voyageurs au cas du passager qui se brule avec du café trop chaud. Le contentieux le plus important provient de la problématique des accidents survenus à l'occasion du vol, mais dont l'origine provient de l'état de santé préexistant du passager.

---

[273] J.P.TOSI, « transport aérien », *in Juris-classeur, Fasc.* 460-10 : Mai 2005, *op.cit.*, p.155.

[274] Civ. 1ère, 15 déc. 1981, RFD aérien 1982, p.215. Dans cette affaire un appareil de la compagnie Korean airlines assurant la liaison Paris-Seoul, et ayant violé l'espace aérien soviétique fut intercepté et mitraillé par la chasse aérienne soviétique, le contraignant à un atterrissage force. La compagnie aérienne fut condamnée sur le fondement des articles 17 et 25 de la convention de Varsovie.

[275] Cour d'appel de Paris (1èrech.), 22 mars 1965, Aff. Maydeck, RFD aérien 1965, p.232. Dans cette affaire, un avion civil portant les couleurs israéliennes et appartenant à la compagnie EL AL Israël Airlines, qui avait pénétré sans autorisation préalable au-dessus du territoire de la Bulgarie, fut abattu par des avions de la défense anti- aérienne bulgare. L'accident fit 58 victimes dont la femme et les deux filles de Maydeck. La cour condamna la compagnie aérienne à indemniser Maydeck, dont la femme et les deux filles furent tuées dans l'accident, en application de la convention de Varsovie.

A. L'état de santé préexistant du passager

Il s'agit en général de troubles pathologiques liés à une maladie préexistante chez la victime et dont le transport aérien n'est que le facteur déclenchant. Il ne saurait y avoir *accident* lorsque la lésion ou la mort est uniquement liée à un état pathologique préexistant et qu'elle résulte des propres réactions du passager au fonctionnement habituel, normal et prévisible de l'aéronef. Le débat fut tranché à propos d'une série d'espèces notamment de troubles auditifs apparaissant au cours de changements normaux de pression[276], d'une crise cardiaque[277] d'un infarctus du myocarde[278] de calculs urinaires[279] d'une crise d'asthme aiguë[280] d'une thrombophlébite[281]. La charge revient à la victime, ou à ses ayants cause, de démontrer que le dommage dont elle se plaint provient d'un accident extérieur à sa personne. En outre, la responsabilité de plein droit du transporteur aérien est écartée en cas d'embolie pulmonaire subie par le passager plusieurs jours après le vol faute de causalité suffisante[282]. Cette interprétation restrictive de la notion d'accident est qualifiée par Monsieur DELHEUZE[283] comme « *non seulement mesurée, mais également souhaitable* », à défaut, la Convention de Varsovie constituera « *une sorte d'assurance taus risques passagers* ». Le juge malien n'a pas encore eu connaissance de telles hypothèses.

B. La pratique des compagnies

Dans une logique de se prémunir contre certaines actions en responsabilité, des compagnies aériennes stipulent dans leurs conditions générales, qu'en cas de transport d'un passager dont l'âge ou l'état mental ou physique est susceptible de constituer un danger ou un risque pour lui-même, le transporteur ne sera pas responsable de toute maladie, blessure ou incapacité quelconque, y compris le décès du passager, attribuables à cet état ou à l'aggravation dudit état[284]. Retenons que dans ces hypothèses sus-évoquées, seul le droit commun de la responsabilité reste applicable[285].

---

276 V.Cass. 1re civ. 6 déc. 1988, D. 1989, p. 541, note G. LEGIER, RFD aérien 1988, p. 381.

277 US District Court (Southern District) New York, 22 févr. 1996, Rev. dr. uniforme 1997.408.

278 TGI Marseille, 3 sept. 1997, préc.

279 TGI Lyon, 13 janv. 1994, ibid. 1994.463.

280 TGI Paris, 21 févr. 1986, RFD aérien 1986.105, et, sur pourvoi, Cass. 1re civ. 28 nov. 1989, D. 1990, somm. 273.

281 Cour Suprême New York, 14 Oct. 1976, Air Law 1977.112.

282 Civ. 1re, 14 juin 2007, n° 05-17.248, Tourisme et Droit sept. 2007, no 90, p. 9, obs. X. D.

283 Thèse préc, p.60.

284 Conditions générales Air France. La jurisprudence entérine implicitement cette attitude des transporteurs en considérant que ce type de dommages, survenus au cours d'un transport normal, ne peut être occasionné par un accident au sens de l'article 17 des Conventions.

285 CA Aix-en-Provence, 23 juin 1988, RFD aérien 1988.384, Rev. dr. uniforme 1988, p. 664.En l'espèce, un passager fut blessé lors de la chute d'une valise retirée par un autre passager du coffre à bagages.

II. La perspective jurisprudentielle dans l'UEMOA

Comme par enchantement, en l'absence de toute définition internationale des conventions de Varsovie et de Montréal, le droit communautaire UEMOA en donne une. En effet, l'article 1er de son Règlement[286] de 2003 définit l'accident comme un « *événement, lié à l'utilisation d'un aéronef, qui se produit entre le moment où une personne monte à bord de l'aéronef avec l'intention d'effectuer un vol et le moment où toutes les personnes qui sont montées dans cette intention sont descendues...* ». Nous savons que cette définition tirée de l'annexe 13 de la Convention de Chicago cadre mal avec la responsabilité du transporteur aérien. Toutefois, elle aura le mérite d'orienter les magistrats de l'Union vers une interprétation large du vocable *accident*. Déjà au Mali, le Code de l'aviation civile dans son article 1er paragraphe i, donne une définition alambiquée qui renvoie à l'annexe 13 du texte de Chicago. À ce jour, ni le juge malien, ni ses collègues de l'espace UEMOA n'ont eu à statuer sur un contentieux d'accident en vue d'en retenir une définition. Vont-ils, à l'instar des juges européens et américains, refuser de prendre en compte tout *évènement survenu au cours du voyage aérien* comme *un accident, au sens de l'article 17 des conventions de Varsovie et de Montréal ?* C'est invraisemblablement, à l'avenir, la solution que devrait retenir la Cour de justice de l'UEMOA, encas de renvoi préjudiciel par les juridictions nationales.

Nous restons convaincus que consacrer un règlement relatif à la responsabilité des transporteurs aériens en cas d'accident, traduit la volonté clairement affichée de ses auteurs de ne pas limiter les dommages pris en considération à ceux occasionnés par un « *accident* », mais plutôt par *un quelconque évènement*. C'est à notre humble avis, ce qui semble ressortir du préambule dudit Règlement : « *Considérant la nécessité d'assurer la protection des intérêts des usagers dans le transport aérien international et celle d'une indemnisation équitable fondée sur le principe de la réparation...* ». Aujourd'hui, avec l'augmentation spectaculaire des actes criminels mettant en danger la sécurité de l'aviation civile, seule une interprétation large de *l'accident* permettra de couvrir l'ensemble des victimes. En tout état de cause, la Cour de justice de l'UEMOA et les juridictions des huit pays tireront lucidement toutes les conséquences de la controverse jurisprudentielle et doctrinale de plus d'un demi-siècle au tour de la problématique de l'accident. L'analyse est plus délicate lorsqu'il s'agit de définir ce que représentent les opérations d'embarquement et de débarquement.

---

[286] Règlement n° 02/2003/CM /UEMOA relatif à la responsabilité des transporteurs aériens en cas d'accident.

SECTION II. LE DOMMAGE SURVENU AU COURS DE L'OPÉRATION DE TRANSPORT

Par opération de transport, il s'agit des opérations d'embarquement et de débarquement. L'article 17 de la Convention de Montréal rend responsable le transporteur des dommages qui interviennent « *au cours de toutes opérations d'embarquement et de débarquement* ». Que recouvrent exactement les opérations d'embarquement et débarquement ? Les conventions n'ayant pas défini où et à quel moment commence le processus d'embarquement et se termine celui de débarquement, c'est la jurisprudence qui a déterminé le début et la fin du contrat de transport. L'expression « *embarquement* » est empruntée au vocabulaire du transport maritime : embarquer signifie *monter dans un navire*. En principe, dans le transport aérien de passagers, l'embarquement est établi par le fait de monter dans un avion en vue d'une opération de transport ; l'opération inverse, le *débarquement* se produit lorsque le passager descend à terre. Pour le Professeur LETACQ, « c'est *certainement au cours de ces opérations que le contentieux aérien est le plus fourni* »[287]. En effet, l'imprécision de ces notions a suscité d'abondantes jurisprudences, les tribunaux ayant fait le choix d'une interprétation large[288], ont décidé d'inclure dans les opérations d'embarquement ou de débarquement d'autres activités allant au-delà de la simple montée ou descente de l'avion. En Europe, la jurisprudence majoritaire estime que le transporteur est responsable des dommages survenus sur l'aérodrome (paragraphe I). Toutefois en dehors de cette zone, la confusion jurisprudentielle est de mise, d'où le besoin de fixer des critères communs (paragraphe II).

Paragraphe I. Les dommages survenus sur l'aérodrome

Pour le doyen RODIERE, l'aérodrome comprend les aires et pistes d'où partent et atterrissent les aéronefs[289]. Les opérations d'embarquement ou de débarquement n'étant pas définies par les conventions, c'est la jurisprudence qui déterminent où et quand elles commencent et s'achèvent. Pour ce faire, elle adopta tout d'abord un critère géographique par référence aux risques inhérents à la navigation et à l'exploitation aérienne (I), qu'elle a ensuite abandonné au profit d'un critère plus moderne, celui de l'encadrement des passagers par les préposés du transporteur (II).

---

[287] F. LETACQ, « Titre de transport- responsabilité-Actions en réparation », *Juris-Classeur* Transport, Fasc. 925, 21 avril 2011, *op.cit.*, p.66.

[288] B. MERCADAL, Transport aérien, op. *Cit*., p.117.

[289] R. RODIERE et alii, *Droit des transports terrestre set aériens*, 5ème éd., 1990, Dalloz, p.110.

I. Le critère de la soumission aux risques aériens

La jurisprudence internationale dans une large assertion considère le transporteur responsable de tout accident survenu aux passagers sur l'aérodrome. Ainsi, dans un premier temps, la jurisprudence a caractérisé l'embarquement ou le débarquement par référence au lieu où se trouvait la victime lors de l'accident. Dans le célèbre arrêt *Mâché*, la Cour de cassation française considéra que ces opérations étaient en cours lorsque ce lieu était exposé « *aux risques inhérents à la navigation et à l'exploitation aériennes* »[290]. Dans cette espèce, après sa descente d'avion, traversant à pied le jardin de la douane pour se rendre à l'aéroport, le passager Mâché fut blessé en posant le pied sur une dalle de prise d'eau qui était brisée, et bascula dans un puits, se blessant grièvement à la jambe et à la colonne vertébrale. De l'avis de Monsieur LEMOINE[291], la Convention de Varsovie « *commencerait à jouer à partir du moment où le passager pénètre sur l'aire d'embarquement ; elle cesserait de s'appliquer à partir du moment où il quitte l'aire d'embarquement* ». L'ancien directeur General d'Air France se convainc de sa posture restrictive, car selon lui « *c'est à partir du moment où le passager se trouve sur le champ d'atterrissage qu'il est soumis à des risques particuliers* »[292].

Cependant le problème se complique avec la pratique ordinaire des transports commerciaux, dans lesquels les passagers ne se présentent pas d'eux-mêmes au pied de la passerelle pour embarquer. Il en va ainsi de l'utilisation d'escaliers mécaniques, de tapis roulants, de passages souterrains, de ponts, d'installations mobiles telles les passerelles télescopiques et des bus assurant la liaison entre l'aérogare et l'aéronef. Le critère du risque aérien a été vivement critiqué par une partie de la doctrine qui estime que la Convention de Varsovie doit s'appliquer à tous les accidents survenus pendant que le passager se trouve sous le contrôle du transporteur, sans qu'il y ait lieu de rechercher si le risque était ou n'était pas inhérent à la navigation ou à l'exploitation aérienne[293]. Cette tendance a été fortement soutenue par le doyen CHAUVAU pour qui :

« *La période du transport aérien comprend celle pendant laquelle le voyageur monte ou descend l'escalier ou passerelle d'embarquement. Mais il parait logique d'y inclure également le trajet effectué sur l'aérodrome pour se rendre à l'aéronef ou en revenir, car le passager court à ce moment des risques aériens, dont il appartient au transporteur de se prémunir. [...] La notion d'aérodrome semble devoir être limitée aux pistes ou espaces réservés à l'évolution des aéronefs, à l'exclusion des bâtiments de l'aéroport affectés aux passagers. Au buffet, dans la salle d'attente, le voyageur n'est plus dans*

---

[290] Cass. civ., 1ère 18 janv. 1966 : Bull. civ. 1966, I, n° 38 ; RFD aérien 1966, p. 32, note E. Du PONTAVICE.

[291] Ancien directeur général d'Air France.

[292] Séance du Comité Juridique de l'OACI, Montréal, 13 juin 1949, Procès-Verbal, pages 82, 83.

[293] Voir P. CHAUVEAU, note sous CA Rouen, 12 avr. 1967, préc.

le champ des risques aériens. A fortiori en est-il ainsi dans le véhicule qui le mène de l'aérodrome ou l'en ramène. Le droit terrestre reprend son empire »[294].

« *Dépassé »*[295] et « *démodé »,*[296] car « *inadapté »*[297] aux systèmes plus modernes d'exploitation des aéroports qui soustraient les voyageurs aux aléas de la traversée des pistes et réduisent pratiquement à néant le risque purement aérien, ce critère a été abandonné. En outre l'époque contemporaine ayant vu naître le risque « *terroriste »* dont le champ n'est pas limité à la sphère de l'aéronef ou à l'aire de trafic, mais s'étend aux locaux aéroportuaires. Il s'avère donc légitime que « *l'application de la Convention de Varsovie ne soit plus subordonnée à la seule soumission du passager au risque de l'exploitation et de la navigation aérienne »*[298].

II. Le critère de l'encadrement des passagers par les préposés du transporteur

Désormais selon la Cour d'appel de Paris[299] le transport aérien commence au moment où les voyageurs sont pris en charge par le représentant du transporteur pour être conduits en groupe à l'appareil sous la direction de ce préposé, et en sens inverse, à destination, le contrat de transport prend fin à l'instant précis où les passagers sont libérés de la tutelle du représentant de la compagnie. Cette position est confortée par le tribunal de commerce de Nice : « *Attendu que la manœuvre de descente de l'appareil était suivie normalement par les préposés du transporteur, ce qui est démontré par le fait, qu'après sa chute, le docteur Preyval a été relevé par l'un des dits préposés de la compagnie Air France »*[300].

D'application assez large, ce critère va recouvrir des accidents survenus en dehors des aires ouvertes aux risques aériens, et en particulier dans l'aérogare. Il y a lieu de souligner que certaines juridictions sont allées par une combinaison des deux critères : *la soumission aux risques aériens et l'encadrement des passagers par les préposés du transporteur*[301]. Tout d'abord la jurisprudence française, qui va devoir estimer dans l'affaire *Dame Rivière-Giret contre Air Inter* qu'il « *est de principe que le contrat de transport aérien commence au moment où les passagers sont pris en charge par le représentant du transporteur* (2èmecritère) *pour être conduits en*

---

[294] P. CHAUVEAU, *Droit aérien, librairies techniques*, Paris, 1951, n°125.
[295] F. LETACQ, « Titre de transport- responsabilité-Actions en réparation », *Juris-Classeur* Transport, Fasc. 925, 21 avril 2011, *op.cit.*, p.68.
[296] B. MERCADAL, Transport aérien, *op. Cit.*, p.118.
[297] J. P. TOSI, « *Tra*nsport aérien », *in Juris-classeur, Fasc.* 460-10 : Mai 2005, *op.cit.*, p.157.
[298] B. MERCADAL, Répertoire de droit commercial, juin 2014, op.cit., p.161.
[299] CA Paris, 28 juin 1963, RFD aérien 1963, p. 353.
[300] T. com. de Nice, 7 mai 1973, RFD aérien, p.345.
[301] Voir M. DE JUGLART et alii, *Traité de droit aérien,* LGDJ, T.I, 1989, *op.cit.,* p.1174.

groupe à l'appareil et prend fin lorsque, à destination, les passagers ont quitté l'aire de trafic (1ercritère) »[302].

Ensuite, plus remarquable est la démarche des tribunaux belges, qui de façon systématique adoptent cette combinaison de critères au motif que les accidents survenus sur un aérodrome, et à l'extérieur de l'aéronef, ne constituent pas la résultante immédiate des risques liés à la navigation ou à l'exploitation aérienne. La Cour d'appel de Bruxelles faisait assez de pédagogie :

« Pour déterminer l'étendue dans le temps de la responsabilité du transporteur aérien, il convient d'avoir égard a deux critères : celui de la prise en charge ou du contrôle exercé par le transporteur sur les voyageurs et celui de l'exposition du passager aux risques de l'exploitation aérienne [...] l'utilisation de ces critères permet, en effet, d'éviter des situations illogiques dans lesquelles le transporteur aérien serait tenu responsable d'accidents survenus sur l'aérodrome alors que l'exploitation de celui-ci se trouve souvent dans les mains d'autorités publiques et ne dépend donc pas du transporteur aérien qui ne peut exercer aucune autorité à l'intérieur de l'aérodrome. [...] le fait dommageable aurait pu se produire à un autre endroit et n'est pas dû à un risque spécifique à l'exploitation aérienne »[303]. Par conséquent, un accident ayant occasionné la chute d'un passager sur le tarmac mal entretenu ou verglacé de l'aéroport, ne relève pas du risque aérien.

Enfin, plus intéressante est la position de la Cour d'appel de Bamako qui, en visant expressément les risques liés à la navigation, semble se focaliser dans le fourre-tout des « *risques liés à l'exploitation aérienne* ». Devant se rendre au Cameroun via le Maroc, Madame SANOGO Salimata KONE dite Sylvie emprunta le vol Royal Air Maroc. Au cours d'une escale à Casablanca, au moment d'embarquer dans l'avion, elle glissa sur la passerelle tout juste avant la porte d'entrée de l'avion et se fractura la cheville. Contrairement au juge d'instance de la Commune II, qui débouta la demanderesse, la Cour d'appel retint la responsabilité de la compagnie. Sans chercher à savoir la part d'implication personnelle de la passagère, la Cour d'appel de Bamako rend un arrêt à motivation curieuse. Elle retient en effet que : « *les accidents survenus lors de la montée et descente sont couverts par l'obligation de sécurité ainsi que les accidents dans le couloir moitié d'accès à l'avion ; qu'il s'ensuit que la faute du transporteur est de plein droit et doit être condamné pour la réparation du préjudice... »*[304].

---

[302] TGI Toulouse, 16 nov. 1977, RFD aérien 1978, p.74. Dans cette espèce, la demanderesse était accompagnée par une hôtesse « *qui tenait un parapluie pour la protéger de la neige qui tombait ce jour-là* ».

[303] C.A Bruxelles, 5 fev.1986, RGAR 1987, n°11252, obs. LIBOUTON ; Cité in Chronique de jurisprudence, M. GODFROID, RFD aérien 1988, p.159 s.

[304] C.A Bamako, N°1007 du 16/11/2016

Paragraphe II. Les dommages survenus hors de l'aérodrome

Le critère géographique s'étant révélé « *trop étroit* »[305] dans l'aérogare, de plus en plus « *le risque aérien devient quasi nul* »[306]. Quel critère appliquer aux dommages subis par les passagers victimes d'une attaque terroriste dans la salle de transit de l'aéroport ? Nous évoquerons les constructions jurisprudentielles (I) internationales ainsi que leurs limites (II).

I. Les acquis jurisprudentiels

La jurisprudence américaine va dégager un critère à trois éléments : le lieu où se trouve le passager au moment de l'accident, la nature de son activité à ce moment précis et le degré de contrôle exercé sur lui par les préposés du transporteur[307]. Les juges français à l'instar de leurs collègues de la plupart des États, rallongent (pour des raisons d'équité) la période de responsabilité au-delà de la zone de l'aérodrome. Pour ce faire, ils se focalisent sur une combinaison de deux critères : celui de la prise en charge des passagers par le transporteur (A) et celui de leur activité (B).

A. Le critère principal de la prise en charge par le transporteur

De l'appel des passagers, à l'enregistrement de leurs bagages, jusqu'au moment de leur contrôle direct par un préposé de la compagnie aérienne, la responsabilité du transporteur peut être engagée sur le fondement de l'article 17 de la Convention de Montréal.

1. L'appel des passagers

Un certain nombre de jurisprudences françaises estime que c'est à partir de l'appel des passagers, que le transporteur s'engage réellement à les prendre en charge et à assumer sa responsabilité éventuelle sur la base des conventions internationales. C'est qu'a décidé le tribunal de commerce de Marseille par rapport à la chute d'une cliente d'Air France dans l'aérogare.

« Attendu que cet accident est donc survenu antérieurement à l'appel des passagers et à leur conduite sur la piste d'envol et, partant, en un moment où les opérations d'embarquement n'étaient pas commencées. [.. .] Que la circonstance que ce couloir d'accès se trouve réservé aux voyageurs est en l'espèce inopérante, le contrat de transport ne prenant naissance que dans la mesure où les passagers se trouvent soumis à la conduite des préposés de la compagnie de navigation »[308].

---

[305] J. P. TOSI, « transport aérien », *Juris-classeur, Fasc.* 460-10, mai 2005, *op.cit.,* p.157.
[306] N. DELEUZE, *Responsabilité du transporteur aérien de la communauté*, thèse, Université Montpellier I, 2001, *op. Cit.*, p.69.
[307] US Court of appeals, 22 déc. 1975, Day v. TWA : Air Law 1977, p. 277 ; 4 mai 1976, *Evangelinos v. TWA : Air Law* 1977, p. 112 ; 31 mai 1995 : Air and Space Law 1997, p. 104.
[308] Trib. com. de Marseille, 27 mai 1960, RFD aérien, 1960, p.325.

Mais en dehors de la France, on retrouve d'autres décisions qui avec plus de précision, définissent ce critère de *l'appel des passagers.* Il en est ainsi de l'arrêt de la *High Court d'Irlande* où les juges estiment que l'embarquement commence à partir de l'annonce du vol et dès lors que la demanderesse a reçu l'instruction de se rendre au poste de sécurité avant d'aller à la porte d'embarquement.[309] De même, la *Cour suprême d'Autriche,* le 27 avril 1972[310] dans une espèce où un passager fit une chute dans un escalier mécanique alors qu'il se dirigeait vers la barrière d'embarquement, a refusé l'application de la Convention de Varsovie. Le vol n'ayant pas été appelé, les opérations d'embarquement n'avaient donc pas débuté.

2. L'enregistrement

Pour certaines juridictions, le point de départ de la prise en charge des passagers par le transporteur se situe au moment de l'enregistrement des bagages et de la remise par le préposé du transporteur de la carte d'accès à bord. C'est ainsi que pour faire droit à la demande d'un passager victime de chute dans l'escalier menant de la salle d'attente à l'aire de trafic, le tribunal de Berlin retint que « *qu'au moment de l'accident, le passager était déjà sous son contrôle qui s'exerce dès que le passager s'est fait enregistrer ».*[311] Dans son commentaire, Emmanuel Du PONTAVICE proteste « *qu'en l'espèce, l'accident avait eu lieu au moment où le transporteur avait invité les passagers à se rendre de la salle d'attente à l'avion ; qu'il n'était pas nécessaire d'étendre de la sorte l'application de la Convention de Varsovie* »[312].

3. Le contrôle direct par un préposé du transporteur

De nombreuses jurisprudences surtout américaines dénotent des situations où l'accent est mis sur le critère de la prise en charge. En effet, ce sont les hypothèses dans lesquelles les passagers se trouvent encadrés sous la conduite physique d'un préposé du transporteur. C'est tout le sens de l'affaire *Ricotta v. Iberia Lineas*[313] à propos d'un passager sous le contrôle des préposés du transporteur, qui fit une chute d'un autobus assurant le trajet entre l'aéronef et l'aérogare. Le tribunal du District Est de New-York, décida que l'accident s'est produit au cours de « *toute opération d'embarquement ou de*

[309] Circuit Appeal, 13 oct. 1993 : affaire Galvin v. AER Rianta et AER Charter, arrêt cité par N. DELEUZE, in *Responsabilité du transporteur aérien de la communauté*, thèse, Université Montpellier I, 2001, *op.cit.,* p.71.
[310] « Oberster Geriehtshof », ZVLR, 1973, p. 415 ; Journal du droit international, 1974, p. 639, cité par M. DEJUGLART, et alii, *Traité de droit aérien,* LGDJ, T.2, 1992, p.1175.
[311] Tribunal de Berlin, 11 mars 1961, RFD aérien, 1962, p.294.
[312] M. DEJUGLART, et *alii, Traité de Droit Aérien,* T. 2, *op. Cit*., p.1173.
[313] Tribunal du District Est de New-York 30 nov. 1979, cité par G. Legier, L'application de la convention de Varsovie par les juridictions américaines : présentation de la jurisprudence récente, art. prec.

débarquement ». De même, les juges du Tribunal Supérieur du comte de New-York estimèrent que l'accident survenu au cours d'une escale, alors que l'embarquement n'était pas imminent et surtout que les passagers demeuraient libres de leurs mouvements et n'étaient pas sous la direction des préposés du transporteur, ne pouvait relever de l'article 17 de la Convention de Varsovie[314]. Dans le même ordre d'idée, la Cour d'appel de Paris releva que c'est au moment où le passager est pris en charge par le personnel de la compagnie, *qui prélève la carte d'embarquement pour le faire monter*, dans la navette reliant le terminal à l'avion, que le transporteur devient responsable de son sort[315]. De même, à l'arrivée, les opérations de débarquement prennent fin lorsque le passager se trouve sur un tapis roulant dans la zone internationale[316]. Signalons enfin que de par leur nature même, les opérations de débarquement ont vocation à être plus brèves que celles d'embarquement. Après ce premier critère, il convient à présent de s'intéresser au second.

II. Le critère accessoire de l'activité du passager

Pour pouvoir engager la responsabilité du transporteur aérien conformément à l'article 17 des conventions, il faudrait que le passager soit *résolument et psychologiquement* engagé dans les opérations d'embarquement et de débarquement. C'est l'instant où « *les mouvements du passager sont sous le contrôle du transporteur »*[317]. Le passager doit être en train d'accomplir une activité nécessaire à l'embarquement, en un lieu proche de l'accès à l'avion[318]. Ainsi, après l'appel du vol, lorsque le passager s'approche des boutiques de l'aérogare plutôt que vers les guichets ou comptoirs d'enregistrement, les opérations d'embarquement sont censées ne pas commencer.

D'origine américaine, ce critère considère que lorsque le passager agit conformément à la volonté du transporteur, en suivant ses instructions et consignes, la responsabilité de ce dernier serait engagée. Toutefois, la solution inverse doit prévaloir dès que le passager retrouve sa liberté d'action (physique ou psychologique). Contrairement aux américains, les magistrats européens ne s'appuient pas expressément sur l'activité du passager comme un critère décisif dans leurs motivations. Pour caractériser dans la plupart des cas, ils relèvent que le passager se trouvait, lors de l'accident, dans un endroit de l'aéroport, exploité en commun (B) ou pas par d'autres transporteurs (A).

---

314 Rullman v. Pan Am, Tribunal Supérieur, Comte de New-York, 29 dec. 1983, cité par G. LEGIER, idem.

315 CA Paris, 26 sept. 1990, BTL 1991.78, cité par B. MERCADAL, Répertoire de droit commercial, juin 2014, *op. Cit.*, p.165.

316 CA Paris, 5 mars 1999 : RFD aérien 1999, p. 225.

317 « Probably include the time during wich the passenger's movements are under the control of the carrier », V. SHAWCROSS et BEAUMONT, Air Law, Vol. I, 3ème éd., p.441.

318 US Court of Appeals, 31 mai 1995, Air and Space Law 1997.104, cité par B. MERCADAL, *op. Cit.*, p.165.

A. Les lieux empruntés exclusivement par les passagers d'un transporteur

En cas d'accident survenu dans une salle d'embarquement réservée par un seul transporteur, comme dans un couloir ou un escalier emprunté par les passagers afin de se rendre de la salle d'embarquement à la piste de l'aéroport, les conditions du second critère sont quasiment remplies par le transporteur. En effet, on estime que durant cette phase de l'embarquement, les passagers sont sous le contrôle strict d'un préposé, et leur liberté de mouvement s'en trouve réduite. Etayons ce propos par une jurisprudence allemande qui indemnise sur le fondement de la Convention de Varsovie un passager tombé dans les escaliers qui mènent de la salle d'attente vers la piste, car il suivait les instructions d'un préposé du transporteur[319]. Pour les juridictions américaines, se trouvent ainsi en cours d'embarquement les passagers qui, au moment d'une attaque terroriste, ont remis leur billet, passé la douane et attendaient d'embarquer dans la zone réservée aux passagers en partance[320]. En revanche, n'est pas en cours d'embarquement la passagère qui, au moment de l'accident, n'avait atteint ni la salle d'embarquement, ni une quelconque zone *sous le contrôle exclusif de la compagnie aérienne*, et devait encore passer la douane et emprunter un bus pour rejoindre l'avion.[321]

B. Les lieux utilisés en commun par les passagers de plusieurs transporteurs

Délicate est l'hypothèse dans laquelle l'accident se produit dans un lieu ouvert à tous ou du moins utilisé en commun par les passagers de plusieurs compagnies, notamment les zones de douane ou de transit, les salles d'embarquement communes.

Plusieurs décisions européennes mentionnent dans leur motivation la nature du lieu où se trouvait la victime au moment de l'accident. En France, par exemple, dans l'affaire *consorts Zaoui*, la Cour de cassation se refuse d'appliquer l'article 17 de la Convention de Varsovie au motif que « *les époux Zaoui se trouvaient lors de l'accident en un lieu utilisé en commun par les clients de plusieurs compagnies différentes* »[322]. Le tribunal de grande instance de Paris, dans l'affaire *Dame Forsius*, adopte la même position du fait que la victime « *qui se préparait à monter dans un avion de la Compagnie Air France à destination de Tunis a glissé sur le sol d'un couloir sous douane au premier étage de l'aéroport d'Orly c'est-à-dire dans un lieu utilisé en commun par de très nombreux voyageurs, clients de plusieurs compagnies de navigation aérienne différentes* »[323]. Il faut dire que dans les hypothèses sus

---

319 KG, 1962, arrêt cité par N. DELHEUZE, thèse préc. p.74

320 US Court of Appeals, 22 déc. 1975, Day c/ TWA, Rev. dr. uniforme 1992, p. 289, Air Law 1977, p. 277.

321 US District Court Massachusetts, 31 août 1994, Air and Space Law 1996.92.

322 Civ.,1ère, 18 mai 1976, RFD aérien 1976, p.394.

323 TGI de Paris, 19 fev.1973, RFD aérien 1973, p.216. La même solution est appliquée aux Etats-Unis en l'occurrence par le Tribunal du district Nord d'Illinois, le 24 fev.1988 dans

visées, vu la liberté de mouvement du passager, le critère de la prise en charge par le transporteur n'est pas suffisant pour pouvoir engager la responsabilité du transporteur. Le passager, même après avoir accompli les formalités d'enregistrement, de douane et de police, conserve une marge de liberté et peut ne pas se rendre directement à la salle d'embarquement, et du coup, être victime d 'un accident dans un rixe ou effectuant des achats dans les commerces de l'aérogare. C'est en cela que les juridictions américaines déduisent que le passager n'est pas *en train d'accomplir une activité nécessaire à l'embarquement*[324]. Autrement dit, le passager *n'est pas résolument engagé dans les opérations d'embarquement*, et par conséquent, il va échapper au contrôle du transporteur. Par ailleurs, il y a lieu de préciser que la doctrine anglaise renvoie à ce même critère tripartite américain à savoir : localisation du passager, contrôle par le transporteur et nature de son activité[325].

III. Les incertitudes jurisprudentielles

L'effort de construction jurisprudentielle s'est heurté à un certain nombre d'incertitudes notamment dans les liaisons aéroportuaires (A) et lors des escales (B).

A. Les liaisons aéroportuaires

Voyons à présent les accidents survenus en cours des trajets, avant ou après le voyage aérien, notamment entre l'aéroport et un hôtel de la zone aéroportuaire, le centre-ville, ou un autre aéroport. Il convient d'abord de relever qu'il y a une « unanimité »[326] pour exclure des opérations d'embarquement et de débarquement le trajet que le passager effectue dans un véhicule appartenant au transporteur, de la ville à l'aéroport de départ, ou de l'aéroport du lieu d'arrivée à la ville de destination[327]. Fort heureusement, cette pratique est en voie de disparition, depuis que les passagers se rendent à l'aéroport par leurs propres moyens ou par un service automobile ou ferroviaire indépendant du transporteur. Ensuite, quand est-il des dommages survenus dans l'autobus qui assure la liaison entre l'avion et la porte d'embarquement de l'aéroport ? Relèvent-ils de l'article 17des conventions internationales ? Le Professeur TOSI répond comme par extraordinaire qu'« *il*

---

l'affaire Sweis v. TWA, 21 (A vi. 17, 308) ; dans cette espèce, les juges considèrent qu'après le poste de contrôle, lieu réservé aux personnes munies d'un titre de transport, mais ils restent libres de leurs mouvements.

324 US Court of Appeals, 31 mai 1995, Air and Space Law 1997.104.

325 US Court of Appeals, 21 mai 1992, Rev. dr. uniforme 1992.283.

326 Voir V. GRELLIERE, *La responsabilité du transporteur aérien international*, Thèse, prec., p.227.

327 Voir R. RODIERE, *Manuel des transports*, n° 343. Litvine, n° 89, p. 205, cité par V. GRELLIERE, idem, p.227.

n'y a pas de jurisprudence française connue »[328]. Nous pensons que l'article 17 est tout à fait applicable à une telle hypothèse :

En premier lieu, le premier critère est acquis, car il y a une prise en charge effective du passager par les préposés du transporteur.

En second lieu, le deuxième critère se justifie d'autant que le passager n'est plus libre de ses mouvements dans l'autobus de liaison.

Cependant, la Cour de cassation italienne ne retient en pareil cas que la responsabilité du seul aéroport, au motif que celui-ci n'a pas la qualité de préposé du transporteur[329]. Michel DEJUGLART avait déjà prédit cette position que « *la responsabilité de l'exploitant de l'aéroport peut être mise en jeu »*[330] si l'exécution du contrat de transport aérien n'a pas commencé ou a cessé et qu'un accident se produit dans l'aéroport, ou ses environs immédiats.

Par ailleurs, le droit malien, de même que le droit interne des pays européens ne traite spécifiquement pas la question. Cependant la voix dissidente espagnole est intéressante. En effet l'article 115 de sa loi de navigation aérienne dispose que « *Le dommage subi par l'intermédiaire d'un autre mode de transport (que l'avion) pour le service des voyageurs en dehors de l'aéroport reste exclu des dispositions de ce chapitre »*[331]. Une certaine doctrine estime qu'une telle position va ignorer les accidents intervenus dans les navettes aéroportuaires transférant des passagers en transit, d'un terminal à un autre ou d'un aéroport à un autre[332].

Prenant le contrepied de la loi espagnole, le Code de l'air de la Roumanie précise en son article 87 que *le transport aérien est censé commencer à partir du moment où le voyageur, muni des documents de transport, a été pris en charge par les préposés du transporteur soit à l'aérodrome, soit au départ pour l'aérodrome. Le transport n'est réputé accompli qu'au moment où le voyageur arrivé à destination quitte l'aérodrome ou le moyen de transport mis à sa disposition par le transporter*[333]. À ce niveau, reconnaissons que la jurisprudence est timide et non explicite. Les rares décisions recensées sont quasiment américaines. Dans un premier temps, le tribunal du district sud de New York considère que se trouve en cours de débarquement le passager à bord d'un bus appartenant au transporteur aérien qui le mène de l'avion au terminal de l'aéroport.[334] Mais plus intéressante est l'affaire *O'Brien contre American Airlines*, dans laquelle à la suite d'un vol reporté, la compagnie aérienne décide de loger ses passagers dans un hôtel. Au cours de leur acheminement par minibus, ils sont victimes d'un accident de la circulation. Le tribunal du district sud de New-York décide d'écarter la Convention de

---

[328] J. P. TOSI, « Transport aérien », *Juris-classeur, Fasc.* 460-10, mai 2005, *op.cit.,* p.159.
[329] 25 sept. 2001, n° 12015.
[330] M. DEJUGLART, *op.cit.*, t.2, n°2760, p. 1178.
[331] Cité par N. DELHEUZE, thèse prec. N°72, p.75,
[332] I. Quintana CARLO, *op. Cit.*, p. 18.
[333] Propos rapportés par J. RAJSKI, La responsabilité du transporteur aérien dans la législation de quelques pays socialistes européens, RFD aérien, 1971, p. L3.
[334] US District Court [Eastern District] New York, 30 nov. 1979, Air Law 1981.51.

Varsovie, car l'évènement s'étant produit en dehors de l'aéroport, les passagers n'étant pas soumis aux risques de l'air, n'agissant pas sous la direction des préposés du transporteur, et le transporteur terrestre étant un entrepreneur indépendant auquel on avait fait appel[335].

Au vu des deux critères sus examinés (la prise en charge par le transporteur et l'activité du passager) on pourrait être tenté de conclure que les conventions et de Montréal resteront inapplicables sur les trajets effectués avant ou après le transport aérien, en l'occurrence lorsqu'ils sont entrepris à l'initiative du voyageur.

Toutefois, à y voir de près, il aurait été juridiquement galant pour le juge dans l'affaire *O'Brien* de faire application de la Convention de Varsovie. De toute évidence, le passager était pris en charge par le transporteur, nonobstant le fait que le minibus ne fut pas la propriété de ce dernier. En outre, partant du critère accessoire de l'activité du passager, on peut conclure qu'une fois les portes de l'autobus fermées, le degré de liberté de mouvement du passager s'était réduit. Dans l'espace UEMOA, nous osons croire que les magistrats se montreront favorables à une dynamique plus protectrice du passager, en élargissant bien entendu la période de responsabilité du transporteur au-delà des limites de l'aérogare. Déjà la jurisprudence malienne vient de donner le ton de cet élargissement en novembre 2016. Ainsi, contrairement aux américains, les magistrats maliens ne s'appuient pas expressément sur l'activité du passager comme un critère décisif dans leurs motivations. Pour caractériser la responsabilité du transporteur, la Cour d'appel de Bamako fait une combinaison de deux critères : que le passager se trouve, lors de l'accident, sur l'aérodrome, et qu'il soit sous contrôle du préposé de la compagnie.

Dans l'affaire sus visée *Salimata KONE contre Royal Air Maroc*, en analysant l'article 17 de la Convention de Varsovie la Cour d'appel relève que « *cette convention engage la responsabilité pleine et entière du transporteur aérien dès lors que l'accident est intervenu sur l'aire de l'aérodrome, et que le passager n'a pas franchi la porte de l'aérogare qui donne sur l'aérodrome, que le voyageur guidé par les préposés de la compagnie aérienne parait pris en charge par le transporteur* »[336]. Cette posture protectrice des passagers est salutaire surtout dans un contexte de terrorisme et d'insécurité accrue au Mali et dans la sous-région ouest africaine. C'est d'ailleurs pourquoi nous estimons que les juges UEMOA devront s'en inspirer. Toutefois, il faut émettre des réserves dans les hypothèses où la faute du passager est contributive ou exclusive de la réalisation du dommage. Certes un même texte peut être interprété de manière diamétralement opposée selon que l'on procède par analogie ou *a contrario*. L'exemple célèbre de IHERING est connu « *défense*

---

[335] 19 mars 1990, cité par G. LEGIER, « L'application de la convention de Varsovie par les juridictions américaines : évolution de la jurisprudence », *RFD aérien*, 1993, p. L34.
[336] C. A, Bamako, n°1007, 16/11/ 2016.

d'introduire des chiens »[337]. Interprétée *a contrario*, elle implique que les lions ne sont pas visés et leur présence est autorisée. Interprétée par analogie ou *a fortiori*, elle traduit qu'ils sont interdits. Or, il n'en est rien de l'article 17 de la Convention de Varsovie qui n'est ni vague ni obscur.

B. Les escales

Dans le dictionnaire encarta (2017), l'escale se définit comme un « *arrêt au cours d'un trajet naval ou aérien pour procéder notamment à l'embarquement et au débarquement des passagers, des marchandises, ou au ravitaillement* ». La période de responsabilité saura-t-elle s'ouvrir au temps durant lequel le passager est en escale à terre ? Une distinction mérite d'être opérée entre escales libres (1) et escales imposées (2).

1. Les escales libres

Quel sera le sort du passager, qui de son propre chef décide de faire escale dans un lieu de son choix, en raison de ses commodités personnelles ? S'il est victime d'accident au cours de son séjour à terre, il ne saurait invoquer les conventions internationales encore moins les critères élaborés par la jurisprudence. Ce passager qui reste libre de ses mouvements n'est pas réellement pris en charge par le transporteur pendant l'escale.

2. Les escales imposées

Parmi les escales imposées on distingue d'une part, celles qui s'imposent au passager, à savoir les escales commerciales et des escales techniques et d'autre part, celles qui s'imposent non seulement au passager au dernier moment, mais également au transporteur : ce sont des escales dites forcées. Trois hypothèses peuvent être synthétisées.

Première hypothèse : au cours d'un voyage aérien, l'avion effectue une escale pour faire le plein de kérosène, et les passagers sont invités à quitter l'aéronef afin de se rendre dans une zone spécialement affectée de l'aéroport. Si un dommage survient, le transporteur serait responsable en vertu de l'article 17 des deux conventions. On estime que lors de leur descendante de l'avion, les passagers n'ont fait qu'obéir aux instructions des préposés et que leur liberté d'action est limitée (premier critère). Les passagers étant restés dans un lieu qui leur a été spécialement réservé, et non dans une zone de transit internationale ouverte aux passagers d'autres compagnies, le second critère se justifie parfaitement.

Dans une deuxième hypothèse au contraire, de part un contrat de transport unique, un passager fait escale afin de prendre la correspondance pour une autre destination. Par principe le critère de la prise en charge est rempli durant

[337] Voir R. Von IHERING, *Esprit du droit romain*, trad.de MEULENAERE, 3è éd., Paris, t. IV, 1888.

cet intervalle. Cependant une incertitude persiste. En effet, l'effectivité de la responsabilité du transporteur aérien sur le fondement de l'article 17 reste liée à *l'activité du passager*. On peut présager qu'à la sortie du premier vol, au lieu de se diriger directement vers la salle d'embarquement du deuxième avion, le passager préfère *flâner dans les boutiques*[338] de l'aéroport. La Convention de Montréal serait inapplicable à l'espèce, elle le serait dans l'hypothèse inverse.

Troisième hypothèse : à la suite d'un détournement d'avion, un passager est débarqué de force puis blessé. Manifestement dans cette espèce, il est très discutable d'invoquer le critère de la prise en charge des passagers par le transporteur, car ces derniers paraissent surtout *pris en charge* par les terroristes. Pourtant, la Cour suprême d'Israël a jugé qu'une prise d'otages débutant par le détournement d'un appareil et se poursuivant à terre dans l'aéroport doit être considérée comme *s'étant produite à bord* puisque c'est là qu'elle avait commencé[339].

3. Le postulat futur du juge malien

De tout ce qui précède, le juge malien est impatiemment attendu dans la définition qu'il donnera aux différents critères construits par les jurisprudences étrangères. Pour ce faire, les tribunaux maliens doivent faire œuvre créatrice en se démarquant de la jurisprudence internationale, pour définir une règle préétablie, simple et précise, permettant au transporteur aérien d'appréhender en toute connaissance de cause si sa responsabilité peut être, ou non, engagée à propos d'un accident déterminé. D'un seul critère à une combinaison de critères, la voie empruntée actuellement par les juridictions étrangères peut paraitre source de complication.

Partant des principes d'interprétation de la Convention de vienne sur le droit des traités, qui dans son article31 énumère certaines règles d'interprétations notamment la bonne foi, le contexte, l'objet et le but de la convention. Par-delà de la lettre du texte, il faut vérifier quelle est sa finalité ? *La « ratio legis »* serait donc la raison d'être d'une loi, le but qu'elle poursuit. Elle est très souvent un préambule (chez les anglo-saxons). Pour les exégétiques « *le but de la loi apparait comme la véritable mesure de l'interprétation* »[340].

Toutefois, estime Michel De JUGLART, le concept de finalité doit avoir un contenu évolutif et qu'il convient d'adapter la Convention de Varsovie à l'évolution de la technique comme à l'évolution des concepts sociaux concernant le droit de la responsabilité. Mais cette nécessaire évolution ne peut être arbitrairement décidée par le juge en raison de ses idées personnelles. Il ne s'agit donc pas de donner libre cours à « la *fantaisie ou aux opinions politiques d'un juge déterminé* », conclut-il.

---

338 N. DELEUZE, *Responsabilité du transporteur aérien de la communauté*, thèse prec., p.78.

339 Cour Suprême, 22 oct. 1984 : Dr. europ. transp. 1988, p. 87.

340 P. PESCATORE, Introduction à la science du droit, *Revue internationale de droit comparé*, volume 12, n° 2, 1960, n° 196.

Si le régime de responsabilité qui pèse sur le transporteur aérien est sévère, cependant la Convention de Varsovie tout comme celle de Montréal lui permet de s'exonérer de la charge qui pèse sur lui.

TITRE II

LES CONDITIONS NÉGATIVES : LES CAUSES EXONÉRATOIRES DE RESPONSABILITÉ

D'entrée de jeu, il sied d'écarter les clauses exonératoires communes aux deux conventions. En effet, dans des termes identiques les conventions de Varsovie et de Montréal déclarent nulles les clauses visant à dégager ou à atténuer la responsabilité du transporteur : « *Toute clause tendant à exonérer le transporteur de sa responsabilité ou à établir une limite inférieure à celle qui est fixée (...) est nulle et de nul effet* »[341]. Puisqu'il s'agit d'un *ordre public à sens unique*[342], demeurent valables les clauses par lesquelles le transporteur s'interdit de s'exonérer. Mais c'est surtout à travers les causes d'exonération que la Convention de Montréal diffère le plus de celle de Varsovie. Si dans la Convention de Varsovie les causes d'exonération sont posées en termes généraux et s'appliquent indifféremment aux passagers, aux bagages et aux marchandises, dans la Convention de Montréal ces causes varient selon qu'il s'agit de transport de passagers, de bagages ou de marchandises.

Dans un premier temps nous analyserons les causes d'exonération contenues dans la Convention de Varsovie qui établirent une *présomption de faute* (Chapitre 1) ayant fait l'objet *d'une interprétation déformante*[343] par la jurisprudence. Par la suite, avec la modernisation progressive du transport aérien, les causes d'exonération varsoviennes devenaient inadaptées au nouveau contexte social et économique. D'où l'adoption de la Convention de Montréal qui institua un régime de *responsabilité absolu* excluant les moyens d'exonération classiques (chapitre 2)

---

341 Convention de Varsovie, art. 23 ; Convention de Montréal art., 26

342 J.P. TOSI, Transport aérien, Juris-Classeur, Fasc. 460, 2005, p.185.

343 V. GRELLIERE, thèse préc., p.253.

CHAPITRE I

DE LA SOUPLESSE DU « SYSTÈME VARSOVIEN »

La Convention de Varsovie semble imposer un régime de responsabilité sévère au transporteur aérien, en le déclarant responsable du dommage survenu en cas de destruction, perte ou avarie de marchandises, de décès, blessure, lésions corporelles, ou encore en cas de retard. On peut vite en déduire que le transporteur est *a priori* responsable et on présume qu'il devra réparer le dommage considéré. Cette présomption n'est pourtant pas irréfragable puisque le transporteur peut se libérer en prouvant son absence de faute. La pièce maitresse du système est constituée par l'article 20 alinéa 1er de la Convention de Varsovie : « *Le transporteur n'est pas responsable s'il prouve que lui et ses préposés ont pris toutes les mesures nécessaires pour éviter le dommage ou qu'il leur était impossible de les prendre* ». À ce régime assez souple (Section 1), l'article 21 ajoute la faute contributive de la personne lésée (Section 2). Il y a lieu de rappeler que l'article 20 alinéa 2 supprimé par le Protocole de La Haye, exemptait le transporteur de marchandises et bagages pour faute nautique[344].

SECTION I. UNE PRÉSOMPTION DE FAUTE

Depuis la première conférence internationale de droit privé aérien à Paris en 1925, l'épineuse question du fondement de la responsabilité s'était posée en des termes clairs. Faudrait-il aller vers un régime de responsabilité fondé sur la faute ou sur le risque ? La réponse du rapporteur de la commission responsabilité ne souffre d'aucun doute :

« … *L'opinion générale est que, tandis que la responsabilité civile à l'égard des tiers doit comporter l'application de la théorie du risque, en revanche, dans la responsabilité du transporteur à l'égard des passagers et des marchandises, il faut admettre la théorie de la faute. (...) Il faut bien*

---

[344] C'est la faute de navigation, V. Cour d'appel de Lyon, 12 nov. 1951 : BT 1952, p. 429 ; Cour d'appel de New- York, 8juin 1956, R. F. D. A. 1957. 279.Cette solution est aujourd'hui anachronique.

admettre, que celui qui utilise un aéronef n'ignore pas les risques inhérents à un mode de circulation qui n'a pas encore atteint le point de perfection que cent années ont donné aux chemins de fer. Il est donc juste de ne pas imposer au transporteur une responsabilité absolue et de le dégager de toute responsabilité lorsqu'il a pris les mesures raisonnables et normales pour éviter le dommage ; c'est la diligence que l'on peut attendre d'un bon père de famille »[345].

L'article 20 de la Convention de Varsovie qui donne une double possibilité d'exonération au transporteur a fait l'objet d'une part, de réflexions nourries et diverses et d'autre part, de vives contradictions tant en doctrine qu'en jurisprudence (paragraphe I). Avec une interprétation *rigide*[346] de la notion *des mesures nécessaires,* seule la preuve de la cause étrangère irréfutable pourrait libérer le transporteur (paragraphe II).

Paragraphe I. L'absence de faute du transporteur

L'article 20 de la Convention de Varsovie offre au transporteur deux causes d'exonération de responsabilité en disposant que : « *Le transporteur n'est pas responsable s'il prouve que lui et ses préposés ont pris toutes les mesures nécessaires pour éviter le dommage ou qu'il leur était impossible de les prendre* ».

I. La double cause d'exonération

La double cause concerne la prise des mesures nécessaires (A) et l'impossibilité les prendre de telles mesures (B).

A. L'adoption de mesures de nature à éviter le dommage

Le transporteur aérien doit prouver qu'il a pris toutes les mesures nécessaires pour empêcher le dommage. L'expression ***toutes les mesures nécessaires*** signifie d'après Michel DEJUGLART « *toutes les mesures qu'un transporteur prudent aurait prises pour éviter cet accident en particulier* »[347]. Pour Monsieur LETACQ il s'agit « ***des diligences raisonnables que l'usager est en droit d'attendre*** »[348]. Les auteurs du mémento Lamy transport précisent qu'il s'agit de la *due diligence* du droit anglais constituant ainsi une obligation de moyens incluse dans l'obligation de résultat[349]. Tel n'est pourtant pas l'avis des juges du fond au Mali et en France qui, en contradiction flagrante avec l'esprit de l'article 20 et soucieux d'indemniser les victimes adoptent *une interprétation rigide* en condamnant le transporteur, même s'il rapporte la

345 Conférence internationale de droit prive aérien, Paris 1925, p. 62 et 63.
346 J.P. TOSI, *op. Cit.*, p.182.
347 M. DEJUGLART et alii, *op. Cit.*, p.1194, n°2777.
348 F. LETACQ, Responsabilité du transporteur aérien, Juris-Classeur, fasc.925, 2001, p.98.
349 Lamy transport, Tome 2 - 2013, p.41.

preuve de sa diligence. En France, la Cour d'appel de Paris, dans l'affaire *Compagnie JugoslovenskiAero Transport c/Époux Gati*, où l'avion s'était écrasé près de Munich, le 12 décembre 1961, condamna le transporteur au motif qu'il n'a pas pris « ***toutes les mesures en relation directe et immédiate avec l'accident*** »[350]. Pourtant la compagnie yougoslave s'était défendue en prouvant sa diligence : que l'avion était apte à la circulation aérienne, les pilotes étaient pourvus des brevets règlementaires, que le système de sécurité fonctionnait normalement et les messages radio passaient bien.

Son homologue malien ne va pas outre mesure dans l'arrêt de la Cour d'appel de Bamako du 8 septembre 2010. En l'espèce, les sieurs GANO[351] et FOFANA ont acheté deux billets auprès de la compagnie Kenya Airways pour le trajet Bamako-Dakar-Bamako. Apres l'exécution du premier trajet Bamako-Dakar, au retour la compagnie fut confrontée à un mouvement de grève du personnel naviguant qui a entrainé l'annulation de l'ensemble des vols programmés. Pour s'exonérer de sa responsabilité, le transporteur invoqua la grève inattendue et imprévisible. Le tribunal de 1èreinstance de la Commune III rejeta ce moyen d'exonération en accueillant favorablement la requête des demandeurs avant de condamner la défenderesse au paiement de la somme de 10.000.000FCFA (Dix million) à titre de dommages et intérêts[352].

C'est contre ce jugement que la compagnie interjeta appel. Tout comme le premier juge, la Cour d'appel ne se laissa pas convaincre par la prise des mesures dites nécessaires. Elle décida de confirmer le dit jugement dans toutes ses dispositions à l'exception de celles concernant le montant des sommes allouées :

« ... *Considérant que des débats et du dossier, il résulte que la compagnie Kenya Airways n'a pas pris toutes les mesures nécessaires pour éviter aux sieurs Baber GANO et Youssouf FOFANA les désagréments qu'ils ont subis lors de leur voyage aller et retour sur Dakar... Que c'est à bon droit que le juge d'instance a retenu la responsabilité de la compagnie Kenya Airways... Condamne KENYA AIRWAYS à payer à Baber GANO et à Youssouf FOFANA la somme totale de 974.995 Francs CFA toutes causes confondues ; les déboute du surplus...* »[353].

C'est l'une des rares convergences de vue entre le tribunal de la Commune III et la Cour d'appel. Mais logiquement, que peut-on reprocher à une compagnie en transit dans un pays étranger face à un mouvement de grève du personnel naviguant de ce pays ? Elle pourrait diriger ses passagers vers un autre vol, ce qui est impossible dans le cas d'espèce, puisse que l'ensemble des vols sont concernés par ce mouvement. La paralysie du trafic est donc imparable. Il ne reste à la compagnie qu'héberger ses clients dans des conditions « acceptables » en attendant la levée du mot d'ordre de grève. Toute

---

350 CA Paris, 12 déc. 1961 : JCP G 1962, II, 12596, note De JUGLART.

351 Me Babar GANO préside aux destinées du transport malien car il vient d'être nommé ministre des transports le 11 avril 2017.

352 TPI. Commune III, jugement N°307 du 26/11/2009.

353 C. A Bamako, Arrêt n°513 du 08 septembre 2010.

autre exigence contraire serait « assez exorbitante », car il ne s'agit que « *des diligences raisonnables que l'usager est en droit d'attendre* »[354].

La jurisprudence française dans son excès de rigueur d'interprétation a même employé la notion de responsabilité de plein droit : « *Un tribunal décide à bon droit que les dispositions de la Convention de Varsovie, lesquelles instaurent une responsabilité de plein droit à la charge du transporteur aérien* »[355]. Il a souvent été question « *d'obligation de sécurité de résultat* »[356]. Du coup, le transporteur sera tenu responsable de tous les dommages d'origine inconnue, faute d'apporter la preuve demandée. Or, de l'avis de Michel De JUGLART, une telle conception, dans la rigueur des principes ne doit pas s'imposer[357].

B. L'impossibilité de prendre les mesures nécessaires

Dans une seconde hypothèse le transporteur doit démontrer, qu'il lui était impossible de prendre les mesures nécessaires. En réalité, que ces mesures soient prises ou non, elles seraient incapables de conjurer le préjudice. Cependant, et ainsi qu'il a déjà été mentionné, la jurisprudence est assez sévère et tend à admettre l'impossibilité comme un cas de force majeure, dès lors que cette impossibilité résulte du caractère imprévisible et irrésistible de l'événement. Il en a été ainsi lors d'un retard dans le vol dû à une grève des contrôleurs aériens ayant entraîné la paralysie du trafic et les passagers ayant été inscrits sur un vol effectuant la même liaison dès le lendemain matin. Dans cette affaire les juges ont estimé que le transporteur avait été dans l'impossibilité de prendre les mesures nécessaires pour éviter le dommage avant de rejeter l'action en responsabilité exercée contre lui[358]. À l'inverse, dans une autre affaire similaire de grève, une compagnie italienne fut tenue responsable du retard dans l'acheminement d'abricots entre la Tunisie et Paris. La Cour d'appel de Paris jugea qu'elle ne prouvait pas avoir été dans l'impossibilité de pallier la grève des pilotes italiens en recourant à des compagnies étrangères en transit à Rome en direction de Paris[359].

II. La polysémie des mesures nécessaires

Les mesures nécessaires de l'article 20 de la Convention de Varsovie ont fait l'objet d'interprétations contradictoires tantôt par référence à la notion de *due diligence* de jurisprudence anglo-saxonne (A) tantôt par référence à une diligence idéale de la jurisprudence de l'Europe continentale (B).

---

354 F. LETACQ, Responsabilité du transporteur aérien, Juris-Classeur, fasc.925, *op. Cit.*, p.104.
355 C. A, Paris 1èrech. A 12-11-1996, Recueil Dalloz 1996, p. 264.
356 V. Cass. 1èreciv., 15 juill. 1999 : *Bull. civ.* 1999, I, n° 242.
357 M. De JUGLARD et alii, op.cit., p.1192, n°2774.
358 Civ.1ère, 27 juin, 2006, Bull. civ. I, n° 334.
359 CA Paris, 7 juill. 1978, BT 1978.514, RFD aérien 1979, p. 181.

A. La *due diligence* de la *Common law*

Dès l'entame de la Conférence Internationale de Droit Privé Aérien de 1925 à Paris, le projet de convention stipulait dans un article 5 que le transporteur sera libéré dès lors qu'il rapporterait la preuve qu'il a adopté *les mesures raisonnables pour éviter le dommage.* Finalement, le terme *mesures nécessaires* va remplacer celui de *mesures raisonnables.* Si pour Monsieur SERIAUX[360] ces deux expressions sont différentes, en revanche pour Emmanuel Du PONTAVICE, elles ont le même sens, car *« il s'agit de textes rédigés par des personnes de nationalités différentes, ayant des langages et des systèmes de droit distincts »*[361].

En réalité il s'agit de la notion de *due diligence* du droit maritime anglais qui a été traduite en français, langue du texte original de la Convention de Varsovie. Tout comme le débiteur d'une obligation de moyen, le transporteur doit faire preuve de la diligence qui selon les circonstances s'imposaient à un bon père de famille. Le doyen RIPERT dans son commentaire de la Convention de Varsovie soutient qu'à travers « *l'expression mesures raisonnables on reconnaissait parfaitement « l'idée anglaise de due diligence ; le transporteur se contente d'établir qu'il a fait tout ce qui était en son pouvoir et que, par conséquent, aucune faute ne peut lui être reprochée. Les anglais disent qu'il doit avoir pris toutes les mesures raisonnables. Ils laissent aux juges le soin d'apprécier »*[362].

Ainsi dans l'affaire *Chilsom v. British European Airways*[363] une passagère s'était blessée après avoir quitté son siège, et ce malgré la présence du signal lumineux. Les juges britanniques se convainquent de *la diligence raisonnable* du transporteur qui non seulement avait prévenu ses passagers de l'imminence d'une turbulence, mais aussi leur a demandé de ne pas quitter leur place et d'attacher leur ceinture de sécurité. On peut conclure que cette *due diligence* du droit des pays de *Common law* est un principe assez souple conforme à l'esprit de l'article 20 de la Convention de Varsovie et surtout favorable au transporteur.

B. La diligence idéale des pays de droit continental

Les progrès de l'aéronautique et le désir ardent de sécurité des personnes et des biens ont conduit les juges continentaux à s'engager dans une interprétation sévère de l'article 20 de la Convention de Varsovie. En effet, ils exigent la preuve de la cause du dommage. La Cour de cassation française, dans *l'affaire Gati,* estima que la *diligence raisonnable* du transporteur n'était

---

[360] A. SERIAUX, *La faute du transporteur*,2ème éd., Economica, 1998, p.34 et s.
[361] E. Du PONTAVICE, Traité de droit aérien de M. Dejuglart, *op.cit.*, p.1191, n°2373.
[362] G. RIPERT, L'unification du droit aérien, RGDA 1932, p. 264.
[363] Manchester Assizes, 1963, 1 *Lioyd's Rep.* 1963, 626.

pas suffisante[364]. Certains auteurs[365] ont fait la distinction entre la diligence *absolument idéale*[366] et la diligence *raisonnablement idéale.*

- Dans la première hypothèse, la seule survenance du dommage justifie à prouver que toutes *les mesures nécessaires* n'ont pas été prises. Nous sommes donc en face d'une *responsabilité strictement absolue* du transporteur qui ne saurait bénéficier d'aucun moyen d'exonération. Monsieur Nicola soutient même que nous sommes en présence non pas d'une règle de responsabilité, mais plutôt d'une règle d'indemnisation garantissant les dommages causés conformément à la théorie de M. STARCK[367].

- Dans la seconde hypothèse le transporteur sera tenu d'une responsable de plein droit pour les dommages causés au passager, toutefois, il peut se libérer en démontrant la preuve d'une cause étrangère conformément au droit commun. Que ce soit l'une ou l'autre des hypothèses, une telle posture parait injustifiée pour Michel De JUGLART eu égard aux travaux préparatoires et surtout à l'esprit de l'article 20 de la Convention de Varsovie.

En somme, aujourd'hui, tout comme au Mali, la majorité de la jurisprudence étrangère, exige du transporteur qu'il établisse la cause du dommage et c'est ensuite qu'il pourrait prouver que lui et ses préposés ont pris toutes les mesures nécessaires pour éviter le dommage ou qu'il leur était impossible de les prendre. Nul doute, si l'interprétation des juges anglo-saxons est en *conformité* avec le texte de la Convention de Varsovie, en revanche celle des juges des pays de droit continental est *compatible* avec l'évolution sociale. D'où le recours à la méthode dite évolutive ou historique. Elle consiste à ne considérer que le texte de la loi sans se préoccuper de la volonté du législateur. La raison est que la société étant en perpétuelle évolution, le texte devra être interprété en fonction des besoins du moment. L'interprète s'efforce de chercher « *ce que serait la pensée des auteurs de la loi s'ils avaient légiféré aujourd'hui* ». C'est dans cette logique que François GENY prétend que la loi serait « *une sorte d'outre vide que chacun remplit à son gré* »[368]. Dès lors, l'interprète peut s'affranchir de la volonté du législateur pour « *plier les lois aux besoins de l'heure actuelle* »[369]. Finalement seule la formule littérale de la loi survit, mais c'est l'interprète qui en détermine le sens. La conséquence c'est que le juge est assimilé au législateur, instituant du coup une sorte de pluralisme des sources formelles du droit. Cette reconnaissance du caractère évolutif du sens de la loi est partagée par de nombreux auteurs avec des courants différents.

---

364 Civ. 1ère, 11 juillet 1966, RFD aérien 1966, p.454.

365 Voir notamment N. DELEUZE, *Responsabilité du transporteur aérien de la communauté*, thèse, université Montpellier I, 2001, p.128

366 L'expression est de A. SERIAUX, *op. cit.*, p.45.

367 B. STARCK, Essai d'une théorie générale de la responsabilité civile considérée en sa double fonction de garantie et de peine privée, Rodstein, 1947.

368 Cité par J.L. BERGEL, Méthodologie juridique, préc, p. 258.

369 F.OST et M. Van de KERCHOVE cité par F. OST, *op. cit.*

La jurisprudence française s'est largement inspirée de la méthode évolutive pour rajeunir les textes du vieux Code civil par une interprétation créatrice liée à l'évolution du monde[370]. Sous d'autres cieux, on parle de « *réalisme juridique américain* »[371] qui donne au juge le pouvoir de remodeler le droit positif pour l'adapter aux changements continus. En conséquence l'énoncée de la loi n'est « *qu'une coquille vide* » dont le contenu sortira face à un cas pratique. Finalement le droit ne serait que ce que les tribunaux en feront.

La Cour suprême du Mali et probablement la Cour de justice de l'UEMOA sont impatiemment attendues pour indiquer aux juges du fond la conduite à tenir dans l'interprétation de l'article 20 de la Convention de Varsovie. Il convient à présent de s'intéresser aux possibilités d'exonération de responsabilité pour cause étrangère.

Paragraphe II. La cause étrangère

Face à certains dommages dont les causes sont bien connues et non imputables au transporteur, les tribunaux admettent la cause étrangère ou le cas fortuit pour exonérer ce dernier de toute responsabilité. Selon Madame VINEY, la cause étrangère « *est un évènement dont la personne à laquelle la responsabilité d'un dommage est imputée cherche à se prévaloir pour démontrer que le fait qui lui est reproché n'est pas la seule cause ni même peut être la cause principale du préjudice invoqué* »[372]. L'enjeu est clair, il s'agit d'obtenir une exonération, du moins une atténuation de la responsabilité. Ce mécanisme n'est pas étranger au droit positif malien. En effet, l'article 132 du RGO (pendant de l'ancien article 1147 du Code civil français, devenu l'article 1231-1 du même Code) autorise formellement l'exonération en matière contractuelle en disposant que : « *La responsabilité du débiteur de l'obligation de résultat est engagée lorsque le résultat n'est pas atteint, à moins qu'il n'établisse que l'inexécution de l'obligation est due à la force majeure ou au fait du tiers présentant les caractères de la force majeure* ». Mais de façon générale, en ce qui concerne la responsabilité délictuelle et contractuelle l'article 120 alinéa 1er du RGO est péremptoire : « *Il n'y a pas de responsabilité si le fait dommageable est la conséquence d'une force majeure ou d'un cas fortuit, c'est-à-dire d'un événement extérieur imprévisible et insurmontable* ». Nous examinerons les cas de force majeure dans la jurisprudence (I) avant de nous attarder sur les critères retenus spécifiquement pour déterminer des cas relatifs aux atteintes à la sûreté de l'aviation civile (II).

---

[370] Par exemple elle a extrait de l'art. 1384 alinéa1er le principe général d'une responsabilité du fait des choses et du fait d'autrui.

[371] Voir *Dictionnaire encyclopédique de théorie et de sociologie du droit*, 2è éd.

[372] G. VINEY, *op. cit.*, n°383.

I. La définition jurisprudentielle de la force majeure

Dans un sens large, la force majeure signifie tout « *tout évènement imprévisible et insurmontable empêchant le débiteur d'exécuter son obligation* »[373]. Dans un sens étroit, la force majeure provenant d'un évènement extérieur s'opposerait au cas fortuit qui relève des causes internes se rattachant à l'activité du débiteur ou à son entreprise[374]. Loin d'une distinction théorique, il faut se convaincre que les deux expressions recouvrent les mêmes réalités. Elles visent d'après Madame VINEY[375], l'action des forces naturelles et des évènements anonymes d'origine humaine (guerre, attentats, émeutes etc.) ou le fait du prince. La force majeure serait synonyme de cas fortuit, et ce n'est point surprenant lorsque le RGO malien s'y réfère simultanément dans l'article 120. Toutefois, l'expression « force majeure » ne vise pas que les seuls évènements naturels (tremblement de terre, cyclone, foudre, inondation…) ou anonymes (guerre, émeutes, attentats…), mais aussi toutes les causes revêtant les caractères qui lui sont nécessaires pour produire son effet exonératoire. Il résulte de multiples décisions que, pour justifier une exonération totale, l'évènement invoqué au titre de la force majeure doit avoir été « *imprévisible et irrésistible* ».[376] Pourtant la mise en œuvre de la force majeure continue de susciter de larges controverses jurisprudentielles. Pour l'application de l'article 20 de la Convention de Varsovie faut-il ou non exiger cumulativement les caractères d'imprévisibilité et d'irrésistibilité ?

A. La jurisprudence malienne

Les juges maliens dans leur interprétation de l'article 20 de la Convention de Varsovie, exigent fréquemment que le transporteur aérien apporte la preuve d'une cause étrangère ou des circonstances exceptionnelles afin de se libérer de sa responsabilité. Au tout départ, la jurisprudence malienne (surtout la Cour d'appel de Bamako) avait une position moins exigeante de la force majeure. Telle fut le cas dans l'affaire *Souleymane ZERBO contre Air Sénégal International* en 2008. Dans cette affaire, Monsieur Souleymane ZERBO voulant se rendre à Dakar dans le cadre de ses activités professionnelles, paya un billet Bamako-Dakar-Bamako avec Air Sénégal International. Il devait participer à Dakar à une série d'activités notamment le 28 novembre à la pose de la 1ère pierre d'une banque, le lendemain 29 et le 30 novembre à une séance de travail avec la coopération japonaise. À sa grande surprise, le 28 novembre, la compagnie lui notifia l'annulation du vol jusqu'au lendemain 29. Il n'est finalement arrivé à Dakar que le 3 décembre 2007, ce qui lui a fait manquer tous ses rendez-vous professionnels. Il exigea la réparation de ses dommages à hauteur de 50.000.000 F CFA.

---

373 Lexique des termes juridiques, Dalloz, 15ème éd., 2005, p.299.

374 H. ABERHAHMANE, *La responsabilité civile du transporteur aérien en droit Américain, Français et Irakien*, thèse, paris2, 1998, p.337.

375 G. VINEY, *op. cit.*, p.324, n°389.

376 Civ.2è, 11 janv.2001, Bull. civ. II, n°8 ; Civ.2è, 22 mai 2003, Bull. civ. II, n°154.

La compagnie se défendit en invoquant pour la première fois, non pas l'article 20 de la Convention de Varsovie, mais plutôt l'art 6 du Règlement UEMOA[377] qui exclut la responsabilité du transporteur aérien pour « *circonstances exceptionnelles* ». Les conseils d'Air Sénégal International expliquèrent que l'avion a subi une panne de son système de démarrage et que le service d'assistance *ASAM* a eu des difficultés à le réparer l'avion, que malgré tout, la compagnie a pris les dispositions idoines pour héberger tous les passagers et qu'ils ont tous été pris en priorité sur le vol du 29 novembre 2007. Le premier juge à savoir le tribunal de commerce reconnaissant la force majeure, débouta le sieur Souleymane ZERBO de son action en réparation. C'est alors que le requérant décida d'interjeter appel. Sous le visa de l'article 6 du Règlement UEMOA sus évoqué, la Cour d'appel de Bamako confirma le jugement en retenant la force majeure :

« *Considérant que la panne survenue sur le démarreur de l'avion est une circonstance exceptionnelle, que les passagers dont M. ZERBO en ont été informés et ont été pris en charge par la compagnie qui les a hébergés régulièrement [...] Qu'il y a donc eu un cas de force majeure après laquelle la compagnie Air Sénégal a rempli toutes ses obligations subséquentes envers ses passagers. [...] Que c'est à bon droit que le jugement entrepris a rejeté la demande en réparation de préjudice de ZERBO...* »[378].

Mise à part cette espèce, les juges maliens dans leur interprétation de l'article 20 de la Convention de Varsovie, se lancèrent dans une fermeté accrue. En effet, à leur entendement, la première partie de la phrase de l'article 20 n'existe pas (*la prise de toutes les mesures nécessaires*) et que seul le second (*l'impossibilité de prendre les mesures nécessaires*) permet d'exonérer le transporteur. C'est ainsi que dans l'affaire *Baber GANO contre Kenya Airways*[379] les moyens invoqués par l'appelant sont suivis par la Cour d'appel de Bamako :

« ... *Que la grève invoquée par la compagnie ne saurait être une cause d'exonération de responsabilité n'ayant pas un caractère imprévisible et irrésistible en ce sens qu'elle est toujours précédée d'un préavis ; que même en appliquant la convention de Varsovie, la compagnie Kenya Airways n'a pas démontré en quoi elle a pris toutes les mesures nécessaires pour éviter qu'ils (les requérants) restent à Dakar 48 h après la date prévue pour leur retour* ».

Trois mois plutôt la Cour d'appel de Bamako avait tranché dans le même ordre d'idée dans l'affaire *Yamégo contre Tunis Air*. Dans cette espèce précitée, Monsieur Yamégo MACAIRE a emprunté à Bamako la compagnie Tunis Air à destination de Prague. Lors d'une escale à Tunis, il a été débarqué de l'avion puis réembarqué pour Bamako sans motif valable par la police des frontières. La compagnie se défend en invoquant la force majeure, car

---

[377] N°03/2003/CM /UEMOA.

[378] C. A. Bamako, arrêt n°65 du 4/11/2009.

[379] Arrêt n°513, préc.

indépendamment d'elle, c'est la police « Arrivée-Frontière » qui vérifie les documents des passagers pour décider de la continuité du voyage ou du refoulement à l'escale de Tunis. La Cour d'appel de Bamako dans son arrêt infirmatif ne se laisse pas convaincre et retient la responsabilité du Tunis Air : « ... *Considérant que pour s'exonérer, Tunis Air invoque le fait de la police « Arrivée-Frontière » de Tunis (...) Considérant qu'en l'espèce, Tunis Air allègue sans apporter la preuve de la force majeure ou d'un fait présentant les caractères de la force majeure pouvant l'exonérer* »[380].

Cinq ans plus tard, le tribunal de la commune IV se meut dans cette mouvance à travers l'affaire *Mody TRAORE contre Sénégal Airlines* en 2015. Dans cette espèce, le sieur Mody TRAORE avait payé deux billets Bamako-Niamey-Bamako. Si le voyage aller s'est bien déroulé, il a été surpris de constater l'annulation du vol retour pour Bamako. Il fut contraint de payer un autre billet avec Air Burkina que la compagnie Air Sénégal Airlines refuse de lui rembourser. Le tribunal retient que : « *la compagnie Sénégal Airlines n'a pas fait la preuve que le défaut d'exécution du trajet Niamey-Bamako était dû à des circonstances extraordinaires qui n'auraient pas pu être évitées [...] il convient de déclarer le demandeur bien fondé en son action... en condamnant la compagnie Sénégal Airlines au remboursement de la valeur du billet payé...* »[381]. D'une bienveillance, la jurisprudence malienne tend vers une exagération, dans l'interprétation de l'article 20 de la Convention de Varsovie sur les causes exonératoires de responsabilité. De plus en plus, elle s'achemine vers un rejet de la forme majeure. Voyons à présent quelle posture adopteront les juges européens.

B. La jurisprudence Européenne

D'abord en France, le juge dans la même posture que son collègue malien, demeure rigoureux quant à l'exonération pour cause étrangère. C'est ainsi que la Cour de cassation française, dans l'affaire Gati précitée[382] estima que « *Les dépositions des témoins (...) ne constituaient pas à elles seules des éléments de preuve suffisants à établir la cause étrangère exonérant le transporteur de son obligation de sécurité* ». En Espagne, le Tribunal Suprême par un arrêt du 11 juin 1958, exonéra le transporteur au motif que « ...L*a compagnie a fait ce qui était en son pouvoir afin d'éviter l'accident qui se produisit de façon fortuite ou pour raison de force majeure* »[383]. Quant aux conditions météorologiques, elles ne sont exonératoires que si elles présentent les caractéristiques de la force majeure. Pour cela, leur intensité doit avoir été exceptionnelle eu égard à l'époque de l'année et au lieu[384]. C'est pourquoi la

380 C. A Bamako, Arrêt n°0361 du 23/06/2010.
381 TGI Commune IV., Bamako, jugement n°091du 11/5/2015.
382 Civ. 1ère, 11 juillet 1966, RFD aérien 1966, p.454.
383 Arrêt cité par N. DELEUZE, *Responsabilité du transporteur aérien de la communauté*, thèse préc., p.134.
384 B. MERCADAL, *op. cit.*, p.213.

Cour d'appel d'Aix affirma qu'« *un gel intense à la mi-janvier, notamment sur un trajet qui traverse des régions très froides, ne saurait constituer un cas force majeure »*[385]. De même, le brouillard, qui cause un retard à la livraison, n'était « *ni imprévisible, ni insurmontable »*[386] et le transporteur ne prouve pas qu'il lui était *impossible de prendre les mesures nécessaires* pour éviter le dommage[387]. Terminons par les situations particulières des atteintes à la sûreté des avions.

II. Le cas spécifique des atteintes à la sûreté de l'avion

Les atteintes à la sureté de l'aviation civile, notamment la piraterie aérienne, le terrorisme et les interceptions en plein vol, peuvent-elles être invoquées par le transporteur afin de s'exonérer sur le fondement de l'article 20 de la Convention de Varsovie, en considérant qu'il lui a été impossible de prendre les mesures nécessaires ?

En doctrine deux thèses s'affrontent. La première, soutenue par le Professeur GRELLIERE[388] conduit à l'exclusion de la cause étrangère, car la condition d'imprévisibilité n'est pas respectée eu égard à la fréquence des actes terroristes dans l'aéronautique civile. De ce postulat, on en déduit que d'autres mesures de sécurité supplémentaires auraient pu être prises. En revanche, la seconde défendue entre autres par Monsieur GARNAULT[389] examine les atteintes à la sûreté de l'aviation civile non pas strictement sur la posture de l'imprévisibilité, mais surtout sur celle de l'irrésistibilité. La controverse doctrinale s'est emportée dans la jurisprudence.

A. La jurisprudence hostile à l'exonération

Nous verrons successivement la piraterie aérienne et le terrorisme (1) et les interceptions de vols (2).

1. La piraterie aérienne

En cas de piraterie aérienne, c'est fondamentalement sur le fondement de « *la prévisibilité de l'évènement* » que se sont focalisés les magistrats pour écarter les demandes d'exonération des transporteurs reposant sur l'article 20 de la Convention de Varsovie. Dans l'affaire tristement célèbre, *Epoux Haddad*[390], relative au détournement d'un Airbus d'Air France sur Entebbe en Ouganda, le tribunal de Paris retint la responsabilité du transporteur. Les juges ont estimé que « *la fréquence des détournements d'avions ne permet pas de qualifier d'imprévisible la présence de terroristes à bord* ». Il ressort

---

385 Aix, 19 octobre 1988, BT 1989, p.435.
386 T. com. Bobigny, 29 janv. 1993 : BTL 1993, p. 312.
387 CA Bruxelles, 4 juill. 2003 : BTL 2005, p. 160.
388 V. GRELLIERE, thèse préc.,. p. 257 et s.
389 N. DELEUZE, Responsabilité du transporteur aérien de la communauté, thèse préc., p.141.
390 28 avril 1978, affaire Epoux Hadda, *RFD aérien*, 1979, p.329.

nettement de cette décision que l'imprévision, une des conditions de la force majeure était absente.

Dans l'affaire *Bornier* du 27 avril 1979 le tribunal de grande instance de Paris, estima que l'éventualité d'un acte de terrorisme constitue par sa fréquence actuelle « *un risque grave que tout transporteur aérien, soucieux de la sécurité de ses passagers ne peut plus se permettre d'ignorer* ». En conséquence, l'on s'achemine vers une prévisibilité normale qui s'apprécie généralement en fonction des circonstances concrètes rendant probables le dommage.

2. Les interceptions d'avion

Il arrive fréquemment que des avions civils survolent des zones interdites à la suite d'erreurs de trajectoires. Les statistiques[391] parlent d'elles-mêmes. En juillet 1955 un *Lockheed Constellation*, de la compagnie israélienne *El Al*, viole l'espace aérien bulgare et est abattu par des avions militaires faisant 58 victimes. En février 1973, un Boeing 727 de la compagnie libanaise Lybian Airlines assurant la liaison Tripoli - Le Caire est détruit par des chasseurs israéliens à la suite d'une incursion sur une zone militaire interdite au-dessus du Sinaï, 110 personnes furent tuées dans la tragédie. Cinq ans plus tard, en avril 1978, un appareil de la compagnie Korean Airlines s'est détourné de sa route et a pénétré dans l'espace aérien soviétique à la suite d'une erreur provenant de la défaillance des équipements de navigation ; pris en chasse par un avion militaire soviétique, il fut mitraillé et obligé à se poser. En juillet 1988, un Airbus A 300 iranien se rendant de Banda Abbas à Doubaï est mal identifié et abattu au-dessus du golfe persique par un navire de guerre américain, entrainant le décès de 290 personnes. En février 1996, deux aéronefs privés américains sont détruits par la *chasse* cubaine.

Pour pénétration non autorisée dans leur espace aérien, l'affaire du mitraillage de l'avion de la Korean Airlines (sus évoquée) par la chasse soviétique a fait l'objet d'un arrêt intéressant de la Cour de cassation française[392]. La Cour régulatrice a estimé que ces évènements n'étaient point imprévisibles dans la mesure où ce n'était pas la première fois qu'une telle erreur de trajectoire se produisait, ce qui pouvait entrainer « *des réactions sévères de la part d'une puissance d'autant plus stricte sur ses droits que le territoire survolé était particulièrement important d'un point de vue stratégique* ».

Ayant démontré le caractère *prévisible* de l'évènement, la Cour s'est attelée à prouver qu'il n'était nullement *irrésistible* puisqu'il aurait suffi, de se prémunir contre de telles défaillances techniques. Pour ce faire, il fallait se doter d'un système de guidage dit par *inertie*, recommandé pour éviter les erreurs de navigations, en particulier dans les régions polaires. Précisons que

---

[391] Pour les données statistiques N. DELEUZE, *Responsabilité du transporteur aérien de la communauté*, thèse, université Montpellier I, 2001, p.54.
[392] Civ. 1ère, 15 déc. 1981, *RFD aérien* 1982, p.215.

de nouveaux systèmes de localisation par satellite ont fait leur apparition ces dernières années, en particulier, le GPS américain (*Global Positioning System*) ainsi que le GLONNASS de la Fédération de Russie. Ils sont en train d'être remplacés par le GNSS (*Système Global de Navigation par Satellite*), qui permettra de déterminer en temps réel la position de l'avion, son cap, la distance jusqu'à destination ainsi que les écarts par rapport à la trajectoire souhaitée.

<u>B. La jurisprudence favorable à l'exonération de responsabilité</u>

Si les atteintes à la sécurité des aéronefs (attentats, détournement, capture illicite, prise d'otages...) sont, *prévisibles* compte tenu de leur fréquence, il n'en demeure pas moins qu'elles sont souvent *irrésistibles*, critère essentiel, caractéristique de la force majeure. Les évènements du 11 septembre 2001 ont démontré à suffisance qu'il était pratiquement impossible de prévenir ce type d'attentat tant les moyens des terroristes étaient sophistiqués.

C'est pourquoi une certaine doctrine et jurisprudence conclut que le seul critère de *l'irrésistibilité* devrait suffire à exonérer le transporteur de sa responsabilité. L'affaire *Epoux Haddad c. Cie Air France*[393] a fait l'objet d'un arrêt infirmatif[394]. Les juges d'appel considèrent que compte tenu des circonstances, notamment l'irruption d'un groupe de terroristes armés et décidés, « *il était impossible de prendre toutes les mesures nécessaires pour éviter le dommage* ». En outre continuent-ils, que l'on ne pouvait résister aux agresseurs sans « *péril de mort* », la faute incombe donc à un manque de vigilance des autorités qualifiées de l'aéroport d'Athènes (escale au cours de laquelle sont montés les terroristes). La solution fut maintenue lors du pourvoi en cassation, en février 1982[395]. Il est loisible de constater que les juges d'appel et de cassation ne font aucune allusion à la notion *d'imprévisibilité,* critère qui pourtant avait motivé la décision des juges d'instance. Cette position est bien défendable, car conforme au droit commun. Pour la Cour de cassation « *L'irrésistibilité de l'évènement est, à elle seule, constitutive de la force majeure lorsque sa prévision ne saurait permettre d'en empêcher les effets, sous réserve que le débiteur ait pris toutes les mesures requises pour éviter la réalisation de l'évènement* »[396].

Toutefois, depuis 2008 la Cour de cassation exige que la force majeure soit caractérisée par un évènement à la fois imprévisible et irrésistible : « *seul un évènement présentant un caractère imprévisible, lors de la conclusion du contrat et irrésistible dans son exécution, est constitutif d'un cas de force majeure* »[397]. Face à cette tendance des juges à exonérer le transporteur de sa

---

[393] Le tribunal de Paris avait retenu la responsabilité du transporteur.
[394] Voir Cour d'appel de Paris, 1èreCh. section A, 19 juin 1979, *aff. Époux Haddad*, RFD aérien, 1979, p. 327.
[395] Cass. Civ 1ère, 16 fév. 1982, Epoux Haddad, Bull civ. I, n°73, p.63.
[396] Civ.1ère, 7 mars, Bull. civ. I, n°166 ; Com., 30juin 2004, Bull. civ IV, n°144.
[397] Civ.1ère 30 oct.2008, n°07-17134, Bull.civ.I, n°243.

responsabilité en cas d'atteintes à la sureté de l'aviation civile, notamment le terrorisme, des voix[398] s'élèvent de plus en plus pour que soit engagée la responsabilité des autorités aéroportuaires et de l'État de façon générale.

De tout ce qui précède, il demeure une ambiguïté fondamentale dans l'interprétation de l'article 20 de la Convention de Varsovie. Il reste à savoir quelle sera la part contributive de la faute de la victime dans la réalisation du dommage.

SECTION II. LA FAUTE DE LA VICTIME

La réalisation du dommage ne résulte pas que de l'apanage du comportement du seul transporteur. Les agissements de la victime peuvent avoir joué un rôle causal dans la réalisation du préjudice. C'est ainsi que la Convention de Varsovie permet au transporteur de s'exonérer de sa responsabilité en rapportant la preuve de la faute de la personne lésée. Si elle a causé le dommage ou y a contribué, la faute de la victime amènera le juge à exonérer le transporteur de sa responsabilité ou à atténuer celle-ci. Cela va nécessiter une *autorisation* de la loi du *for* conformément à l'article 21 de la Convention de Varsovie. De larges raisons d'équité justifient une telle clémence à ce que la responsabilité du transporteur ne soit aussi sévère à l'égard d'une personne qui a contribué au dommage. Bien connu du droit commun malien, l'article 121 alinéa 1er du RGO dispose que : « *La faute de la victime atténue la responsabilité de l'auteur du dommage dans la mesure où elle a concouru à le causer* ». Pour s'exonérer de sa responsabilité, le transporteur devra prouver d'une part, la faute de la personne lésée (I) et d'autre part, la relation de cause à effet entre le dommage et cette faute (II).

Paragraphe I. La preuve de la faute de la victime

L'article 21 Convention de Varsovie vise expressément « *le cas où le transporteur fait la preuve que la faute de la personne lésée a causé le dommage ou y a contribué* » · Cependant ce texte ne fournit aucune précision non seulement s'agissant de la détermination de la personne lésée, mais aussi de la définition de la notion de faute. Avant de caractériser cette faute, il convient au préalable de clarifier la notion de faute (I) ainsi que celle d'auteur de la faute (II).

I. La notion de faute

Le flou entourant la notion de faute pourrait être source d'insécurité juridique.

---

[398] Voir notamment N. DELEUZE, Thèse prec.

A. Une notion « *desunificatrice* »

L'existence de cette cause d'exonération dépend de la définition de la loi du *for*. C'est d'ailleurs pourquoi, Emmanuel Du PONTAVICE estime que, contrairement à l'exonération de l'article 20, il s'agit, non pas d'une *règle matérielle*, mais plutôt d'une *règle de conflit*[399]. Il est évident que la définition de la faute varie en fonction de la législation interne de chaque pays et c'est là que la Convention de Varsovie a fait l'objet d'une « *désunification* » extraordinaire en ouvrant la « boite de pandore ». Tout dépend en réalité de la loi du tribunal saisi. L'article 125 du RGO malien définit la faute comme « *un manquement à une obligation préexistante de quelque nature qu'elle soit* ». Pour Monsieur GRELLIERE le baromètre de la faute de la personne lésée sera sa « *conduite anormale, en particulier lorsqu'elle passe outre aux prescriptions du contrat de transport* »[400]. Ainsi commet une faute le passager qui n'attache pas sa ceinture de sécurité dès lors qu'il a été expressément averti de le faire[401] ou qui place des bijoux de valeur dans des bagages enregistrés[402].

B. La distance du droit malien

La grande difficulté soulevée va porter sur la démence ou l'inconscience de la victime, auteur de la faute. C'est l'exemple du dément ou de l'enfant à bas âge qui cause l'accident de l'avion. En droit malien, le transporteur ne pourrait point s'exonérer en évoquant la faute de la victime inconsciente. En effet, de façon rétrograde, l'article 128 du RGO déclare qu' : « *Il n'y a pas de faute si l'auteur du dommage était de par son état naturel dans l'impossibilité d'apprécier son acte* ». Nous plaidons qu'avec l'évolution des mœurs, le juge malien pourrait s'affranchir de cette rigueur textuelle afin d'adopter une interprétation proche du droit français[403]. Cependant pour avoir une position confortable, le transporteur peut invoquer la force majeure dans ce cas précis[404]. Il ne s'agit pas seulement de démontrer la faute de la personne lésée, mais aussi de prouver sa part contributive dans la réalisation du dommage.

---

[399] Pour l'auteur, la règle de conflit tend « *à régler les conflits internationaux de lois de droit privé* » Au contraire le procédé « *de la règlementation matérielle tend à résoudre par lui-même le problème posé sans passer par le canal de la désignation préalable d'une loi applicable.* », Traité de droit aérien, *op. Cit.*, p.1201, n°2784.

[400] Voir V. GRELLIERE, *La responsabilité du transporteur aérien international*, Thèse prec., p.263.

[401] Déc. citée par SUNDBERG, RFD aérien 1974, p. 362.

[402] CA Aix-en-Provence, 3 avr. 1987 : Lamy transport 2, 2004, n° 2120.

[403] L'article 489-2 du code civil depuis la loi du 3 jan.1968 a éliminé de la faute tout élément subjectif, on a parlé d'objectivation de la faute.

[404] V.T. G. I. Paris, 27 juin 1969. R. F. D. A. 1969. 325 : dans l'hypothèse d'un suicide le tribunal invoque cumulativement les articles20 21.

II. L'auteur de la faute

L'article 21 ciblant « *la personne lésée* » auteur du dommage, s'applique dans tous les cas de responsabilité. De prime à bord, il faut préciser que la personne lésée peut être aussi bien une personne morale qu'une personne physique. En conséquence, la victime serait soit le passager en transport de personnes et de bagages enregistrés, soit l'expéditeur ou le destinataire en transport de marchandises. En outre, il s'agira de leurs ayants cause et par extrapolation toutes les personnes qui à titre quelconque subiront un préjudice résultant de la mauvaise exécution du contrat de transport. La faute peut être personnelle ou commise par un représentant. Celle de l'expéditeur est opposable au destinataire[405]. Toutefois, la faute d'un tiers n'est prise en compte qu'au titre de l'article 20 si elle est constitutive de force majeure. Il ne s'agit pas seulement de démontrer la faute de la personne lésée, mais aussi de prouver sa part contributive dans la réalisation du dommage.

Paragraphe II. La preuve du lien de causalité

Après avoir démontré les causes du dommage, notamment qu'il résulte en tout ou partie de la faute de la victime ou de la personne lésée, le transporteur doit enfin établir le lien de causalité entre cette faute et le dommage subi par la personne en question. Il en sera ainsi non seulement pour le transport de voyageurs, mais aussi pour celui des marchandises.

I. Dans le transport de personnes

Le transporteur dispose d'une option : soit il prouve que la faute de la victime a causé le dommage, soit que cette faute a contribué à sa réalisation. Dès lors le rôle causal de la faute va prendre une place particulière. Ainsi, si le fait pour un passager de ne pas attacher sa ceinture de sécurité, il appartient cependant au transporteur d'apporter la preuve qu'elle ne l'était pas[406]. Il en est de même pour le passager de placer en soute des médicaments pour le cœur sans en conserver sur soi une quantité suffisante[407]. Toutefois, le lien de causalité entre la faute et le dommage ne peut être établi si l'avion s'est écrasé, car on peut raisonnablement estimer que la ceinture soit attachée, le décès du passager n'aurait pu être évité. La faute de la victime a été différemment caractérisée par les juridictions de fond au Mali. D'abord par l'interprétation presqu'erronée du tribunal de la commune II refusant d'admettre une quelconque faute des passagers. Ensuite, la clairvoyance de la Cour d'appel de Bamako qui provient d'une saine interprétation de l'article 21 Convention de Varsovie. Dans une espèce de 2009(susvisée), les époux SAOUD, de nationalité Koweitienne en visite privée à Bamako, ont refusé de se soumettre

---

[405] CA Paris, 10 nov. 1988 : Lamy transport 2, 2004, n° 2120.

[406] Juge Beyrouth, 27 mai 1974 : RFD aérien 1975, p. 403.

[407] *Queen's Bench* division Calgary 5 août 1981 : Rev. dr. uniforme 1982-2, p. 146).

à une fouille corporelle, et ont été empêchés d'embarquer. En effet, l'agent de *SECURICOM* avait exigé l'enlèvement du voile porté par Madame SAOUD pour la fouille traditionnellement pratiquée dans les aéroports. Devant son refus, ils n'ont pu embarquer. Le couple reproche à la RAM d'avoir manqué à ses obligations en n'empêchant pas cette fouille. Contre toute attente, le tribunal de première instance de la Commune II de Bamako accepte cette demande en condamnant la RAM au paiement de la somme d'un million cinq cent mille francs (1500.000CFA) à titre de dommages et intérêts.[408] En revanche, la Cour d'appel ne se laisse point convaincre. Elle infirme ce jugement en invoquant entre autres la faute de Madame SAOUD prévue par l'article21 Convention de Varsovie :

« *Considérant que la fouille corporelle est prévue par les normes internationales ratifiées par le Mali [...] Qu'en dérogeant à cette règle, les époux SAOUD ont délibérément choisi de renoncer à leur embarquement ; que* ***leur comportement s'assimile à une faute qui exonère****, le transporteur aérien de toute responsabilité conformément à l'article 121 du Régime Général des Obligations* »[409].

Le tribunal d'instance de la Commune II pensait avoir compris la « sanction » de la Cour. Se montrant plus conciliant, un plus an plus tard, il se conforme à la position de la Cour d'appel, en acceptant d'exonérer le transport sur la base de la faute de la victime. En effet, dans une espèce de 2013, Madame Salimata KONE dite Sylvie se fractura la cheville au moment d'embarquer dans l'avion. Se fondant sur l'article 17 de la Convention de Varsovie, elle reproche à la compagnie d'avoir mis à la disposition des passagers, une passerelle glissante.

Pour sa défense, la compagnie met en cause « *l'habillement encombrant* » de la victime : « *Que le fait pour la requérante de mettre un grand boubou pour prendre l'avion, habillement qui vraisemblablement a causé sa chute, car s'y étant pris les pieds, relève à l'évidence d'un comportement de négligence doublé d'imprudence...* ». Dans une interprétation plus fidèle des textes internationaux, le tribunal tranche en retenant non seulement la faute de la victime, mais aussi le lien de causalité avec l'accident :

« *Mais attendu que, parmi plus de la centaine de passagers, elle est la seule à glisser et à chuter, ce qui selon toute vraisemblance atteste comme l'a soutenue la défenderesse, qu'elle a dû se faire prendre les pieds dans son boubou, tenue inappropriée pour un voyage en avion ; Que de ce qui précède, la preuve du moindre fait imputable à la compagnie RAM n'étant rapportée, il convient en application de l'art 140 du Code d'aviation civile du Mali et de l'article 20 de la Convention de Montréal, de déclarer la défenderesse exonérée de toute responsabilité et de rejeter la demande comme mal fondée* »[410].

---

[408] T. commune II, Jugement N°200 du 15/04/2009.

[409] C. A. Bamako, arrêt N°75 du 25/01/ 2012.

[410] TPI. Commune II, jugement n°442 du 02/07/2014.

Il faut se réjouir d'une telle interprétation. En clair le transporteur doit pouvoir se libérer s'il prouve que la faute du voyageur blessé constitue le fait générateur du dommage ou y a exclusivement concouru. À notre connaissance, c'est la première fois qu'un juge retient le « **comportement vestimentaire** » d'un passager pour caractériser sa faute. Comme pour dire qu'il n'est jamais tard pour bien faire, le tribunal de la Commune II se rapproche de la position du juge anglo-saxon. C'est une jolie combinaison du droit interne et internationale notamment le Code de l'aviation civile et la Convention de Montréal. Toutefois, c'était sans compter sur « les flottements » de la Cour d'appel, qui affiche une nouvelle « position de rigueur » en rupture avec sa propre jurisprudence antérieure.

Mécontente, Madame SANOGO Salimata KONE interjeta appel. Deux ans plus tard, ne donnant aucune porte de sortie à la compagnie, ce jugement du tribunal de la Commune II fut infirmé par la Cour d'appel. Sans convaincre, la Cour décide : « *Qu'en ne retenant pas la responsabilité de la compagnie Air Royal Maroc [...] le Tribunal Civil de la Commune II du district de Bamako a mal interprété les conventions internationales applicables dans le cas d'espèce et expose sa décision à la censure de la cour d'Appel de Bamako* »[411].

Dans cette querelle d'interprétation, qui de la Cour d'appel et du tribunal d'instance a fait une interprétation conforme aux textes ? Nous pensons qu'en excluant la part contributive voir exclusive de la victime dans la réalisation du dommage, la motivation de la Cour d'appel pêche par sa mauvaise interprétation des Conventions internationales. Du moment où, aucune preuve n'est rapportée par rapport à l'état glissant de la passerelle, ni aucune preuve du moindre fait imputable à la compagnie, il aurait été juridiquement galant, d'exonérer la compagnie de toute responsabilité, tout au moins la déclarer partiellement responsable. La Cour d'appel procède là d'une « *interprétation fonctionnelle* »[412] qui donne au texte la signification qui lui permettra de remplir la fonction qu'on lui attribue. Sans être partisan de l'école de l'exégèse, nous pensons qu'il s'agit là d'un passage en force qui ne dit pas son nom.

En réalité, la Cour d'appel s'appuie sur une *diligence absolument idéale*[413] d'après laquelle, la seule survenance du dommage justifie à prouver que toutes les mesures nécessaires n'ont pas été prises. Toute chose qui nous met en face d'une responsabilité strictement absolue du transporteur ne pouvant bénéficier d'aucun moyen d'exonération.

En accord avec KELSEN[414], toute norme contient plusieurs significations entre les quelles le choix serait une « *question de politique juridique* ». D'après

---

[411] CA Bamako, n°1007 du 16/11/2016.

[412] J.-L. AUBERT, *Introduction au droit et thèmes fondamentaux du droit civil*, 16ème éd., Armand Colin, èd.,2016, n°127.

[413] L'expression est de A. SERIAUX, « La faute du transporteur », édition ECONOMICA, 1998, p. 11.

[414] Cité par J-. L. BERGEL, *op. Cit.*, p. 248.

l'auteur, l'interprète pourrait alors retenir « le *sens le plus utile du texte* » au moment de son interprétation. Et le juge malien aborde dans ce sens, car pour lui le sens le plus utile de l'article17 de la Convention de Varsovie est de privilégier la réparation du préjudice résultant d'un accident survenu dans l'aérodrome.

En principe tout comportement fautif, même inconscient doit pouvoir exonérer ou limiter la responsabilité du transporteur. Toutefois, un tel comportement ne saurait prospérer au Mali, car la faute disparait « *si l'auteur du dommage était de par son état naturel dans l'impossibilité d'apprécier son acte* » (art. 128 RGO). On en déduit que la « *faute* » de l'article 21 de la Convention de Varsovie est nécessairement « volontaire » au Mali. Une fois la faute de la victime établie, elle devient co-responsable du dommage qu'elle a subi. Le tribunal saisi pourra prononcer une exonération totale, (ce que fait le tribunal de la Commune II) ou partielle du transporteur. À ce propos, il existe une large contradiction entre le droit continental et la *Common law* (voir *infra*).

II. Dans le transport de marchandises

Le Protocole de la Haye du 28 sept 1955, introduit une nouvelle cause d'exonération conventionnelle en cas de « *perte ou de dommage résultant de la nature ou du vice propre des marchandises transportées* » (art. 23 alinéa 2 Convention de Varsovie). La jurisprudence française estime que cette clause vaut uniquement pour les marchandises et non pas pour les bagages enregistrés[415]. Dès lors, le transporteur pourrait s'exonérer en établissant le lien de causalité entre la nature ou le vice propre de la marchandise (denrées périssables, objet fragile ou cargaison dangereuse) et le dommage. Toutefois, ce lien disparait lorsque le dommage provient du retard ou d'une faute au sens de l'article 25[416]. Le défaut d'emballage peut constituer un cas exonératoire de responsabilité. Pour ce faire, le transporteur doit prouver que le préjudice provient de la seule faute dans l'emballage, sa propre négligence ne devant avoir nullement concouru à la réalisation du sinistre. Dans une affaire où seulement 4 colis sur 480 ont été endommagés, la Cour d'appel de Paris a jugé que le conditionnement était donc suffisant ; par conséquent, le transporteur n'a pas pu se libérer de sa responsabilité en invoquant le mauvais emballage par l'expéditeur[417]. Selon Monsieur GRELLIERE, la nature ou vice propre de la marchandise, concerne « *tout caractère interne à l'objet qui rend compte du dommage* »[418]. Concluant que vice propre et nature de chose sont synonymes, Emmanuel Du PONTAVICE définit alors le vice propre comme

---

[415] Notamment : Cass. com., 28 nov. 1997 : BTL 1998, p. 63.

[416] V. J.-Cl. Responsabilité civile et Assurances, Fasc. 460-20, n° 60 ou Civil Code, Art. 1382 à 1386, Fasc. 460- 20.

[417] CA Paris, 5ème ch., 16 nov. 2006, no 03/22312, Air France Cargo c/ Dassault Aviation et a., BTL 2006, p. 743.

[418] V. GRELLIERE, *La responsabilité du transporteur aérien international*, Thèse préc.,

« la *propension naturelle de la chose à se détériorer sous l'effet normal du voyage.* »[419]

On retrouve ainsi au niveau communautaire la solution donnée par le droit OHADA[420] notamment l'article 8 paragraphe 2 qui exclut la responsabilité du transporteur routier de marchandise, lorsque l'avarie provient d'un vice propre de la cargaison : « *L'expéditeur est tenu de réparer le préjudice subi par le transporteur (...) lorsque ce préjudice a pour origine le vice propre de la marchandise...* ». En fin il faut mentionner que la freinte de route[421] « *ne doit être prise en compte comme constituant un déchet inhérent à la nature de la marchandise transportée qu'autant qu'elle correspond à une durée de transport normale* »[422]. Dans un contexte de sécurité accrue du transport aérien, l'évolution s'est achevée par l'instauration d'un régime de responsabilité absolue par l'adoption de la Convention de Montréal. Dès la réalisation du dommage, on conclut à la responsabilité du transporteur, même si sa faute n'est pas prouvée.

---

419 E. Du PONTAVICE, *op. cit*,, n° 2791.

420 Acte uniforme relatif au contrat de transport de marchandises par route, du 22 mars 2003.

421 Diminution de poids ou de volume de la marchandise transportée par évaporation, coulage, tamisage ou dessiccation.

422 CA Paris, 30 mai 1975 : BT 1975, p. 299 ; RFD aérien 1975, p. 395.

CHAPITRE II

… AU DURCISSEMENT DU « SYSTÈME MONTRÉALAIS »

La Convention de Montréal fait incontestablement œuvre novatrice en introduisant la responsabilité objective dans le contrat du transport aérien, alors que la responsabilité contractuelle demeurait jusque-là fondée sur l'existence de la faute. Cette *révolution*[423] s'insère parfaitement dans le mouvement d'objectivation de la responsabilité, tendant à se généraliser en droit des obligations et spécifiquement en droit des transports. Fruit d'un excellent compromis entre les partisans d'une responsabilité automatique ou absolue, illimitée dans son montant et les tenants d'un *statu quo* du système Varsovien, le nouveau régime instaure dans le transport de passagers une responsabilité à double niveau d'exonération (Section 1).

À la lecture de l'article 20 de la Convention de Montréal, le transporteur peut s'exonérer de tout ou partie de sa responsabilité en prouvant « *que la négligence ou un autre acte ou omission préjudiciable* » de la victime ou ses ayants droit « *a causé le dommage ou y a contribué* ». Le Professeur TOSI parle de « *cause générale d'exonération* »,[424] car elle joue dans tous les cas de responsabilité. Cependant chacun des autres cas de responsabilité notamment, perte, avarie et retard ont fait l'objet de réglementations spéciales quant aux causes d'exonération. On notera enfin que le renvoi à la loi du *for* sur la question du partage éventuel des responsabilités fut supprimé dans la Convention de Montréal, cette possibilité existera en toute hypothèse peu importe l'autorisation de la loi du *for* (Section 2).

SECTION I. L'INSTAURATION D'UNE RESPONSABILITÉ OBJECTIVE

Alors, que la Convention de Varsovie avait institué à la charge du transporteur une présomption de faute susceptible d'être combattue, les

[423] N. DELEUZE, thèse préc. N°78, p.80.
[424] J. P. TOSI, *op. Cit.*, fasc.460, n° 208.

auteurs de la Convention de Montréal rompirent volontiers avec les principes classiques varsoviens en procédant à une réduction drastique des causes d'exonération. Au-delà du transport d'objets (II) c'est surtout dans le transport de passagers que les changements introduits par la Convention de Montréal sont les plus significatifs (I)

Paragraphe I. Les dommages corporels : le décès ou la blessure

Le transporteur doit pouvoir se libérer s'il prouve que la faute du voyageur blessé ou décédé constitue le fait générateur du dommage ou y a concouru. En cas de décès ou de lésion corporelle, l'article 21 de la Convention de Montréal met en place un régime comportant deux niveaux de responsabilité. L'alinéa 1er de l'article 21 concerne « *les dommages ne dépassant pas 100.000DTS par passager* » (A) tandis que son second alinéa s'adresse aux « *dommages... dans la mesure où ils dépassent 100.000 DTS » (B).*

I. Les dommages ne dépassant pas 100.000DTS

Consacrant le principe d'une véritable responsabilité objective du transporteur aérien, la Convention de Montréal a supprimé quasiment toute possibilité d'exonération pour le transporteur, du moins jusqu'à hauteur de 100 000 droits de tirage spéciaux de dommages. Ainsi, en cas de dommage inférieur ou égal à 100 000 DTS par passager, le transporteur n'est pas en droit d'exclure ou de limiter sa responsabilité. Le seul moyen de défense laissé au transporteur est la preuve que le dommage a été causé par *la négligence ou un autre acte ou omission* du passager lui-même (art. 20). Autrement dit, seule la preuve de la « *négligence, d'un acte ou d'une omission* » de la personne qui demande réparation, ou de celle dont elle tient ses droits, à l'origine du dommage permet au transporteur de s'exonérer « *en tout ou partie de sa responsabilité* » conformément à l'article 20. Deux remarques vitales s'imposent :

En premier lieu, l'on s'aperçoit que tout autre moyen d'exonération du transporteur, autre que la faute de la victime a donc disparu des nouveaux textes. En conséquence, la faute de la victime devient le seul et l'unique moyen d'exonération en transport de passagers. Cette logique semble être parfaitement comprise au Mali par le juge d'instance[425] à la différence de celui de la Cour d'appel. L'abandon des moyens d'exonération classiques de responsabilité constitue à en pas douter, l'une des innovations majeures du nouveau régime. Des hypothèses ordinairement constitutives de force majeure comme les cataclysmes naturels ou la guerre n'ont désormais aucun effet sur la responsabilité du transporteur aérien. Une telle posture prend le contrepied du droit commun, car le transporteur répond même de la force majeure et du fait des tiers. C'est ce qui conduira certains à employer la notion de « *régime*

[425] Jugement N°442, préc.

exorbitant de droit commun ».[426] Il est ainsi du droit malien qui prévoit, dans le cadre de la responsabilité contractuelle de l'article 135 du RGO, que le débiteur est libéré lorsqu'il justifie *la force majeure* autrement dit, d'après l'article 120 du RGO la responsabilité disparait en présence d'une *force majeure ou d'un cas fortuit.* En revanche, dans le transport aérien, précisément lors des dommages causés aux tiers à la surface, l'exploitant de l'aéronef ne peut atténuer ou écarter sa responsabilité que *par la preuve de la faute de la victime*[427].

Les conventions internationales et le droit communautaire adoptent très généralement le même principe d'exonération. C'est ainsi que dans le transport routier de marchandises, l'article 17 alinéa 1er de l'Acte uniforme OHADA portant sur le contrat de transport de marchandise par route à l'instar de la Convention de Montréal[428] admet l'exonération du transporteur lors de *circonstances [qu'il] ne pouvait éviter et aux conséquences desquelles il ne pouvait remédier.* On comprend aisément donc que cette réduction drastique des causes d'exonération en cas de dommage corporels n'excédant 100.000 DTS, a pour but d'éviter que les victimes d'accident ne soient pas dédommagées. Ce qui est d'ailleurs conforme à deux des objectifs de la Convention de Montréal qui visent d'une part *à assurer la protection des intérêts des consommateurs dans le transport aérien international, et d'autre, l'acheminement sans heurt des passagers, des bagages et des marchandises*[429]. Au final, il s'agit en réalité d'un *système ultra protecteur des victimes* découlant d'un système de responsabilité objective fondée sur le risque lié à l'activité du transporteur. Décidément la théorie du risque[430] plaidée par SALEILLES et JOSSERAND a atteint son paroxysme.

En second lieu, il convient de relever que cette notion de *faute de la victime,* déjà présente dans la Convention de Varsovie (art.21) a été remplacée par celle *d'acte ou omission préjudiciable* de la victime dans la Convention de Montréal (art. 20) : « *Dans le cas où il fait la preuve que la négligence ou un autre acte ou omission préjudiciable de la personne qui demande réparation (...) a causé le dommage ou y a contribué, le transporteur est exonéré en tout ou en partie de sa responsabilité... ».* Nul doute que le débat de l'interprétation de la faute de la victime (stricte ou extensive) va resurgir. On pourrait partir des *faits de la victime* pour y assimiler *ses omissions* conformément à l'interprétation extensive de la jurisprudence relative à l'article 21 de la Convention de Varsovie[431]. Sur ce point, la jurisprudence

[426] N. DELEUZE, thèse préc., n°84, p.86.
[427] Art.36 du Code de l'aviation civile du Mali.
[428] Convention de 1956sur le transport de marchandises par route communément appelée la CMR.
[429] Voir préambule de la convention de Montréal.
[430] La théorie du risque apparait avec SALEILLES (les accidents du travail et la responsabilité civile) et JOSSERAND (la responsabilité du fait des choses).
[431] Voir Juge Beyrouth, 27 mai 1974, op.cit., la faute d'un passager de ne pas attacher sa ceinture de sécurité ; V. CA Aix-en-Provence, 3 avr. 1987, Lamy transport 2, 2004, n° 2120, commet une faute le passager qui place des bijoux de valeur dans des bagages enregistrés.

malienne est impatiemment attendue ; il y a une forte probabilité que la Cour suprême tout comme la Cour de justice de la communauté UEMOA adopte une *interprétation large* de la notion de faute de la victime.

II. Les dommages excédant 100 000 DTS

Au-delà du seuil de 100 000 DTS, la Convention de Montréal abandonne la responsabilité absolue. À cet effet, l'article 21 alinéa 2 est on ne peut plus clair : « *Le transporteur n'est pas responsable des dommages (...) dans la mesure où ils dépassent 100 000 droits de tirage spéciaux par passager...* ». Le transporteur va donc retrouver une partie de ses droits[432] lui permettant de s'exonérer en cas d'absence de faute de sa part ou du fait d'un tiers. Quelles en sont les conditions (A) et quelles conséquences peuvent-elles en découler (B) ?

A. Les conditions

Deux grandes conditions s'imposent pour le bénéfice de cette exonération. Aux termes de l'article 21 alinéa 2 de la Convention, le transporteur n'est pas responsable des dommages dépassant 100 000 DTS lorsqu'il il prouve que :

- le dommage n'est pas dû à la négligence ou à un acte ou omission préjudiciable de lui-même, de ses préposés ou de ses mandataires ;
- ces dommages résultent uniquement de la négligence ou d'un autre acte ou omission préjudiciable d'un tiers.

B. Les conséquences

De toute évidence, on retrouve la substance du moyen traditionnel de défense de l'article 20 de la Convention de Varsovie, même si la formulation a été renouvelée alors qu'en matière de retard le choix a été fait de reprendre le texte d'origine en l'assouplissant (*Infra*). Nous pensons à l'instar du Professeur TOSI que la formulation de l'article 21 alinéa 2 ne fait place qu'à une exonération totale du transporteur[433]. Toutefois, en cas de pluralité de causes du dommage, l'exonération du transporteur disparait.

Paragraphe II. Le transport de biens

En cas de perte ou avarie des objets transportés, marchandises (I) ou bagages (II), le transporteur en plus de la faute de la victime dispose d'autres moyens de libération.

---

[432] Y compris la limitation conventionnelle, B. MERCADAL, *Transports aériens*, *Répertoire de droit commercial*, p.253, n°210.
[433] J.P.TOSI, *op. Cit.*, n°214.

I. Les marchandises

La Convention de Montréal consacre un régime de responsabilité pour risques assorti d'un nombre limité d'exceptions. Ainsi, conformément à son article 18 alinéa 2, le transporteur peut s'exonérer de sa responsabilité en établissant que le dommage résulte de l'un ou de plusieurs des quatre faits suivants :

a) la nature ou le vice propre de la marchandise ;

b) l'emballage défectueux de la marchandise par une personne autre que le transporteur ou ses préposés ou mandataires ;

c) un fait de guerre ou un conflit armé ;

d) un acte de l'autorité publique accompli en relation avec l'entrée, la sortie ou le transit de la marchandise.

Il y a lieu de rappeler que ces quatre cas d'exonération de responsabilité sus visés constituent une réplique de ceux qui avaient été introduits par le protocole n° 4 de Montréal en 1975. En plus, d'après Monsieur LETACQ[434], l'exonération de portée générale de l'article 20 (la faute de la victime) vaut, aussi pour les marchandises, même si la faute de l'ayant droit se résume dans bien des cas en une simple faute d'emballage. Cependant, continue l'auteur, que la cause libératoire pointée par l'article 18-2-b serait plus large que la faute de l'ayant droit à la marchandise, car elle vise toutes les personnes qui ont procédé à l'emballage autres que le transporteur, ses préposés et ses mandataires. Par ailleurs, lors d'une catastrophe naturelle ou d'un acte de piraterie aérienne, Monsieur TOSI signale que le transporteur ne saurait se libérer en prouvant son *absence de faute*[435]. Le mécanisme est analogue à ceux des cas exceptés de la Convention de Bruxelles[436] du 25 aout 1924 ou de la CMR, mais réduits au minimum.

II. Bagages enregistrés

À la différence de la Convention de Varsovie, celle de Montréal dispose clairement que « *dans le cas* ***des bagages non enregistrés****, notamment des effets personnels, le transporteur est responsable si le dommage résulte de sa faute ou de celle de ses préposés ou mandataires* »[437]. En l'absence de toute présomption, la responsabilité du transporteur pour les bagages à main ne peut être retenue que sur la base **de la preuve de sa faute**, même s'il ne s'agit pas d'un cas d'exonération *stricto sensu.* En revanche, s'agissant des bagages enregistrés, l'article 17 alinéa 2 crée un cas spécifique d'exonération résultant

---

434 F. LETACQ, fasc.925, *op. Cit.*, n°82, p.109.

435 TOSI, *op. Cit.*, n°209, p.195.

436 La Convention de Bruxelles (transport de marchandises) énumère de cas exceptes tenant à des évènements extérieurs : périls, dangers ou accidents de la mer ; acte de Dieu, faits de guerre, faits d'ennemis publics, arrêt ou contrainte de prince, autorités ou peuple, ou saisie judiciaire, restriction de quarantaine, grevés, lock-out ou autres entraves au travail, émeutes ou troubles civils …

437 Art. 17 alinéa de la Convention de Montréal.

de la « *nature ou du vice propre des bagages* ». Cette cause d'exonération ne découle pas de la convention des parties, mais de la Convention de Montréal elle-même, contrairement au régime de l'article 23, alinéa 2, de la Convention de Varsovie modifié par le Protocole de la Haye. À cela, il convient d'ajouter la faute de l'ayant droit posée en termes généraux par l'article 20, lequel vaut non seulement pour les personnes, les choses, mais aussi pour le retard. C'est le seul cas de retard (transport de passagers, de bagages ou de marchandises) où est repris le régime de l'ancien article 20 de la Convention de Varsovie. Aux termes de l'article 19, le transporteur « *n'est pas responsable du dommage causé par un retard s'il prouve que lui, ses préposés et mandataires ont pris toutes les mesures qui pouvaient raisonnablement s'imposer pour éviter le dommage, ou qu'il leur était impossible de les prendre* ».

C'est le maintien du système de la « *due diligence* » du droit anglais très favorable au transporteur. En principe, le transporteur n'a plus besoin de prouver la cause précise du dommage, sa responsabilité est allégée, il se libère par la preuve de sa diligence. Il devient plus simple pour le transporteur de prouver son absence de faute que de prouver *la prise des mesures nécessaires.* Toutefois Monsieur SERIAUX[438] se méfiait de l'interprétation exagérée de la jurisprudence française, qui exige la preuve de la cause précise du dommage pour démontrer l'absence de faute du transporteur. La faute de la victime une fois établie, il reste à vérifier son incidence quant au partage de la responsabilité.

SECTION II. L'INCIDENCE DE LA FAUTE DE LA VICTIME

La question du partage des responsabilités, abandonnée à la loi du *for* dans la Convention de Varsovie fait l'objet de dispositions particulières, dans la Convention de Montréal. La première phrase de son article 20 est limpide :

« *Dans le cas où il fait la preuve que la négligence ou un autre acte ou omission préjudiciable de la personne qui demande réparation ou de la personne dont elle tient ses droits a causé le dommage ou y contribué, le transporteur est exonéré en tout ou en partie de sa responsabilité à l'égard de cette personne, dans la mesure où cette négligence ou cet autre acte ou omission préjudiciable a causé le dommage ou y contribué* ». Nous examinerons le rôle exonératoire du fait de la victime (paragraphe I) ainsi que les modalités de partage qui lui sont inhérentes (Paragraphe II).

Paragraphe I. Le rôle exonératoire attaché à la faute de la victime

La faute de la victime ne sera prise en considération pour aboutir à l'exonération de la responsabilité du transporteur ou à un partage de responsabilité que si la loi du tribunal saisi le prévoit. On se rappelle que

---

[438] A. SERIAUX, *La faute du transporteur*,2èmeéd., Economica, 1998, p.34 et s.

l'article 21 de la Convention de Varsovie avait renvoyé à la *lex fori* la latitude de déterminer l'incidence de cette faute. La raison tient aux particularités du droit anglo-saxon de l'époque. Tirant les enseignements des désaccords jurisprudentiels (I), les rédacteurs de la Convention de Montréal de 1999 ont décidé de s'assumer en tranchant la controverse (II).

I. Les désaccords jurisprudentiels

La plupart des États ayant des systèmes juridiques différents, le renvoi de la question du partage de la responsabilité allait davantage envenimer les antagonismes. Les résistances nationales puisaient leur source dans la conception divergente des droits continentaux et de la *Common law*.

A. Le droit continental

Le système juridique des pays dits de droit continental notamment français, belge, allemand, italien, luxembourgeois permet au transporteur de pouvoir bénéficier soit d'une atténuation de responsabilité soit d'une exonération totale. Si le comportement de la victime n'est pas la cause exclusive du dommage, en droit français, la responsabilité du transporteur sera écartée. En revanche, si l'efficience causale de la faute de la victime n'est pas exclusive, il y aura un partage de responsabilité entre la victime et le responsable. La juridiction saisie statuera proportionnellement eu égard à la faute respective des co-auteurs. Le droit malien prévoit doublement une approche analogue à celle du droit continental.

- En transport aérien, dans une *formulation prêtée* à la Convention de Montréal, la seconde phrase de l'article 140 alinéa 1erdu Code de l'aviation civile est parfaitement clair : « *Dans le cas où il fait la preuve que la négligence ou un autre acte ou omission préjudiciable de la personne qui demande réparation ou de la personne dont elle tient ses droits a causé le dommage ou y a contribué, le transporteur est exonéré en tout ou en partie de sa responsabilité à l'égard de cette personne* ».
- En droit commun, la première phrase de l'article 121 alinéa 1erdu RGO reconnait que : « *La faute de la victime atténue la responsabilité de l'auteur du dommage dans la mesure où elle a concouru à le causer.* » Si des principes identiques existent en droit malien et dans celui de la plupart des pays de droit civil, il en est autrement dans le droit anglo-saxon.

B. Le droit de la *Common Law*

La « désunification » lors de la conférence de Varsovie résulte en partie de l'ampleur de la résistance des délégués anglais et américains. Ces derniers voyaient d'un mauvais œil *l'intrusion* dans leur système juridique un principe remettant en cause une règle *sacro-sainte* de la *Common law* selon laquelle « *la victime dont la faute avait contribué à la réalisation du dommage ne pouvait obtenir réparation »*[439]. Plaidant pour une exonération totale du transporteur, face à l'efficience causale de la faute de la victime, les anglo-saxons répugnaient à ce que le transporteur soit tenu partiellement responsable. La faute de la victime (unique ou concomitante) exclut toute indemnisation. Il ne saurait donc y avoir de partage de responsabilité lorsque l'accident provient du fait de la victime. Toutefois, pour des raisons d'équité, les juges se montrent parfois plus indulgents avec la victime lorsque la faute de cette dernière leur parait légère ou excusable. Par ce subterfuge, les tribunaux américains parviennent à un résultat similaire à celui réalisé en France ou au Mali. Désormais le partage de responsabilité est admis au cas de « *contributory négligence* ».

II. La consécration du partage

Tirant les leçons de l'imbroglio jurisprudentiel du passé, la Convention de Montréal a décidé de consacrer sans ambages le partage de responsabilité (B) par le rejet du renvoi à la loi du *for* (A).

A. Le rejet du renvoi à la *lex fori*

La Convention de Montréal précise en son article 20 que la faute de la victime peut exonérer, totalement ou partiellement le transporteur de sa responsabilité. Tout renvoi à la loi du *for* sur ce point a donc été a rejeté : « ... *le transporteur est exonéré en tout ou en partie de sa responsabilité à l'égard de cette personne, dans la mesure où cette négligence ou cet autre acte ou omission préjudiciable a causé le dommage ou y a contribué...* ». Comment ne pas se réjouir de la perspicacité de la nouvelle Convention ! De façon remarquable elle est parvenue à unifier le droit international du transport aérien en un domaine où les résistances nationales étaient si fortes. Cet article 20 représente un progrès substantiel en comparaison avec l'ancienne rédaction de la Convention de Varsovie. L'innovation a consisté pour les rédacteurs à rejeter tout renvoi exprès à la *lex fori*, désormais, il appartient à la Convention elle-même de gouverner l'effet exonératoire accordé à la faute de la victime. Il y a lieu de rappeler que cette nouveauté est inspirée par le Protocole de Guatemala City, qui en son article 21 contenait des dispositions identiques.

B. Une solution logique

En toute vraisemblance, la Convention de Montréal n'a fait qu'entériner la solution d'une large partie de la jurisprudence. Dans la pratique, le rejet du renvoi devenait quasiment inutile d'autant que la plupart des États reconnaissaient l'option du partage de responsabilité dans leur droit national

---

[439] Cet adage fut hérité du droit romain : « *quod si quis ex-culpa sua dammumsentit, non intelligitur dammum sentire* ».

depuis longtemps[440]. Cette uniformisation fit-elle salutaire n'est pas en réalité problématique pour le juge malien, car le droit interne à travers l'article 140 du Code de l'aviation civile avait repris de façon *verbatim* le libellé de l'article 20 de la Convention de Montréal. Nous mentionnons un certain nombre de pays dans lesquels la loi autorise expressément des hypothèses d'exonération. C'est le cas du Mali[441], de l'Allemagne[442], du Portugal[443], de l'Autriche[444], de la Suisse[445] et de la Hollande[446]. Le principe du partage étant acquis, il reste à déterminer les modalités selon lesquelles s'opère le partage de responsabilité.

Paragraphe II. Les modalités du partage

Comment déterminer la manière dont s'opèrera le partage de responsabilité ? La Convention de Montréal (art. 20) semble opter pour le critère de la *causalité des fautes respectives*. Il s'agira de faire varier la responsabilité en fonction des fautes du responsable principal et de sa victime. Le tribunal sera amené à exonérer totalement ou partiellement le transporteur de sa responsabilité (I). Par ailleurs la seconde phrase de l'article 20 prévoit clairement la possibilité d'opposer la faute de la victime à ses ayants droit (II).

I. Une exonération à contenu variable

Si elle a causé le dommage ou y a contribué, la faute de la victime doit amener le juge soit à exonérer le transporteur de sa responsabilité soit à atténuer celle-ci. La doctrine[447] estime que le texte de Montréal a consacré le rôle causal de la faute de la victime[448]. En conséquence les tribunaux vont prendre en considération le degré de causalité des fautes respectives du débiteur de l'obligation (le transporteur) et de la victime dans la contribution au dommage pour retenir une exonération totale (A) ou partielle (B).

A. L'exonération totale

Le générique de l'article 20 est révélateur : « *Dans le cas où il fait la preuve que la négligence... a causé le dommage ou y a contribué, le transporteur est*

---

[440] Depuis 1945 l'Angleterre a abandonné la rigueur de la solution ancienne, puisque la *Law Reform Act* a admis des principes identiques au droit continental.
[441] Art 121 RGO.
[442] Art. 254 du BGB allemand.
[443] Art. 2398 du Code civil portugais.
[444] Art. 1394 du code civil autrichien.
[445] Art. 44 du Code Fédéral suisse des obligations
[446] Art. 101 du Nouveau code néerlandais.
[447] V. notamment V. GRELLIERE, thèse préc., p.271 ; N. DELEUZE, thèse préc., n°98, ; J.P. TOSI, fasc.460, *op. Cit.*
[448] La solution du degré de causalité des fautes respectives s'oppose à la méthode de la gravité respective des fautes. Cette dernière consiste à évaluer la gravité respective des fautes de chacun.

exonéré en tout ou en partie de sa responsabilité dans la mesure où cette négligence ou cet autre acte ou omission préjudiciable a causé le dommage ou y a contribué ». Une interprétation rationnelle de ce texte conduit à n'admettre l'exonération totale du transporteur que si la seule faute de la victime est *la cause exclusive* du dommage. C'est donc l'hypothèse de la faute exclusive de la victime qui est intégralement libératrice pour le transporteur. En outre, il apparait évident que le texte de l'article 20 n'impose nullement au transporteur de prouver l'imprévisibilité et l'irrésistibilité des comportements de la victime. C'est d'ailleurs pourquoi, on peut être fondé à croire que l'article 20 se démarque de la notion de force majeure.

Voulant assurer la suprématie des textes internationaux sur le droit interne, le tribunal d'instance de la Commune II, dans *l'affaire Madame Salimata KONE*, déclara la RAM « *exonérée de toute responsabilité* »[449]. Or, en droit commun malien la faute de la victime ne libère entièrement le débiteur contractuel que si elle présente les caractères de la force majeure[450]. Il s'agira de se demander essentiellement si la faute de la victime a été ou non la seule cause du dommage. Dans l'affirmative, c'est-à-dire lorsque la faute de la victime a été la cause exclusive du dommage, le transporteur aura droit à une exonération totale.

Outre cette jurisprudence malienne, nous mentionnerons quelques exemples d'exonération totale du transporteur aérien émanant de la jurisprudence française sous l'empire de Convention de Varsovie, mais transposable à la Convention de Montréal. Ainsi dans l'affaire Dame *Embs c/Air France*[451], le tribunal de grande instance de Paris écarta la responsabilité de la compagnie pour le suicide d'un passager qui s'était précipité dans le vide après avoir déverrouillé et ouvert la porte de l'avion. Les magistrats ont estimé que l'enquête avait révélé que la victime s'était « *de propos délibéré, précipité(e) hors de l'avion en plein vol, et que la rapidité de son geste n'avait permis à quiconque, même à ceux qui se trouvaient à son immédiate proximité, de l'empêcher de réaliser son funeste dessein* », et conclurent que le dommage causé à la victime avait eu pour seule cause « *sa propre faute et que sur le fondement même des articles 20 et 21 de la Convention de Varsovie la responsabilité du transporteur* » devait être écartée[452]. Mais à défaut du rôle causal exclusif de la victime, le tribunal envisagera une exonération partielle.

B. L'exonération partielle

La seconde interprétation logique qui ressort du texte de l'article 20 est péremptoire. « *Dans le cas où il fait la preuve que la négligence (...) a contribué, le transporteur est exonéré (...) en partie de sa responsabilité...* ».

---

449 TPI. commune II, jugement préc.

450 Art.121 alinéa 2 RGO.

451 TGI Paris, 1èreCh., 2èmesect., 27 juin 1969.

452 Jugement cité par N. DELEUZE, *op. Cit* ; V. aussi, Cour d'Appel de Rennes, 15 oct. 1971 RFD aérien, 1954 p.17.

En conséquence le fait de la victime doit entrainer un partage de responsabilité dès lors que cet acte a contribué à la réalisation du dommage. La Convention de Montréal semble recourir à la théorie de la faute commune, dans laquelle la répartition du dommage s'effectue en prenant en compte seulement l'efficacité du rôle causal de chacun des co-responsables. En clair la faute de la victime n'est pas la cause exclusive du dommage. N'ayant pas connaissance de jurisprudence malienne en la matière, on relèvera des cas d'exonération partielle du transporteur émanant de tribunaux étrangers. Ainsi, la Cour d'appel de Paris ordonna-t-elle un partage de responsabilité entre le transporteur qui n'avait pas donné d'instructions suffisantes et le passager :

« *Qui, descendu à terre, alors que rien ne le gênait, pour s'écarter de l'appareil, l'a contourné en longeant le fuselage et a été ainsi atteint par l'hélice arrière que devait lui signaler pourtant, s'il avait été attentif, le bruit qu'elle faisait, le souffle qu'elle déplaçait et les cercles concentriques jaune et rouge qu'elle produisait dans l'air par sa rotation du fait des trois bandes coloriées qui avaient été peintes sur ses pales* »[453].

Aussi dans l'affaire *Stricker v. British Airways*, le tribunal du district sud de New York, le 20 mai 1986 va-t-il estimer que commet une faute au sens de l'article 21 de la Convention de Varsovie le passager qui en dehors de toute règle de sécurité, ouvre la porte de l'avion à l'arrêt sur la piste afin d'aller chercher des médicaments dans ses bagages, de nature à entrainer un partage de responsabilité pour moitié[454].

Toujours conformément à la solution de la Convention de Montréal, beaucoup de pays européens s'attachent au degré de causalité des fautes respectives du débiteur de l'obligation et de la victime dans la contribution au dommage. C'est ainsi qu'au Luxembourg, et en Belgique en cas de dommage causé par les agissements concurrents de la victime et d'un tiers, les juges du fond se réservent le droit d'apprécier souverainement, la mesure dans laquelle chacun d'eux est responsable. En revanche, d'autres pays continuent de s'accrocher à la gravité respective des fautes respectives. Le Code civil italien (art.1227) précise qu'en cas de dommage causé du fait de la victime, la réparation sera diminuée proportionnellement à la gravite de ce fait et à l'importance des conséquences qui en résultent. Toutefois, certains États se réfèrent à la fois au degré de causalité et à la gravité des fautes respectives. C'est le cas en Allemagne où l'on combine le degré de causalité comme premier critère dans la détermination du partage, mais ensuite le juge mesure le degré de gravité des fautes des coauteurs[455]. Par ailleurs, la seconde phrase de l'article 20 permet d'opposer la faute de la victime à ses ayants droit.

---

[453] C. A. de Paris, le 5 avril 1954, RFD aérien, 1954, p.79.

[454] Cité par G. LEGIER *in* L'application de la convention de Varsovie par les juridictions américaines : évolution de la jurisprudence, RFD aérien, 1993, spéc. p.142.

[455] L'article 254 du BGB dispose : « *Si, lors de la réalisation du dommage, il y a eu, du chef de la partie lésée, une faute qui ait coopéré au dommage, l'existence de l'obligation à réparation, comme l'étendu de l'obligation à fournir dépendent des circonstances et, en particulier, du point de savoir dans quelle mesure le dommage aura été cause d'une façon prépondérante par*

II. L'opposabilité de la faute de la victime à ses ayants cause

S'inspirant du Protocole de Guatemala City, la Convention de Montréal dans son article 20, seconde phrase dispose :

« Lorsqu'une *demande en réparation est introduite par une personne autre que le passager en raison de la mort ou d'une lésion subie par ce dernier, le transporteur est également exonéré en tout ou en partie de sa responsabilité dans la mesure où il prouve que la négligence ou un autre acte ou omission préjudiciable de ce passager a causé le dommage ou y a contribué* ».

Incontestablement c'est à travers l'action successorale que les héritiers se verront opposer la faute de leur auteur (A). Mais qu'en est-il de leur action personnelle (B) ?

A. L'action héréditaire

Dans l'action héréditaire on peut envisager deux hypothèses : la bonne (1) ou mauvaise foi des héritiers (2). Précisons qu'à ce jour le juge malien n'a eu connaissance d'une telle action dans le cadre du contentieux de droit aérien.

1. Le cas des héritiers de bonne foi

Un passager décède dans un accident aérien qu'il a lui-même causé ou y a contribué, on peut se demander si le transporteur peut opposer aux membres de la famille du défunt la faute de ce dernier afin de les amener à un partage de responsabilité. Dans une réponse positive, l'article 20 oblige les ayants droit de la victime initiale à assumer les fautes de leur auteur. Ils vont devoir subir les conséquences des actes posés par le défunt passager, ce qui va entrainer soit une exonération totale du transporteur soit son exonération partielle dans les conditions exposées ci-dessus.

2. Le cas des héritiers de mauvaise foi

C'est l'hypothèse du *sabotage ou faute intentionnelle*[456]. Il peut arriver qu'un héritier réclame au transporteur des dommages et intérêts pour le décès ou la blessure d'un passager, alors que cet héritier « *a délibérément causé la mort ou les blessures du passager* » ou a agi au nom du « *passager volontaire décédé* ». C'est ce que Madame VINEY qualifie d'« *instigateur-victime* »[457]. Comme par extraordinaire la Convention de Montréal a gardé un mutisme total sur la question. Or, en toute vraisemblance, on aurait pu opposer à cet héritier de mauvaise foi la règle *Nemo auditur* selon laquelle « *nul ne peut se prévaloir de sa propre turpitude* ».

---

l'une ou par l'autre des deux parties. Il en sera de même lorsque la faute de la partie lésée se sera restreinte du fait d'avoir omis d'attirer l'attention du débiteur sur le danger d'un dommage extraordinairement élevé, danger que le débiteur ne connaissait pas et n'aurait nécessairement dû connaitre, ou avoir omis d'écarter le danger ou le diminuer ».

456 L'expression est d'E. Du PONTAVICE, *op. Cit.*, p.1204, n°2790.

457 G. VINEY, *op. Cit*, n°274,

Heureusement le *nomasland juridique* a été couvert par l'accord de Montréal du 4 mai 1966 qui refuse d'indemniser l'ayant cause du passager ou le bénéficiaire de l'assurance vie. L'article 1er paragraphe 2 dans son second alinéa est formel : « *Aucune disposition du présent accord n'est réputé avoir effet sur les droits et obligations du transporteur au regard de toute demande en réparation introduite par toute personne, ou pour le compte ou au sujet de celle-ci qui a délibérément causé le dommage entrainant la mort, des blessures, ou autres lésions corporelles d'un passager* ». Pour E. PONTAVICE cette autre cause d'exonération serait « *plus psychanalytique que juridique* »[458]. Pour rappel l'accord de Montréal est un *forcing* américain visant à contourner les causes d'exonération de l'article 20 de la Convention de Varsovie. Cet accord était très limitatif, car il ne concernait que les vols touchant les États-Unis d'Amérique comme point de départ, point de destination ou à titre d'escale même technique. Par conséquent, les compagnies maliennes ou françaises en sont exclues.

En somme, l'article 20 de la Convention de Montréal assure un *alignement* entre les solutions anglo-saxonne et continentale. La faute de la victime est bien prise en compte, et elle est opposable aux ayants cause de celle-ci, toute chose qui permettra de tempérer la part de responsabilité du transporteur. C'est certainement pourquoi le Professeur GRELLIERE conclut que les ayants droit ou victimes par ricochet « *perdent tout intérêt à placer leur action sur le terrain personnel plutôt que d'exercer l'action héréditaire* »[459]. Cependant dans leur action personnelle, peut-on toujours opposer aux victimes par ricochet la faute de la victime immédiate ?

B. L'action personnelle des victimes par ricochet

L'opposabilité à la victime par ricochet de la faute commise par la victime initiale a fait l'objet d'abondantes discussions doctrinales et d'une évolution législative et jurisprudentielle. La question était de savoir si la victime par ricochet pouvait disposer d'une action totalement distincte de celle de la victime directe. C'est la problématique de l'autonomie (1) ou de l'indépendance du dommage par ricochet par rapport au dommage initial (2).

1. L'acceptation du principe d'autonomie

Ce principe d'autonomie a été partagé par une large partie de la doctrine[460]. Madame VINEY estime que l'indemnisation du droit par ricochet n'a de sens « *qu'à la condition de reconnaitre l'indépendance de ce préjudice par rapport*

---

[458] E. Du PONTAVICE, *op. cit.*.

[459] Voir V. GRELLIERE, *op. cit.*.

[460] V. notamment G. VINEY, « L'autonomie du droit de la réparation de la victime par ricochet par rapport à celui de la victime initiale », D. 1974, *chr.*, p.3 ; G. MARTY et P. RAYNAUD, *Les obligations*, 2ème éd., t. I, Les sources, n°433.

à celui de la victime initiale »[461]. Pour les frères MAZEAUD[462], lorsque les proches agissent en réparation de leur dommage personnel, ils ne sont pas nécessairement assujettis aux conditions de la responsabilité qui régissent le droit à réparation de la victime initiale alors qu'ils ne peuvent y échapper en exerçant l'action successorale[463].

Dans sa thèse consacrée au dommage par ricochet, Madame LAMBERT-FAIVRE conclut que le « *dommage subi par la victime médiate est distincte par son objet de celui de la victime initiale »*[464]. L'on pourrait déduire que le droit commun malien souscrit à cette tendance. Se fondant sur un préjudice matériel ou moral, les victimes par ricochet peuvent agir en leur propre nom, non pas sur le terrain contractuel, mais sur celui de la responsabilité délictuelle. L'article 125 du RGO offre cette possibilité : « *Toute personne qui, par sa faute, même d'imprudence, de maladresse ou de négligence, cause à autrui un dommage est obligé de le réparer »*. Pour ce faire, il suffit que leur dommage soit certain et direct (art. 114 RGO) pour que leur prétention soit admise. Nous ne pensons pas que le débiteur de l'obligation puisse leur opposer une quelconque faute de la victime. En tous les cas, la jurisprudence future du Mali est attendue sur cette problématique du dommage par ricochet par rapport au dommage initial. À ce titre le recours aux concepts du droit commun est inévitable pour résoudre la question dans la mesure où l'action de la victime relève du droit commun de la responsabilité contractuelle. Cependant ce principe connait des tempéraments.

2. Les dérogations au principe de l'autonomie

L'autonomie du dommage par ricochet par rapport au dommage initial connait des dérogations tant légales (a) que jurisprudentielles (b).

a. Les dérogations légales

Les tempéraments légaux ont principalement porté sur le secteur du droit des transports. En effet, il s'agissait d'« *aligner la condition des victimes par ricochet sur celle de la victime initiale d'un accident de transport »*. C'est pourquoi certaines lois et conventions internationales précisent que les actions en responsabilité exercées contre le transporteur « *par quiconque et à quelque titre que ce soit »* sont soumises « *aux conditions et limites »* prévues par ces dernières. Il en est ainsi de l'article 24 alinéa 1erde la Convention de Varsovie dans sa version originelle qui disposait : « *Dans les cas prévus aux articles 18 et 19 toute action en responsabilité, à quelque titre que ce soit, ne peut être exercée que dans les conditions et limites prévues par la présente*

---

[461] G. VINEY, op.cit, n°322, p.227.

[462] Voir J. MAZEAUD, H. MAZEAUD, *Leçons de droit civil,* t.2, Premier volume, Obligations, Théorie générale, Montchrestien, 9èmeédition, 1998.

[463] Voir H., L. et J. MAZEAUD, Traité, t.II, n°1901-2.

[464] Y. LAMBERT-FAIVRE, *Le dommage par ricochet*, Thèse Lyon, 1959, p.267 et s.

convention ». Dans une formule similaire, la première phrase de l'article 29 de la Convention de Montréal déclare :

« *Dans le transport de passagers, de bagages et de marchandises, toute action en dommages-intérêts, à quelque titre que ce soit, en vertu de la présente convention, en raison d'un contrat ou d'un acte illicite ou pour toute autre cause, ne peut être exercée que dans les conditions et limites de responsabilité prévues par la présente convention, sans préjudice de la détermination des personnes qui ont le droit d'agir et de leurs droits respectifs* ».

Cet alinéa unique est un ramassé des deux hypothèses sus visées dans l'article 24 précité. Sur ce point précis, la Convention de Montréal n'a fait que confirmer ce qui existait déjà dans la Convention de Varsovie. On pourrait admettre que les articles 24des conventions de Varsovie et 29de Montréal ont une double portée :

- D'abord il s'agirait d'éviter « *toute fraude aux conventions* » en privant le demandeur des avantages que pourrait comporter l'exercice d'une voie d'action parallèle. Par conséquent, toute tentative par laquelle la victime du transporteur essayerait d'échapper au cadre tracé par les textes internationaux sera vouée à l'échec. Si la Convention de Varsovie parle de « *toute action en responsabilité* » celle de Montréal a préféré l'expression « *toute action en dommages-intérêts* ».

- Ensuite, on pourrait déduire du libellé général de l'article 24de Convention de Varsovie et de l'article 29 de celle de Montréal que leur objet essentiel serait d'indiquer que ces conventions seraient opposables non seulement à la victime immédiate du dommage, (situation contractuelle), mais aussi à l'ensemble des victimes ayant subi un préjudice du fait des blessures et du décès du passager ou du fait de l'inexécution du contrat (victime par ricochet). La Convention de Montréal, de façon mieux détaillée cite expressément la situation contractuelle, la situation délictuelle et toute autre cause. C'est dire que toute personne se prévalant d'un dommage du fait de l'inexécution du transport, de la blessure ou du décès d'un passager, ne peut obtenir réparation en dehors des carcans fixés par les conventions.

Il en découle que les articles sus visés jouent ce que certains auteurs appellent « *un rôle de cantonnement* »[465]. En effet, quel que soit le dommage subi, ces conventions ont une exclusivité d'application et peu importe le titre sur lequel se fonde le demandeur dans le cadre de son action en justice. En l'absence de décision malienne en la matière, les juges du Mali resteront à l'affut.

b. Les dérogations jurisprudentielles

Il sied de retracer la chronologie judicaire. Tout d'abord une vive altercation s'est manifestée au sujet de l'autonomie entre les diverses

---

[465] V. GRELIERE, *op. Cit.*, p.274.

formations de la Cour de cassation française, ensuite entre celles-ci et les juges du fond. La Chambre criminelle fut la première à prendre partie pour l'opposabilité[466] avant de se dédire dans le sens de l'inopposabilité[467]. La deuxième Chambre civile s'est vite ralliée à cette dernière solution[468]. Les cours d'appel opposèrent une résistance farouche à cette position, ce qui provoqua un arrêt des chambres réunies consacrant le 25 novembre 1964 la thèse de « *l'opposabilité* »[469]. Mais c'était sans compter sur la surprise de la deuxième Chambre civile qui désavoue carrément cette solution en 1978[470]. Cette rébellion a finalement motivé la saisine de l'Assemblée plénière qui s'est prononcée clairement en faveur de l'opposabilité de la faute de la victime initiale aux victimes par ricochet le 19 juin 1981[471]. Dans deux espèces, les cours d'appel avaient accordé une indemnisation intégrale aux victimes par ricochet bien qu'une faute ait été relevée à la charge de la victime initiale. Après pourvoi, la cassation fut prononcée dans les deux cas pour le même motif :

« Vu l'article 1382 du code civil. Attendu que celui dont la faute a causé un dommage est déchargé en partie de la responsabilité mise à sa charge s'il prouve qu'une faute de la victime a concouru à la production du dommage ; qu'il est ainsi, non seulement lorsque la demande d'indemnité est formée par la victime elle-même, mais encore lorsqu'elle l'est pour un tiers qui, agissant de son propre chef, demande réparation du préjudice personnel dont il a souffert du fait du décès de la victime ou de l'atteinte corporelle subie par celle-ci ; que si l'action de ce tiers est distincte par son objet, de celle que ladite victime aurait pu exercer, elle n'en procède pas moins du même fait originaire considéré dans toutes ses circonstances ».

Incontestablement la solution de l'Assemblée plénière vise à soumettre la réparation du dommage par ricochet aux règles applicables à celles du dommage initial, toute chose qui est conforme aux textes internationaux sur le transport aérien. En attendant le temps de se frayer son propre chemin, le juge malien pourrait emboiter le pas au juge français sur ce sujet précis en évitant par ailleurs des interprétations déformantes.

---

[466] Crim., 28 juill.1933 ; Bull.crim., n°170 ; Crim., 6 mars 1936, Bull.crim., n°29.

[467] Crim., 31 mars 1960, Bull.crim., n°188 ; Crim., 24 janv.1963, Gaz.Pal.1963, 1, p.309.

[468] Civ. 2e, 30 nov. 1963, Bull.civ.II, n° 749.

[469] Ch. Réunies, 25 nov.1964, D.1964, p.733, concl. AYDALOT

[470] Civ.2è, 7 juin 1978, D.1979, p. 114, note C. LARROUMET

[471] Ass.plén., 19 juin1981, 2 arrêts, D. 1982, p. 85, concl. J. CABANNES.

CONCLUSION DE LA PREMIÈRE PARTIE

Au Mali, quoi qu'aucun crash n'ait donné lieu à un procès, l'interprétation du concept de « ***lésion corporelle*** » issu des conventions internationales, a fait l'objet d'une large contrariété jurisprudentielle sous d'autres cieux. Mais depuis 2011, avec le nouveau Code de l'aviation civile, le législateur malien semble adopter le choix d'une interprétation restrictive en choisissant la seule notion de « ***blessure*** » au détriment de toute « *lésion corporelle* ». Dès lors, aucun dommage moral ou psychique ne saurait être indemnisé par les tribunaux maliens.

S'agissant du débarquement, les tribunaux d'instance « *ont tenu bon* » malgré certains « *errements* » de la Cour d'appel de Bamako. Contrairement à une certaine doctrine et jurisprudence française, les tribunaux maliens ont fait le choix clair de retenir la responsabilité du transporteur lorsque le voyageur se voit refuser l'accès au territoire du pays de destination en raison de l'absence de visa. Pour un pays de forte immigration cette logique se comprend aisément. En gardant le silence sur les concepts de refus d'embarquer ou le débarquement, les textes conventionnels ont certainement voulu laisser les droits nationaux s'emparer de ces questions. C'est pourquoi la majorité de la jurisprudence malienne estime que le transporteur aérien qui laisse embarquer des passagers en situation irrégulière, engage sa pleine et entière responsabilité. Comme pour l'inexécution partielle, le litige devrait être exclu de la Convention de Montréal, et ne relever que de la responsabilité contractuelle de droit commun notamment le RGO.

Dans cette première partie, sur l'ensemble des préjudices étudiés, une place de choix revient aux pertes de bagages. Cela se justifie doublement. D'une part, la quasi-totalité des marchandises de nos commerçants transitent par la voie routière, car la Mali est presque entouré par des pays côtiers. D'autre part, les nombreux immigrés maliens[472] en Europe et ailleurs, de retour au Mali, apportent plein d'objets dans leurs bagages pour faire des cadeaux aux parents restés au bercail.

Mais outre, la perte de bagages, les victimes de dommages du fait du transporteur aérien ne faiblissent pas chez les pèlerins. Le nombre important

---

[472] Environ 4 millions selon le Ministère des maliens de l'extérieur et de l'intégration africaine en 2016.

de pèlerins et la multiplication des dommages au cours de ce rite, devrait donner lieu à une masse importante de litiges. En effet, de 9000 pèlerins en 2016, le Mali s'est retrouvé avec un nombre autorisé de **13. 330** pèlerins pour 2017, soit une augmentation de **4430** pèlerins[473]. Des pertes de bagages et des retards, aux annulations de vol, les préjudices d'après les pèlerins sont variés et nombreux. Lors du « Hadj » 2015, au moins **198** pèlerins maliens sont décédés à la Mecque[474]. Cependant, aucun pèlerin ou leur ayant droit n'ose intenter un procès contre les transporteurs défaillants et cela pour deux raisons. D'une part, ces victimes estiment que le pèlerinage est un « sacerdoce », en conséquence l'ensemble des souffrances éprouvées font partie des « souffrances religieuses ». D'aucuns vont jusqu'à penser qu'« ***être suffisamment éprouvé par les préjudices, est un signe que les prières ont été exhaussées*** »[475]. D'autre part, certains autres estiment qu'ayant accompli un tel rite important musulman[476], le pèlerin se doit de pardonner aux uns et aux autres ; alors vouloir intenter un procès contre une compagnie aérienne qui a assuré le transport jusqu'à la Mecque, serait un acte de vengeance et non de pardon.

473 Cf. Ministre des Affaires religieuses et du Culte.

474 Lors de la bousculade du 24 septembre à Mina.

475 Entretien avec l'iman de la mosquée de *faladié solola*, et promoteur d'une école Medersa M. Abdoulaye DIARRA le 1er septembre 2017.

476 Pour les musulmans, après le pèlerinage, tous les péchés du pèlerin sont pardonnés par Dieu.

DEUXIÈME PARTIE

UNE INTERPRÉTATION DÉFORMANTE À TRAVERS LA MISE EN ŒUVRE DE LA RESPONSABILITÉ DU TRANSPORTEUR AÉRIEN

« Le but de la justice n'est pas de faire éclater la vérité. Seuls Dieu et les parties la connaissent, jamais le juge. Le but de la justice consiste donc plutôt à réaffirmer les principes de la loi... »[477]

À la différence de la responsabilité pénale qui vise à l'application d'une peine, la responsabilité civile a pour conséquence d'octroyer à la personne lésée un droit ou avantage. C'est qui fait dire à Madame VINEY que « *la responsabilité civile est orientée principalement vers la réparation des dommages* »[478]. D'où la prééminence de sa fonction réparatrice. L'idéal vise à restaurer l'équilibre rompu, car pour la Cour de cassation, « *le propre de la responsabilité civile est de rétablir aussi exactement que possible l'équilibre détruit par le dommage et de replacer la victime, aux dépens du responsable, dans la situation où elle se serait trouvée si l'acte dommageable ne s'était point produit* »[479].

Les rédacteurs des conventions internationales, dans leur volonté d'unification ne se sont pas seulement limités à la production d'un ensemble de règles générales relatives à la responsabilité du transporteur aérien. On leur aurait en voulu, s'ils n'avaient pas mis en place des règles que doit observer la victime afin d'obtenir réparation. Le droit conventionnel comporte donc des règles de droit processuel. Pour autant, la victime n'est pas nécessairement tenue de saisir la justice pour obtenir réparation. De pratique constante, les transporteurs aériens se montrent favorables au règlement à l'amiable ; du coup les tribunaux ne tranchent qu'une faible partie du contentieux du transport aérien.

---

[477] Monsieur Idrissa TOURE, juge de paix à Bafoulabé, membre du conseil supérieur de la magistrature, publication du 24 septembre 217 sur sa page Facebook.

[478] G. VINEY, *Traité de droit Civil : les effets de la responsabilité civile*, LGDJ, 3ème éd., n°1, p.1.

[479] Cass. 2eciv., 4 févr. 1982 : Juris-Data n° 1982-700343 ; JCP G 1982, II, 19894, note J.-F. BARBIERI.

Au Mali le transport aérien de marchandise n'offre presque pas de procès (cf. tableau N° 1). En revanche, c'est le transport de personnes, dans lequel les dommages sont à la fois très fréquents et plus importants, qui offre l'occasion de véritable contentieux judicaires. Mais la détermination de la juridiction compétence dans les litiges de droit aérien reste problématique. (Titre I) Les conventions de Varsovie et de Montréal ne consacrent que deux articles à la compétence juridictionnelle. Il s'agit des articles28 et 32 pour la Convention de Varsovie, et des articles33 et 34 pour celle de Montréal. Une fois le juge compètent connu, il doit se saisir du fond du dossier pour statuer sur les demandes en réparation (Titre II). Cependant et contrairement au droit commun, la réparation intégrale ne serait pas le principe, elle deviendrait exceptionnelle en transport aérien. Telle n'est pas le point de vue des tribunaux maliens, qui par des interprétations déformantes, ont dénaturé les modalités de réparation et brouillé la détermination de leur compétence.

TITRE I

LA COMPÉTENCE JURIDICTIONELLE

La détermination de la compétence juridictionnelle est en droit aérien un sujet essentiel. L'expression compétence se définirait comme le droit de juger un litige, la compétence d'un tribunal est donc son aptitude légale à instruire et à juger un procès[480]. Quant au terme juridiction, il s'agit d'un organe institué ayant pouvoir de rendre la justice, très souvent synonyme de tribunal[481]. En droit judiciaire privé malien, comme dans la plupart des systèmes juridiques[482], les règles de compétence concernent d'une part, la compétence d'attribution (*ratione materiae*), et d'autre part, la compétence territoriale (*ratione-loci*). La première vise à déterminer l'ordre juridictionnel (administratif ou judiciaire) et la catégorie de juridiction (civile, commerciale, pénale...) dont relève le litige, en fonction de la nature de la demande. La seconde a pour objet d'opérer une répartition territoriale ou géographique de la compétence entre tous les tribunaux de l'ordre et de la catégorie désignés.

Au Mali, toute la divergence et les conflits récurrents de compétence qui se sont présentés jusqu'à présent tiennent à une problématique centrale : devant quels tribunaux une victime peut-elle plaider ? En clair, quelles sont les juridictions qui sont aptes à connaitre de l'action des victimes. Juges et plaideurs continuent à se déchirer entre les partisans d'une compétence territoriale (Chapitre 1) et ceux d'une compétence d'attribution (Chapitre 2). Qui des deux protagonistes est en phase avec l'esprit des conventions internationales ? Le glissement pourrait être visible entre une fausse interprétation ou une fausse application de l'article 28 de la Convention de Varsovie et de l'article 33 de la Convention de Montréal.

---

[480] Lexique des termes juridiques, Dalloz, 18é éd. 2010, p.137.

[481] G.CORNU, vocabulaire juridique, PUF, 8ème éd., 2009, p.527.

[482] C'est le cas en France. V. A. Huet Compétence des tribunaux français à l'égard des litiges internationaux, JurisClasseur, Fasc.10, 22 Février 2011, n°36.

CHAPITRE I

LA COMPÉTENCE TERRITORIALE

Une lecture attentive de l'article 28 de la Convention de Varsovie permet de réaliser que les rédacteurs internationaux semblent vouloir privilégier la détermination des règles de compétence territoriale en gardant le silence sur toute question de compétence d'attribution. En effet, l'article 28 dispose dans un paragraphe premier que :

« L'action *en responsabilité devra être portée, au choix du demandeur, dans le territoire d'une des hautes parties contractantes, soit devant le tribunal du domicile du transporteur, du siège principal de son exploitation ou du lieu où il possède un établissement par le soin duquel le contrat a été conclu, soit devant le tribunal du lieu de destination »*. Et dans un second paragraphe : « *La procédure sera réglée par la loi du tribunal saisi »*.

Il y a lieu de noter que cet article 28 de la Convention de Varsovie a été intégralement reconduit par l'article 33 de la Convention de Montréal. Pour certains auteurs[483], cette *continuité* traduit la volonté des rédacteurs de ne pas s'infiltrer dans l'organisation judiciaire interne des États. Le droit conventionnel prévoit donc un nombre volontairement réduit de tribunaux compétents. Pour le Professeur MERCADAL, il s'agit de limiter au maximum la pratique du *forum shopping*[484]. Monsieur CAS trouve que cette pluralité de juridictions compétentes est source de conflits[485]. Les auteurs de la Convention de Montréal décidèrent de rajouter une cause de rattachement supplémentaire : la résidence du passager victime d'accident. Nous examinerons les interprétations opposées des juridictions maliennes à travers les différentes compétences territoriales (cinq au total) selon qu'elles fassent référence au transporteur (section 1) ou au passager (section 2). On peut observer que ne figurent pas parmi ces *fors* ni le tribunal du point de départ ni celui du lieu du dommage.

---

[483] O. M. TERRENOIRE, *De l'influence communautaire dans la protection du voyageur*, Thèse, université Jean Moulin Lyon 3, 2005, p.280.

[484] B. MERCADAL, Transports *Aériens, op.cit.*, n°247.

[485] G.CAS, « La responsabilité du transporteur aérien pour dommages causés aux passagers au cours d'opérations aéroportuaires », RGA, 1968, p.81.

SECTION I. LES JURIDICTIONS AYANT TRAIT AU TRANSPORTEUR

Parmi les tribunaux à saisir, les trois premiers cas de compétence de l'article 28 de la Convention de Varsovie font référence au transporteur. Ce sont le domicile, (paragraphe 1), le principal siège d'exploitation (paragraphe 2) et l'établissement de conclusion du contrat (paragraphe3).

Paragraphe I. Le tribunal du domicile du transporteur

Le domicile est un élément qui permet la localisation d'une personne. Nous verrons l'interprétation large malienne (I) et les autres interprétations (II).

I. L'interprétation du droit continental

Nous ciblerons d'abord le Mali (A), ensuite la France (B).

A. Au Mali

L'article 49 du Code des personnes et de la famille (ci-après CPF) précise que : « Le *domicile de toute personne quant à l'exercice de ses droits civils est au lieu où il a son principal établissement* »[486]. Lieu d'habitation et centre des intérêts, pour Monsieur CASSIN, « *le domicile comporte, en droit interne privé ou publique, d'importantes conséquences...* »[487]. Nul besoin donc de rappeler que dans le droit interne des États, la règle séculaire : *Actor sequitur forum rei*, attribue la compétence au juge du domicile du défendeur dans la plupart des procès. C'est ainsi que l'article 24 alinéa 1er du Code de procédure civile, commerciale et sociale (ci-après CPCCS) du Mali déclare que : « *La juridiction territorialement compétente est, sauf disposition contraire, celle du lieu où demeure le défendeur* »[488]. Pour une personne physique ce lieu sera l'endroit où elle a son *domicile ou sa résidence*. S'agissant d'une personne morale, ce sera *le lieu où celle-ci est établie* ou du lieu où est *établie une succursale importante*.

Il est fort regrettable que les rédacteurs de la nouvelle Convention de Montréal n'ont davantage clarifié cette notion complexe de *domicile qui* engendra tout au long du XXe de sérieux problèmes d'interprétations pour les différents juges nationaux. Il eut été moins problématique et plus opportun de substituer la notion de *domicile* du transporteur par celle de *siège social.* Même là aussi, on n'est pas absolument tiré d'affaire. La jurisprudence française donne à la victime une option entre le tribunal du siège statutaire et

---

486 Loi n°2011-087 du 30 Décembre 2011 précitée.

487 R. CASSIN, « La nouvelle conception du domicile dans le règlement des conflits de lois », Académie de droit international. Recueil des cours, 1930, volume 34, n°13, 18, 19.

488 Décret N° 99-254/P-RM du15 septembre1999 portant Code de Procédure Civile, Commerciale et Sociale du Mali.

celui du siège réel[489]. N'ayant pas sa propre compagnie nationale, le Mali reste desservi uniquement par des compagnies étrangères, qui n'ont pas leur siège social à Bamako. Pour y pallier, l'article 24 du CPCCS d'inspiration française a introduit la notion de *« succursale importante »*. Pour rappel, le siège social étant devenu trop contraignant pour les demandeurs, la jurisprudence française l'a élargie *aux gares principales* c'est à dire aux succursales.

Cependant, il doit s'agir de succursales de taille suffisante pouvant agir au nom du défendeur et à condition que le litige se rapporte à l'activité des dites succursales ou que les faits générateurs de responsabilité se soient produits dans leur ressort[490]. Les grandes compagnies étrangères disposant de *succursales importantes* à Bamako, il était opportun d'offrir au demandeur d'avantage de possibilité quant au choix du tribunal compétent.

B. En France

Le droit malien étant tributaire du droit français, il n'y a pas à ce sujet de véritables contradictions entre les deux droits. Le droit français donne l'option à la victime en distinguant entre siège social statutaire et siège social réel. En effet, en France la société a un domicile appelé siège social qui est mentionné dans les statuts (siège statutaire). Cependant, si ce siège statutaire n'est qu'une fiction, il y a lieu de recourir au siège social réel. Ce dernier est l'endroit où *« se tiennent les assemblées du conseil d'actionnaires et du conseil d'administration et d'où émanent la direction et le contrôle supérieur de la société »*[491].

II. Les interprétations anglo-saxonnes

Nous étudierons essentiellement les interprétations anglaises (A) et américaine (B).

A. L'interprétation anglaise

En droit anglais, une société est domiciliée, « *incorporated* » (immatriculée) dans le pays où elle a été enregistrée. Toutefois, elle est *résidente* dans le pays où elle a ses représentations. Traduisant la terminologie de *domicile* par celle de résidence, pour les britanniques, cette notion va au-delà du siège statutaire pour englober les établissements dans lesquels la société possède des organes de direction et de contrôle importants. Toute chose qui reste très proche de la jurisprudence française *des gares principales* déjà évoquée.

---

[489] TGI Seine, 20 avril 1966, D, 1966, p.752 Com. 23 fév. 1993, Dr. sociétés 1993, n°85, note BONNEAU.

[490] V. Paris, 16 fev.1994, Bull. Joly 1994, p.503, note DAIGRE ; Civ. 2ème, 13 nov. 1996, Bull. civ. II, n°251.

[491] Req., 30 janv. 1882, DP 1883, 1, p.223 cité par N. DELEUZE, *la responsabilité du transporteur aérien de la communauté, thèse* préc., n°361, p.290.

B. L'interprétation américaine

Une interprétation extrêmement large a été donnée à l'article 28 Convention de Varsovie par la jurisprudence américaine. Voici la problématique centrale soulevée : un transporteur aérien ayant son domicile dans un État de la Fédération, tous les autres États deviendraient ils compétents pour juger cette affaire ? Le tribunal du district sud de l'État de New-York répond par l'affirmative en se déclarant compètent comme tribunal du pays du domicile du transporteur alors même que ce dernier était incorporé dans le Minnesota[492]. Si en droit malien et en droit continental, la règle de l'article 28 de la Convention de Varsovie et de l'article 33 de celle Montréal constitue une règle de compétence territoriale, il s'agit en revanche pour les américains d'une règle de compétence générale attribuant compétence aux divers tribunaux d'un pays. Il est loisible de déplorer que cette vision américaine entretienne une grave confusion entre la compétence d'attribution et la compétence territoriale.

Paragraphe II. Le tribunal du siège principal d'exploitation

D'un point de vue juridique ou économique, ou d'une vision large à celle restrictive, le siège principal d'exploitation donnera lieu à beaucoup de supputations.

I. De la confusion à l'anachronisme

Confus (A) et anachronique (B), le maintien de la notion de *siège principal d'exploitation* par les auteurs de la Convention de Montréal relève d'une hérésie scientifique.

A. La confusion

Si la notion de siège social à une acception plus administrative ou stratégique, celle *d'exploitation* recouvre en revanche une dimension plus commerciale voire opérationnelle. Il y a la tentation d'hésiter entre une conception juridique et une définition économique de l'exploitation. Dans la première acception, l'exploitation sera le siège de la direction, le point d'établissement des services juridiques et du contentieux, le centre de la gestion administrative. La seconde acception a trait à la finalité du transport qui est d'assurer le déplacement des biens et des personnes. Dans ce cas, le siège de l'exploitation sera l'endroit où s'effectuent les opérations de transport, en assurant les services techniques et commerciaux liés au déplacement. Certains auteurs estiment que cette dernière définition doit être

---

492 United States District Court, Southern District of New-York, 10 janvier 1962, Ray spencer c/ Northwest Orient airlines, 1962, 7 avi 17820.

privilégiée[493]. À ce jour, les tribunaux[494] maliens dans leur interprétation de l'article 28, donnent compétence au tribunal du domicile du transporteur, ou du siège qui en tient lieu, sans poser de conditions supplémentaires.

En réalité, si l'entreprise du transporteur est constituée sous forme sociale, (forme juridique habituelle des compagnies aériennes) les deux notions de domicile et de siège principal vont se confondre[495]. La Cour suprême malienne ou la Cour de justice de l'UEMOA pourrait trancher à l'avenir quant au sens à donner ces notions.

B. L'anachronisme

Le siège étant accompagné du mot *principal,* cela s'oppose à la présence d'éventuels sièges secondaires ou établissements régionaux sans autonomie réelle. Mais n'est-il pas possible d'envisager deux ou plusieurs sièges principaux d'importance égale ? Une interprétation exégétique de l'article 33 de la Convention de Montréal imposerait une vision selon laquelle le transporteur ne peut avoir qu'un seul siège principal d'exploitation[496]. Toute chose qui s'accommode mal de l'évolution économique du transport aérien du 21e siècle. Prenons l'exemple du hub d'Air France à Paris : comment déterminer si le siège principal de l'exploitation de la compagnie Air France se situe à l'aéroport d'Orly ou à celui de Roissy ? Voyons à présent les définitions possibles dont l'expression siège principal de l'exploitation pourrait faire l'objet.

II. De l'extension à la restriction

Il y a lieu de confronter une conception extensive du siège principal d'exploitation (A) à celle plus restrictive (B).

A. La définition extensive

Une vision extensive consiste à dissocier les sièges principaux des différentes compagnies aériennes par pays. L'intérêt est de multiplier le nombre de sièges principaux et par conséquent d'augmenter significativement la compétence territoriale de l'article 33 de la Convention de Montréal. Cette vision peut paraitre opportune dans les États où le transporteur est principalement implanté, mais présenterait ses limites dans les pays où la compagnie est faiblement présente. Les américains sont réputés être partisans de cette interprétation extensive notamment dans l'affaire *Winsor*[497] dans laquelle la Cour de New-York rejeta l'exception d'incompétence soulevée par

---

[493] V. GRELLIERE, *La responsabilité du transporteur aérien international*, Thèse, préc, p.420.
[494] À l'exception du tribunal de commerce.
[495] F. GARNAULT : RFD aérien 1985, p. 161.
[496] V. GRELLIERE op. Cit., p.439.
[497] United States District Court, Easter District of New-York, 25 juin 1957, Charles H Winsor c/ United Airlines In, 1957 153 Fed Supp, 244, 5 avi 17509.

le transporteur. Quoi que la compagnie ayant son siège social dans le Dalaware et son centre d'activité à Chicago, la Cour releva que l'établissement de New-York enregistrait une part importante des réservations sur les vols du transporteur.

B. La définition restrictive

Il ressort des travaux préparatoires de la Convention de Varsovie[498], la volonté de ses auteurs de limiter au maximum le nombre de tribunaux compétents en supprimant le lieu de l'accident. Ainsi, une conception restrictive du *siège principal d'exploitation* serait conforme à l'esprit des rédacteurs internationaux qui ont voulu se référer à un seul tribunal qui par essence est unique[499]. Quoi que difficile à caractériser, un ensemble d'indices permettra d'éclairer le juge sur la compétence du siège principal d'exploitation. Pour y parvenir, la conception économique de l'exploitation devra être utilisée notamment le nombre d'employés sur le site, l'exploitation de nombreux appareils, la commercialisation de produits aériens...

Paragraphe III. Le tribunal du lieu de l'établissement ayant conclu le contrat

Imaginons une grande compagnie internationale, ayant son domicile ou le siège principal de l'exploitation à des milliers de kilomètres des victimes. Les rédacteurs du droit conventionnel ont voulu éviter aux demandeurs d'avoir à assigner le transporteur aérien devant un tribunal lointain en leur autorisant à porter l'action devant le tribunal où ce dernier « *possède un établissement par le soin duquel le contrat a été conclu* ». Il s'agit de la consécration du domicile secondaire du transporteur c'est-à-dire une succursale. Nous tenterons de définir la notion d'établissement (I) avant d'examiner les conditions permettant d'établir le tribunal compétent (II).

I. La notion d'établissement

Il est regrettable que l'article 28 de la Convention de Varsovie et l'article 33 de celle de Montréal, se soient abstenus de définir l'établissement. Pourtant on trouve les traces d'une définition de la notion d'*établissement* dans les travaux préparatoires de la Convention de Montréal[500]. L'établissement se définissait comme : « *les locaux loués par le transporteur en cause ou lui appartenant et à partir desquels par l'entremise de son propre personnel de direction et d'administration il gère ses affaires de transport aérien* ». Si cette conception étroite a été privilégiée en France et dans la

---

498 Procès-verbaux édictés par l'OACI, n°7838, p.77 et suiv.

499 *Duff c/ Varig*, Cour d'appel de l'Illinois, 29 juin 1989, 22 avi, 17367.

500 L'art.27-3 du projet de convention en date du 27 juin 1997, Doc. OACI, ref. : LE 4/51-97-65.

majorité[501] des pays européens, en revanche les juges américains et maliens ont fait le choix d'une conception largement extensive.

A. La conception étroite de l'établissement

La jurisprudence française s'est inscrite dans cette logique restrictive de l'établissement dans l'affaire *Herfroy*[502]. En effet, la Cour de Paris opposa un refus catégorique d'attribuer compétence au tribunal du lieu où se situe le bureau d'un simple mandataire permanent chargé de vendre des billets. Ainsi, ne constitue pas un établissement que possède le transporteur « *une installation commerciale totalement indépendante* » de la compagnie mandante. Cet arrêt traduit l'exigence d'une installation faisant partie du patrimoine du transporteur. Conformément à la jurisprudence des gares principales, certains auteurs estiment que

L'établissement doit disposer d'une « *organisation administrative et commerciale suffisante* »[503]. Par conséquent, cette interprétation exclut les agences de voyage dont la responsabilité ne relève pas du droit conventionnel. Le tribunal de grande instance de la Commune IV préfère parler de « ***Représentation du Mali*** » lorsqu'une compagnie étrangère est assignée devant elle[504].

B. La conception extensive de l'établissement

À l'antipode de la majorité des pays européens, la jurisprudence américaine apparait extrêmement libérale. En harmonie avec les accords de représentation conclus entre les compagnies aériennes, elle tend à élargir au maximum sa compétence[505]. Dès lors, que le billet est vendu par une autre compagnie suite à un accord de représentation ou par une agence de voyages représentant officiellement le transporteur, les tribunaux américains n'exigent pas que l'établissement appartienne en propre au transporteur. Ce qui importe est que l'établissement par l'intermédiaire duquel le contrat de transport est conclu, agisse au nom et pour le compte du transporteur.

Offusqué, Monsieur GRELLIERE, déclare que cette vision américaine viole « *la lettre et l'esprit* » du texte varsovien. Cette conception extensive semble séduire le juge malien qui consciemment ou non, n'objecte pas quand

---

[501] L'Allemagne fait exception ou les juges admettent de conférer la qualité d'établissement a un simple comptoir de vente ; Voir. *Oberlandesgericht Hambourg*, 18 nov. 1982, Transp. 1985, p.351; Air Law 1986-101, 11°27.

[502] Cour d'appel de Paris, 2 mars 1962, *Herfroy c/ Cie Artop et Companhia de Securos Imperio*, D. 1963, p. 69, note R. RODIERE ; RFD aéruen, 1961, p.384 ; RFDA, 1962, p. 177.

[503] G. VILLENEUVE, Le forum shopping dans la Convention de Varsovie, R.G. A. 1967, p.238.

[504] Jugement n°123 du 15 janvier 2015.

[505] Cour suprême New York, 18 déc. 1956, RFD aérien 1958.195; D. RAVAUD, La notion d'établissement au sens de l'article 28 de la convention de Varsovie : RFD aérien 1985, p. 161 ; H. ABERHAHMANE, thèse préc., p.611.

on assigne le transporteur devant le tribunal de l'agence émettrice du billet. Le passager Ibrahim TOURE, nous avoua qu'en avril 2006 il aurait assigné l'agence de voyage « *Timbouctour* » et la compagnie Erythrée Air line devant le Tribunal de la Commune IV de Bamako. Heureuse coïncidence que l'agence de voyage et le transporteur figuraient dans le ressort de la même juridiction. Un an plus tard, en février 2007, la Cour d'appel de Bamako aurait confirmé la victoire du sieur TOURE contre ses adversaires[506]. Dans le jugement n° 149 du 20 février 2013, l'agence de voyage « *Almadina* » a fait l'objet d'une assignation devant le tribunal de commerce de Bamako. De même, dans le jugement n° 52 du 22 janvier 2014, l'agence de voyage « *Arawane Tours* » était citée devant le même tribunal de commerce de Bamako. Il reste à vérifier les conditions permettant de situer le tribunal compétent.

II. Les conditions de reconnaissance du tribunal compétent

Il ne suffit pas que le transporteur possède un établissement dans le ressort, l'article 28 exige en outre que le contrat soit conclu par l'intermédiaire de cet établissement (A). Cependant, quelles peuvent être les conséquences de l'avènement des billets électroniques, sur la compétence territoriale des tribunaux à saisir (B) ?

A. La conclusion du contrat par l'établissement

L'esprit de l'article 28de la Convention de Varsovie et de l'article 33de celle de Montréal est d'une clarté sans appel : l'action peut être portée devant « *le tribunal du lieu où le transporteur possède un établissement par le soin duquel le contrat a été conclu* ». La doctrine française insiste sur la nécessité d'un « *lien reliant le contractant à l'établissement du transporteur* »[507]. En clair l'établissement doit jouer un rôle causal dans le placement du billet. Ainsi, ni la délivrance d'un billet*prepaid,* ni la modification en cours de route de certains éléments du contrat ne sont assimilables à la conclusion du contrat[508]. La jurisprudence suit cette tendance : n'est pas compétent le tribunal dans le ressort duquel se trouve *un établissement étranger à la conclusion du contrat*[509]. Et la Cour de cassation française dit qu'il suffit de « *l'intervention à un titre quelconque du bureau (local) du transporteur aérien* » dans la conclusion du contrat[510]. Dans un arrêt de 2011, la Cour de cassation réitère toujours ce critère de l'« *établissement par les soins duquel*

---

506 Nous n'avons pas pu mettre la main sur cette décision.
507 V. GRELLIERE, *La responsabilité du transporteur aérien international*, Thèse préc., p. 424 ; O.M. TERRENOIRE, *De l'influence communautaire dans la protection du voyageur*, Thèse prec., p.295.
508 G. LEGIER : RFD aérien 1993, p. 160.
509 TGI Paris, 28 avr. 1978 : RFD aérien 1978, p. 211.
510 Cass. Com., 14 mai 1991 : BTL 1991, p. 702.

le contrat a été conclu »[511]. Dans cette espèce, une société française confia à un commissionnaire de transport l'acheminement de colis vétérinaires de Lyon pour Danemark. Pour le trajet de Paris à Copenhague, le commissionnaire se substitue un transporteur aérien dont le siège social est à Stockholm. À l'arrivée de la marchandise est avariée. L'expéditeur et ses assureurs assignent le commissionnaire qui appelle en garantie le transporteur aérien devant le tribunal de commerce de Pontoise.

Ce dernier soulève une exception d'incompétence qui est rejetée par la juridiction. Saisie sur contredit, la Cour d'appel de Versailles confirme la décision aux motifs qu'un extrait du registre du commerce et des sociétés concernant le transporteur aérien fait état de son siège à Stockholm et de l'existence de cinq de ses établissements secondaires en France dont un à Roissy. La Chambre commerciale de la Cour de cassation casse et annule la décision en jugeant « *qu'en ne recherchant pas si la lettre de transport aérien avait en l'espèce été conclue par le soin de l'établissement du transporteur aérien situé à Roissy* », la Cour d'appel n'a pas légalement justifié sa décision confirmant le premier jugement. Les auteurs français se convainquent que la Convention de Varsovie s'est inspirée de la jurisprudence des gares principales qui autorise l'assignation du transporteur devant le tribunal de sa succursale relativement autonome et que l'opération ait été traitée dans cette succursale. En revanche, les tribunaux américains passent outre cette condition en autorisant les passagers à porter leur action devant le tribunal de tout établissement du transporteur, alors que le contrat de transport a été conclu sans l'intermédiaire de cet établissement. Les juges américains interprètent le libellé de l'article 28 comme donnant compétence au « *tribunal du lieu de l'établissement par les soins duquel le contrat aurait pu être conclu*[512] ». Le raisonnement de l'interprétation américaine ne manque pourtant pas de logique. En effet, du moment où un transporteur aérien établit une succursale dans un pays étranger, il accepte d'être assigné dans ce pays, même si sa succursale locale n'a point émis le billet.

Le juge malien se reconnait dans cette interprétation américaine, même si on sent un glissement vers la consécration indirecte « *du tribunal du lieu de conclusion du contrat* ». Ayant acheté un billet d'avion Bamako-Luxembourg par les soins de l'agence de voyage « *Azur Voyage* » en Commune IV du district de Bamako, le tribunal de commerce a autorisé le sieur DIARRA à assigner devant lui le 27 novembre 2015 la compagnie *Tap Portugal* qui n'a point participé à la conclusion du contrat. L'affaire étant inscrite au rôle, l'audience s'est tenue le 13 décembre 2015[513]. Il y a lieu de relever que *Tap Portugal* est très faiblement représentée à Bamako par un petit bureau sans autonomie, sis à l'entrée de l'aéroport et dont le personnel travaille à mi-temps, seulement les après-midis.

---

[511] Cass. com., 8 Nov. 2011, n° 10-28.069: Juris Data n° 2011-024438.

[512] H. ABDELHAMAN, *La responsabilité civile du transporteur aérien en droit American,* français et irakien, Thèse Paris II, 1988, *op. Cit.*, p.101

[513] T. com Bamako, jugement n°31.

La position malienne et américaine pourrait aller à l'encontre des intérêts du transporteur, qui pourra être assigné devant les tribunaux d'un pays avec lequel il n'a pas forcement de lien de rattachement important. D'ailleurs cette vision ne nous parait pas contraire aux conventions internationales, du moment où l'organe qui émet le billet, agit au nom et pour le compte du transporteur. D'où l'intérêt de la « *Représentation* » évoquée par le tribunal de la Commune IV[514]. Mais il y va de l'intérêt du futur du transport aérien. C'est regrettable que les juges français restent cantonnés sur l'interprétation littérale de l'article 28 sans tenir compte des multiples changements intervenus depuis 1929.

L'interprétation littérale vise à comprendre le texte lui-même en précisant le sens des termes. Cette représentation grammaticale se réfère aux règles normales et usuelles de la langue. Elle repose sur une recherche lexicologique et philosophique. Dans cette perspective selon Monsieur BERGEL[515], la détermination du sens des mots est primordiale. Cependant, l'interprétation littérale n'est pas suffisante face à un texte obscur, ambigu ou incomplet. L'exégèse ne faisant pas prévaloir la lettre sur l'esprit du texte, l'interprète doit rechercher « ***l'intention du législateur*** »[516] en pénétrant l'esprit du dit texte.

B. La difficulté liée à l'avènement des billets électroniques

Le futur du monde en général et du transport en particulier c'est à travers les technologies de l'information et de la communication. Ce n'est pour rien que la plupart des conventions internationales[517] intègre désormais le contrat électronique notamment le billet. En effet, l'article 3 alinéa 2 de la Convention de Montréal donne la possibilité au transporteur de délivrer le billet sur support électronique en plus du support papier classique. Ce texte semble postuler pour le principe de l'équivalence fonctionnelle entre le billet support papier classique et le billet électronique. Dans le contrat de transport aérien, l'émission d'un billet électronique n'est pas sans conséquence sur la compétence territoriale des juridictions à saisir. Imaginons l'hypothèse d'un passager qui achète son billet sur internet et qu'un dommage lui arrive. Comment les juges pourront localiser l'établissement émetteur du billet, internet étant par vocation un « monde virtuel » ?

D'abord dans une première approche, on tentera de déterminer le lieu où se trouvent les serveurs du transporteur ayant enregistré l'achat du billet. Malheureusement, de nombreux operateurs surtout occidentaux externalisent leurs services informatiques auprès des sociétés spécialisées. Ensuite, on

---

514 Jugement n°123 du 15 janvier 2015 précité.

515 J.-L. BERGEL, Méthodologie juridique, préc., p. 238.

516 J. CARBONNIER, cité par J.L. BERGEL, idem, p. 239.

517 La convention de Hambourg du 31 mars 1978 sur le transport international de marchandises par mer est l'une des premières à prendre en compte cette nouvelle donne ; l'article 2 paragraphe e. de l'acte uniforme relatif aux contrats de transport de marchandise par route du 22 mars 2003.

pourrait imaginer qu'à travers internet, les compagnies aériennes ont voulu mettre un « *établissement virtuel* » auprès de chaque internaute, ce qui nous renvoie devant le tribunal du domicile du passager. Or, la Convention de Montréal a prévu un article spécifique sur cette compétence.

Enfin, on pourrait supposer que l'établissement serait l'endroit où les commandes informatiques sont traitées par les agents commerciaux du transporteur. Même là, nous ne sommes pas au bout de nos peines, dans le cas où les transporteurs décident de centraliser tous les traitements des achats en ligne dans des pays tiers. Aucune de ces solutions n'est guère satisfaisante. Dès lors, seule une interprétation extensive de la notion d'établissement nous fera sortir de l'impasse. Contrairement aux critiques de la doctrine française, la vision extensive malienne et américaine parait mieux adaptée aux réalités concrètes du transport aérien du 21e siècle, notamment les nouveaux circuits de commercialisation des billets électroniques. Il reste à aborder les autres juridictions en rapport avec le passager.

SECTION II. LES ÉLÉMENTS AYANT TRAIT AU PASSAGER

Outre les juridictions liées à la personne du défendeur, les conventions internationales permettent également de saisir les tribunaux en rapport avec le voyageur. Si la Convention de Varsovie retient la compétence du tribunal du lieu de destination (paragraphe I), celle de Montréal va plus loin en introduisant le tribunal du domicile du passager (Paragraphe II).

Paragraphe I. Le tribunal de destination

L'article 28 de la Convention de Varsovie autorise enfin le demandeur à porter son action devant le tribunal du lieu de destination. Au préalable, la détermination du lieu de destination (A) n'est pas sans susciter des difficultés surtout dans les transports successifs et de fait (B).

I. La détermination du lieu de destination

La destination peut signifier : l'endroit où l'on veut se rendre. C'est donc le but final de l'opération de transport aérien.

A. La référence au titre de transport

La détermination du lieu de destination ne peut résulter que de l'accord des parties. C'est pourquoi le second alinéa de l'article 1er de la Convention de Varsovie précise que le lieu de destination est déterminé « *d'après les stipulations des parties* ». Ce point d'arrivée est normalement déterminé par les parties dans le titre de transport sans tenir compte des escales. Peu importe que le voyage soit interrompu par mauvais temps, ou que le passager décide de rester définitivement sur une escale. C'est ainsi que dans l'affaire *Galli*, le passager ayant pris un billet aller-retour Sao Paulo-Miami-New York-Miami-Sao Paulo, la Cour de New York s'est déclarée incompétente en relevant que Sao Paulo demeurait le seul lieu de destination puisque mentionné sur le billet[518]. Cette solution nous parait transposable dans les hypothèses suivantes : d'abord si l'avion n'a jamais décollé de l'aéroport de départ, ensuite en cas de détournement du vol de trajectoire initiale, enfin si le vol s'est écrasé avant d'atteindre sa destination. Il faut préciser que dans le cadre d'un voyage aller-retour ou voyage circulaire (Bamako-Abidjan-Dakar-Abidjan-Bamako) les magistrats s'accordent que le tribunal du lieu de destination est celui du point de départ, car le déplacement est considéré comme un tout[519]. De même dans le cas d'un billet « *open* » avec plusieurs escales, obligeant le passager à réserver en temps utile sa place lors de chaque escale s'il désire exécuter le reste du trajet, il faut aussi se référer au billet de passage (art. 3 alinéa 2 C.V.). Le tribunal compétent sera celui du lieu indiqué sur le billet comme point destination. Ainsi, il a été jugé que dans le cas d'un billet Paris-Dakar-Conakry, comportant la mention open pour la phase Dakar-Conakry, le point de destination n'était pas Dakar, lieu d'interruption du transport, mais Conakry, point de destination mentionné sur le billet[520].

B. L'impasse de destination

L'interprétation de l'article 28 soulève une problématique spéciale dans l'hypothèse où le titre de transport donne compétence non pas au tribunal du lieu de destination mentionné sur le billet, mais au tribunal dans le ressort duquel se trouve l'aéroport dont le nom est mentionné sur ledit billet. C'est regrettable que les rédacteurs internationaux n'aient pas précisé la définition exacte du tribunal correspondant au lieu de destination. Monsieur TOSI qualifie cette impasse de problème d'« *organisation judiciaire* »[521]. Doit-on considérer l'aéroport ou la ville de rattachement du lieu de destination ? L'agglomération parisienne disposant de deux aéroports internationaux, s'il est mentionné sur un billet de passage « Paris-Orly », quel sera le tribunal compétent entre celui d'Evry et de Paris ?

La Cour de cassation française trancha le débat. Pour elle, s'il est constant que la compagnie aérienne devait bien transporter le passager, non jusqu'à un point quelconque de Paris, mais seulement jusqu'à l'aérogare d'Orly, cet aérogare constitue le lieu de destination et justifie la compétence du tribunal d'Évry-Corbeil puisque l'aérogare est principalement implantée sur le

---

518 *Galli v. AI Brasilian International* Airlines, jugée le 7 avril 1961, citée par N. DELEUZE, *La responsabilité du transporteur aérien de la communauté*, thèse préc., n° 371.

519 TGI Paris, 28 avr. 1978 : RFD aérien 1979, p. 80 ; Cour suprême New York, 3 janv. 1964, Il *Diritto Aereo* 1968.50 ; *Bundesgerichtshof* 23 mars 1976, RFD aérien 1977, p. 99.

520 CA Dakar, 15 mars 1963, RFD aérien 1963, p. 234.

521 J. P. TOSI, Transport Aériens, Responsabilité Civile et Assurances, fasc.460-20, mai 2005, n° 130, p.101.

territoire du département de l'Essonne[522]. En clair, il n'est donc pas exclu que le lieu de destination d'un voyage aérien soit l'aéroport où est effectué le débarquement des passagers.

La doctrine n'a pas manqué de critiquer cette jurisprudence comme étant une dénaturation des stipulations contractuelles[523]. Au Mali le problème ne s'est pas encore posé, mais l'incertitude demeure. L'aéroport international Modibo Keita est à Bamako[524], or, Bamako est divisé en six communes, chacune ayant sa propre juridiction de premier degré. Alors quelle serait la juridiction du lieu de destination entre le tribunal de la Commune VI, lieu d'attache de l'aéroport de Bamako et les cinq autres tribunaux de la ville de Bamako ? Dans l'attente d'un cas futur, nous sommes convaincus que la compétence devrait revenir au tribunal de la Commune VI conformément aux dispositions de l'article 28 de la Convention de Varsovie. Or, à ce jour le tribunal d'instance de la Commune VI n'a jamais été saisi d'un quelconque contentieux de droit aérien d'après son greffier en chef[525].

II. La particularité des transports successifs et de fait

Face aux transporteurs successifs le principe de compétence des quatre tribunaux reste maintenu (A), mais s'agissant des transporteurs de fait, nous assistons à une augmentation de juridictions supplémentaires pouvant être saisis par le demandeur (B).

<u>A. Les transports successifs</u>

Si le déplacement est réalisé par deux ou plusieurs transporteurs aériens, s'agit-il d'un transporteur unique avec un seul lieu de destination ou, au contraire, doit-on y voir une succession de contrats ? Le 3e alinéa de l'article 1erde la Convention de Varsovie dispose qu'en cas de transports successifs, l'opération de transport constitue une seule opération lorsqu'elle *« a été envisagée par les parties comme une seule opération. »* Dans ce cas, le tribunal compétent est celui de la destination finale. Telle est la conviction des tribunaux américains qui voient dans les transports successifs, *un contrat unique*[526]. En revanche, la jurisprudence française, partant de l'article 30 de la Convention de Varsovie relatif aux transports successifs, est plutôt favorable à l'idée d'une pluralité de contrats[527]. L'on n'est pas sorti de l'impasse avec ces solutions incertaines.

---

522 Cass. 1re civ. 16 avr. 1975, Bull. civ. I, n° 135, RFD aérien 1975.293, BT 1975, p. 406.
523 J.PTOSI, « transport aérien », *in Juris-classeur, Fasc.* 460-10 : Mai 2005, p.102
524 En janvier 2016 l'aéroport de Bamako-Sénou fut baptisé au nom du 1er président du Mali, feu Modibo KEITA.
525 Entretien avec Moussa KONE le greffier en chef de ladite juridiction, le16 décembre 2016. Ce Monsieur est décédé courant février 2017.
526 Voir LEGIER, article préc. : RFD aérien 1987, p. 289.
527 Voir CA Paris, 27 mars 1962, RFD aérien 1962, p. 179.

B. Le transport de fait

Pour rappel, le transport *de fait* est celui qui est effectué, en vertu d'une autorisation donnée par le transporteur contractuel tout ou partie du contrat de transport. Dans le transport de fait, l'article 8 de la Convention de Guadalajara devenu article 46 de la Convention de Montréal dispose que « *Toute action en responsabilité (...) doit être portée, au choix du demandeur, soit devant l'un des tribunaux où une action peut être intentée contre le transporteur contractuel (...), soit devant le tribunal du domicile du transporteur de fait ou du siège principal de son exploitation* ». Dès lors, la victime dispose de deux *fors* supplémentaires. D'abord, elle a la faculté d'assigner les deux transporteurs, ou l'un d'entre eux, devant l'un des tribunaux ou une action peut être intentée contre le transporteur contractuel, conformément à l'article 28 de la Convention de Varsovie, soit devant le tribunal du domicile du transporteur de fait ou du siège principal de son exploitation. Il y a lieu d'ajouter que celui des transporteurs qui est assigné peut appeler l'autre en intervention devant le tribunal saisi (art. 45 Convention de Montréal). Il s'agit donc de ce que le Professeur TOSI appelle « *une large solidarité procédurale*[528] » qui va s'installer entre les transporteurs sous-traiteur et sous-traitant.

Paragraphe II. Le tribunal du domicile du passager

La Convention de Montréal instaure une nouvelle compétence juridictionnelle liée au domicile du passager (*for personnel*) au second paragraphe de son article33qui autorise les victimes, en cas de décès ou de lésions corporelles, de porter l'affaire devant la juridiction où elles ont leur domicile. Quels ont été les enjeux d'un *for* personnel (I) ? Quelles sont les conditions de sa mise en œuvre (II) ?

I. Les enjeux d'une cinquième juridiction

Il s'agit d'une des grandes innovations retenues par les rédacteurs de la Convention de Montréal à la demande des États-Unis d'Amérique. Elle prévoit en son article 33paragraphe1er les mêmes dispositions que celles énoncées à l'article 28 de la Convention de Varsovie et ajoute dans un paragraphe 2, un texte comparable à celui de la Convention de Guatemala, sans toutefois viser les dommages résultant du retard ou du transport de bagages. Le paragraphe2 énonce qu'*« en cas de mort ou d'une lésion corporelle »,* l'action peut être intentée au choix du demandeur soit devant l'un des quatre *fors* traditionnels, soit devant la juridiction ayant son ressort « *sur le territoire d'un État partie où le passager a sa résidence permanente et principale* ». Il s'agit d'une reforme audacieuse (A) conforme à la volonté

[528] J.P. TOSI, « transport aérien », *Juris-classeur, Fasc*. 460-10, Mai 2005, p.102.

de protection des passagers aériens par le géant américain. Toutefois, elle n'a pas manqué de soulever des objections (B).

A. Une reforme audacieuse

L'enjeu de cette cinquième compétence fut considérable. Usant de ce que certains auteurs[529] qualifient d'***« impérialisme juridique »,*** les américains firent de l'adoption de cette cinquième juridiction une *« question de vie ou de mort ».* En effet, malgré les inquiétudes et les réticences des transporteurs, les rédacteurs internationaux ont cédé à la pression du gouvernement américain qui menaçait de paralyser la nouvelle Convention. Le but inavoué de cette réforme était d'instituer une *« compétence universelle des tribunaux américains*[530] *»* permettant aux passagers américains de pouvoir plaider devant les juridictions de leur pays. Cependant les justifications données par le Comité juridique de l'OACI emportent la conviction. Quoi de plus normal que d'offrir l'opportunité à un passager de saisir le tribunal de son domicile du moment où le transporteur y exerce une activité économique régulière. Nonobstant les critiques dont elle a fait l'objet, cette réforme s'est inscrite dans une logique de protection accrue du passager aérien, en lui facilitant l'accès à la justice.

B. Une reforme critiquée

Le principe d'une cinquième compétence s'est heurté aux réticences des pays dits en voie de développement et des compagnies aériennes, américaines y comprises. D'abord le groupe d'études du secrétariat sur la modernisation de la Convention de Varsovie réuni à Montréal les 12 et 13 février 1996 relevait l'incohérence de la réforme dans l'hypothèse où il peut n'y avoir aucun lien entre l'État dans lequel sera jugée l'affaire, la nationalité du transporteur, et le trajet effectué. Si plusieurs tribunaux sont appelés à connaitre simultanément du même accident aérien[531], il y a lieu de craindre des appréciations contradictoires quant à la cause du fait dommageable. Il serait souhaitable que les juridictions compétentes se dessaisissent au profit du premier juge saisi, ou de celui à l'égard duquel l'affaire présente assez d'éléments de rattachement. D'où tout l'intérêt du *forum non conveniens* pratiqué aux Etats-Unis d'Amérique. En vertu de cette pratique, les juridictions peuvent user de leur pouvoir discrétionnaire afin de renvoyer l'affaire qui leur était soumise devant un tribunal étranger,

---

[529] Voir L. BABY, « Le projet de modernisation de la Convention de Varsovie : l'évolution souhaitée des limites de réparation du transporteur aérien résistera-t-elle à la cinquième juridiction ? » RFD aérien, 1999, vol 209, n°1, p.18.
[530] F. LETACQ, Juris-Classeur Transport, Fasc.925, 21 avril 2011, n°160, p.192.
[531] Il n'existe pas d'exceptions de litispendance dans le droit conventionnel.

Également compétent, car étant *mieux approprie*[532]. L'action des défendeurs visant à obtenir *le forum non conveniens* doit être intentée, suffisamment tôt, sous peine de se voir rejetée[533]. Enfin certaines compagnies et des États en voie de développement reprochent au *for* personnel de remettre de cause le fragile équilibre économique du transport aérien, en leur créant une charge supplémentaire, ayant une incidence sur les primes d'assurance. Avec cette cinquième juridiction, un accident survenu en Afrique, avec une compagnie africaine, pourra désormais être indemnisé devant les tribunaux américains. Connaissant la prodigalité des tribunaux américains à accorder des dommages et intérêts sans commune mesure avec le préjudice, on comprend aisément la crainte justifiée des pays du sud. Heureusement que cette cinquième compétence n'est applicable que sous certaines conditions.

II. Les conditions de sa mise en œuvre

Trois conditions cumulatives sont requises pour que soit ouverte l'option de la cinquième compétence.

A. Une résidence principale ou permanente au moment de l'accident

Il faut que le passager ait en cette résidence, au moment de l'accident, son « *lieu unique de séjour fixe et permanent* », quelle que soit sa nationalité (art. 33 Convention de Montréal, paragraphe 3, b). La référence du texte à un domicile *principal* autorise à écarter les éventuelles résidences secondaires du passager. À la résidence principale, a été ajouté un concept temporel, *la permanence.* L'objectif visé est d'éviter que le passager ne puisse prévaloir d'un domicile temporaire. Il revient au juge du fond d'apprécier le baromètre temporel. Enfin, l'article 33 paragraphe 2 exige la concomitance entre la résidence principale et la survenance de l'accident. En vue d'éviter des interprétations différentes entre les États, le texte de l'article 33 anticipe en donnant une définition claire de la notion de résidence principale et permanente qui « désigne *le lieu unique de séjour fixe et permanent du passager au moment de l'accident* ». Par ailleurs, la nationalité du passager ne saurait prospérer dans la désignation de son lieu de résidence principal. Cette condition exclut la possibilité pour les personnes résidant depuis de nombreuses années à l'étranger de porter leur action devant les juridictions de l'État dont elles ont la nationalité.

---

[532] La règle du *forum non conveniens* est souvent appliquée lorsque les liens avec les territoires des Etats-Unis n'ont que peu de rapports avec le trajet.

[533] Affaire Air *Crash Disaster Near New Orleans*, 9 juillet 1982, Pan American World Airlines, Inc v. Lopez, Citée par S. J. Fearon, Condon & Forsyth, NY, « La nouvelle convention de Montréal de 1999, une vision américaine, », in RFD aérien 1999, n°4, p.400.

B. L'exploitation de services de transport aériens par le transporteur

Il faut que le transporteur exploite des services de transport aérien vers ou à partir de cet État, « *soit avec ses propres aéronefs, soit avec les aéronefs d'un autre transporteur en vertu d'un accord commercial* ». La certitude étant l'art des juristes, le paragraphe 3, a) de l'article 33 de la Convention de Montréal précise que l'« *accord commercial signifie un accord autre qu'un accord d'agence conclu entre des transporteurs et portant sur la prestation de services communs de transport aérien de passagers.* » Par cette précision, il ne s'agit non pas de simples accords commerciaux moins stratégiques entre compagnies, mais de véritables partenariats économiques intervenus dans le secteur. Reste donc exclue la simple revente des billets régulièrement pratiquée entre les compagnies.

C. L'exercice d'activité dans des locaux loués ou possédés par le transporteur

Il faut que le transporteur (ou un autre transporteur avec lequel il a conclu un accord commercial) loue ou possède dans cet État des locaux à partir desquels il mène ses activités de transport aérien. Dans l'esprit des rédacteurs, à défaut d'une exploitation directe de son activité dans un pays donné, il faut nouer un partenariat solide avec un autre transporteur y opérant. C'est dire que les accords d'alliance notamment accords de partage de code ont de beaux jours devant eux[534]. Il est aisé de remarquer, qu'en plus de l'avion, le critère de rattachement de l'activité du transporteur à l'Etat de résidence du passager, retient aussi les locaux que ce dernier utilise dans le cadre de son exploitation. Certains auteurs voient en cela « *un critère de rattachement d'activité renforcée* » de la cinquième juridiction[535]. Si les textes internationaux déterminent la compétence territoriale, qu'en est-il de la compétence d'attribution ?

---

[534] V. O. DELOBELLE, *Les accords de partage de code (code sharing) et d'interligne* (interligne), mémoire DESS, Aix en Provence, 1996.

[535] O. M. TERRENOIRE, *De l'influence communautaire dans la protection du voyageur*, Thèse, université Jean Moulin Lyon 3, 2005, p.309.

CHAPITRE II

LA COMPÉTENCE MATÉRIELLE

Une fois la compétence territoriale connue, quelles sont les juridictions pouvant se voir attribuer la connaissance du litige ? Il s'agit de régler la problématique de la compétence d'attribution. Organiser la diversité des *organes assurant la protection juridictionnelle*[536] revient à donner des règles attributives de compétence à chacune de ces juridictions. Les règles attributives de compétence ont donc pour objet d'indiquer la nature et le degré de la juridiction à saisir. C'est ainsi que l'article 18 du CPCCS[537] dispose que : « *La compétence des juridictions en raison de la matière est déterminée par les règles relatives à l'organisation judiciaire et par les dispositions particulières.* » Cette formule est une reproduction *mutus mutandis* de l'article 33 du Code de procédure civile français. Elle précise nettement que les règles de compétence d'attribution sont fixées par des textes propres aux diverses juridictions.

Cependant les conventions de Varsovie et de Montréal restent muettes sur la compétence d'attribution. Ces conventions ne renvoient donc pas à un tribunal matériellement compétent. Certes, elles donnent compétence aux tribunaux d'un pays, mais elles ne spécifient point, quel est le tribunal compétent parmi les tribunaux de ce pays. Les auteurs français sont unanimes que « *la détermination de la compétence d'attribution relève du droit interne* »[538]. L'étude de la compétence d'attribution nous conduit à une division fondamentale entre d'une part, les juridictions d'instance civiles ou commerciales (section 1) et d'autre part, les juridictions répressives (section 2).

---

[536] S. GUINCHARD, C. CHAINAIS, F. FERRAND, *Procédure Civile : Droit interne et droit de l'Union européenne*, Dalloz, 32ème éd., 2014, p.1003, n°1475.

[537] Décret n°99-254/P-RM du 15 septembre 1999 portant Code de procédure civile, commerciale et sociale au Mali, modifié par le décret n°09- 220- P-RM du11 mai 2009.

[538] B. MERCADAL, *Transports Aériens, Répertoire de droit commercial*, n°238, p.159 ; F. LETACQ, « Titre de transport : - Responsabilité - Actions en réparation », *Juris-Classeur* Transport, fasc. 925, 21 avril 2011, n°145, p.118.

SECTION I. LE PRINCIPE DE LA COMPÉTENCE DES TRIBUNAUX D'INSTANCE

Par juridictions d'instance, nous visons fondamentalement les tribunaux civils et commerciaux de Bamako. Compte tenu de l'absence de *tribunaux aériens* au Mali[539] ayant une compétence exclusive pour connaitre des litiges de droit aérien, ce sont les juridictions de droit commun (tribunal civil) ou d'exception (tribunal de commerce) qui devraient connaitre de l'action. La saisine de tel tribunal plutôt que de tel autre peut ainsi entrainer des conflits de juridiction. Au Mali ce conflit ne cesse de s'empirer entre le tribunal commerce de Bamako et le tribunal de première instance de la Commune II, ce qui a donné lieu à un « *bricolage* » de la Cour d'appel.

Paragraphe I. Position du problème

Il faut rappeler que la capitale malienne Bamako est subdivisée en six (6) circonscriptions administratives appelées « communes ». Chacune des communes dispose d'un tribunal de première instance (ci-après TPI) devenu « *formellement* » tribunal de grande instance (ci-après TGI) depuis juillet 2011[540]. Il y a une Cour d'appel et un tribunal de commerce pour l'ensemble des communes. Rappelons qu'en cas litige de droit aérien, les conventions de Varsovie et de Montréal autorisent le demandeur à porter son action « *soit devant le tribunal du domicile du transporteur, du siège principal de son exploitation ou du lieu où il possède un établissement par le soin duquel le contrat a été conclu...* ». À Bamako, beaucoup de compagnies aériennes ont leur représentation en Commune II, précisément à l'Hôtel Laico de l'amitié, toute chose qui relève du ressort du TGI de cette commune. Cependant, le tribunal de commerce malgré sa position géographique car situé en Commune III s'est déclaré toujours compétent dans les actes mixtes opposant un passager au transporteur domicilié en Commune II. Il convient de présenter brièvement le tribunal de commerce (I) avant d'analyser son positionnement « constant » (II).

I. Présentation du tribunal de commerce

Les juridictions commerciales font partie de l'organisation judiciaire au Mali et n'existent qu'au premier degré. Les appels formés contre les décisions des tribunaux de commerce sont portés devant la Cour d'Appel et les pourvois devant la Cour suprême. Cependant depuis l'avènement de l'OHADA, la Cour commune de justice et d'arbitrage (ci-après la CCJA, prévue à l'article 14 du Traité) est désormais devenue la juridiction de cassation des décisions rendues par les juridictions des États parties, à l'exception des litiges de droit aérien.

---

539 À ce jour aucun État signataire des conventions de Varsovie et de Montréal ne dispose de tribunaux aériens.

540 Loi n° 2011-037 du 15 juillet 2011.

Au demeurant il existe au Mali des tribunaux de commerce depuis la loi n° 88/AN-RM abrogée par la loi n° 2011-037 du 15 juillet 2011 portant organisation judiciaire au Mali et ce, dans le ressort territorial de chacune des trois Cours d'appel : Bamako, Kayes et Mopti. Mais depuis septembre2011, un nouveau décret[541] a réorganisé le ressort des cours d'appel passant de trois à six cours d'appel. Egalement les tribunaux de commerce vont connaitre une nouvelle répartition des ressorts. À cet effet, l'article 6 du décret susvisé dispose que :

« *Le ressort des tribunaux de commerce est fixé comme suit : Tribunal de commerce de Kayes : Région de Kayes ; Tribunal de commerce de Sikasso : Région de Sikasso ; Tribunal de commerce de Ségou : Région de Ségou ; Tribunal de commerce de Mopti : Région de Tombouctou et Mopti ; Tribunal de commerce de Gao : Région de Kidal et Gao ; Tribunal de commerce de Bamako : Région de Koulikoro et District de Bamako* ».

Ce qui nous intéresse, c'est le tribunal de commerce de Bamako, qui couvre toute la capitale malienne plus la région de Koulikoro située à 40kilomètres. En raison de ses traits particuliers, la juridiction commerciale (en tout cas celle de Bamako) reste très convoitée. (Cf. Tableau N° 1 et N° 2)

A. Ses traits particuliers

La particularité du tribunal de commerce de Bamako tient à sa composition (1) et à son fonctionnement (2).

1. Composition

Aux termes de l'article 7 de la loi du 22 août 2000, le tribunal de commerce est composé d'un Président, d'un ou plusieurs juges au siège, des juges consulaires, d'un représentant du ministère public, d'un Greffier en chef, de greffiers et des secrétaires de greffe. Chaque tribunal de commerce comporte une ou plusieurs chambres, composées chacune d'un président, de deux juges consulaires, d'un greffier, et lorsque la nature de l'affaire le requiert, d'un représentant du ministère public. Le représentant du Procureur de la République près le tribunal de première instance dans le ressort duquel se trouve le siège du tribunal de commerce exerce le rôle du ministère public devant cette juridiction. Le président appartient au corps des magistrats. Quant aux juges consulaires ce sont des commerçants désignés par leurs pairs pour une période de 4 ans, renouvelable une fois. Avant d'entrer en fonction, ils prêtent serment[542] à l'audience de la Cour d'Appel. Les fonctions de juge consulaire ne sont pas rétribuées. Toutefois il lui est alloué une indemnité dont le montant et les modalités sont fixées par décret pris en conseil des ministres.

---

[541] Décret n°2011-580/P-RM du 13 sept.2011 fixant le ressort des juridictions …

[542] La formule du serment est la suivante : « *je jure et promets en mon âme et conscience de bien et fidèlement remplir mes fonctions, de grader religieusement le secret des délibérations, et de me conduire en tout comme un digne et loyal magistrat* ».

Enfin, la procédure suivie devant les tribunaux de commerce est celle prévue par le Code de procédure civile, commerciale et sociale et les actes uniformes OHADA.

2. Fonctionnement

Selon l'article 2 de la loi de 2000 précitée, les tribunaux de commerce sont compétents pour connaitre :

- des contestations relatives aux engagements et transactions entre commerçants,
- celles relatives aux actes de commerce entre toutes personnes et tout ce qui concerne les procédures collectives et d'apurement du passif.

Cependant les parties peuvent au moment où elles contractent, convenir de soumettre leur contestation à des arbitres.

Par ailleurs l'article 5 exclut de la compétence des tribunaux de commerce :

- les actions intentées contre un propriétaire, un exploitant agricole ou un éleveur pour vente de production provenant de son cru,
- les actions intentées contre un commerçant pour paiement de denrées et de marchandises achetées pour son usage personnel.

Ensuite l'article 6 précise que les tribunaux de commerce jugent en dernier ressort :

- toutes les demandes dans lesquelles les parties acceptent d'être jugées définitivement et sans appel ;
- toutes les demandes dont le principal n'excède pas 5.000.000F CFA.

Enfin, le tribunal civil de droit commun est compétent tant qu'un tribunal de commerce n'est pas mis en place.

B. Une juridiction convoitée

On pourrait être tenté de parler d'« *analyse psychosociologique* » de la réalité judicaire malienne. À Bamako, le tribunal de commerce semble à notre avis être la juridiction la plus convoitée. Au tribunal de commerce de Bamako en 2011 sur 692 affaires traitées il y a eu14 cas de contentieux aériens, ce qui correspond à 2 % et cela donne relativement un procès par mois en matière de droit aérien. (Cf. tableau N° 1 et N° 2).

Trois grandes raisons peuvent expliquer cette convoitise. La clémence du juge consulaire à l'égard des victimes (1), la célérité de la procédure (2) et le caractère définitif de la plupart des décisions rendues par le tribunal de commerce (3).

1. La protection des intérêts des victimes

Au regard de la prodigalité du tribunal de commerce à accorder des dommages et intérêts sans commune mesure avec le préjudice, on comprend aisément la ferveur dont il fait l'objet de la part des victimes. Les victimes pensent que c'est une juridiction toujours généreuse quant au montant des dommages-intérêts accordés. Dans l'affaire Fodé Kaba CAMARA contre la RAM[543], le juge n'a pas hésité à prononcer une condamnation monumentale de **50.000.000F** CFA. De mémoire de praticien, l'avocat Me Aboubacar S. DIARRA[544] nous confia n'avoir jamais vu une telle forte condamnation en dommages-intérêts.

2. La célérité de la procédure

La justice africaine et en particulier, malienne se caractérise par sa lenteur. Cependant, la procédure devant le tribunal de commerce de Bamako connait une certaine diligence. Cela peut se comprendre, car elle comporte sept magistrats, tous jugent au siège, contrairement aux autres juridictions d'instance qui n'en ont que trois ou quatre. Cette diligence pourrait être illustrée par l'affaire *Souleymane DIARRA* contre la compagnie *Tap Portugal*. Après sa saisine aux fins de réparation de préjudices pour retard, le juge rendit sa décision en moins de deux mois[545]. Il faut s'en réjouir. À ce jour, dans une volonté de mieux faire, le tribunal de commerce est en train de mettre en place un « *protocole de procédure* [546] » en vue de limiter la lenteur. De l'avis du juge SISSOKO la lenteur serait liée à deux facteurs : d'abord à l'instance, ensuite à la délivrance du jugement[547]. Ce protocole de procédure devra cadrer le timing de l'instance, notamment la mise en état qui ne doit pas dépasser deux mois. Il y aura également d'après le juge SISSOKO[548] l'établissement d'une « *fiche d'évaluation* » pour chaque juge visant à savoir notamment le nombre de dossiers qu'il a en audience, le nombre de ses délibérés et jugements. Ce protocole réfléchi et proposé par les juges du tribunal de commerce au barreau malien depuis plus d'un an, n'a pas encore reçu de réaction de la part du barreau à travers son bâtonnier.

3. Des décisions rendues en dernier ressort

L'article 6 de la loi du 22 aout 2000 précitée offre la possibilité aux juridictions commerciales de statuer en dernier ressort[549]. D'abord lorsque les parties renoncent aux voies de recours. Ensuite si le montant de la demande n'excède pas 5.000.000F CFA. Etant donné que ce sont les pertes de bagages qui sont très récurrents et dont la réparation oscille entre un à quatre millions,

---

543 T.com Bamako, jugement n°292 du 30 avril 2014.

544 Ancien secrétaire général de l'association des jeunes avocats du Mali de 2011 à 2015, il est devenu en 2016 secrétaire chargé de la formation au sein du barreau malien.

545 Jugement n°31, préc.

546 Par les soins du juge Djigui SISSOKO, nous avons pu nous procurer d'un exemplaire de ce protocole de 9 pages qui sera mis en annexe.

547 Après le délibéré, les plaideurs attendent souvent plus de 4 mois avant de mettre la main sur le jugement rédigé.

548 Entretiens avec le juge Djigui SISSOKO le 14 /03/ 2016 ; le 09/10/2016.

549 La loi n°00-057/AN-RM du 22 août 2000 portant institution des tribunaux de commerce au Mali.

par conséquent le procès prend fin par la décision du juge commercial. Il reste à examiner le refus du juge commercial de céder sa compétence au profit d'une autre juridiction.

II. La constance du tribunal de commerce de Bamako

En France, la compétence du tribunal de commerce est acquise, s'agissant du transport des marchandises, tandis que celle du tribunal de grande instance, tribunal de droit commun des non-commerçants est acquise s'agissant des actions en réparation exercées par les passagers à l'égard du transporteur[550]. Les juridictions de fond en France ont ainsi consacré une solution des plus alambiquées. En effet, vouloir ne retenir que la compétence du tribunal de commerce dans le transport de marchandise et celle du TGI pour le transport de personne, est une entorse à l'orthodoxie juridique dans la théorie des actes mixtes. Le juge commercial malien, prend carrément le contrepied de cette fausse solution française en retenant toujours sa compétence non seulement dans le transport de marchandises, mais également dans du transport de passagers. Cependant, il tombe dans une exagération en maintenant sa compétence même si le transporteur est domicilié dans le ressort d'une autre juridiction.

A. Etude de cas

Nous avons trié trois décisions pour étayer notre propos.

- **1er cas :** En octobre 2013, Madame TOURE, voulant se rendre à New-York par la RAM a été débarquée à Casablanca ; elle assigna le transporteur devant le tribunal de commerce[551]. La RAM à travers son conseil soulève l'exception d'incompétence en invoquant l'article 28 de la Convention de Varsovie et l'article 33 de celle de Montréal :

« ... que la compagnie étant située à l'Hôtel de l'Amitié en Commune II du District de Bamako, c'est le tribunal d'instance de cette Commune qui doit connaitre de tels litiges ; que le tribunal de céans doit donc se déclarer incompétent, car les règles de compétence Nationales ne sauraient valoir face à des textes internationaux ayant une valeur normative supérieure en application de l'article 116 de la constitution du Mali du 25 Février 1992... ».

De façon péremptoire, Madame le juge ne se laisse point convaincre en balayant d'un revers de main cette exception d'incompétence.

« . .. Une telle incompétence ne saurait prospérer vu que le domaine de compétence territoriale du tribunal de céans est aligné sur celui la Cour d'Appel et couvre donc tout le District de Bamako (dont la Commune II) et les régions de Ségou et Sikasso.

---

550 J. P. TOSI, « Transport aérien », *in Juris-classeur, Fasc.* 460-10, mai 2005, p.97.

551 Jugement N°52 précité.

Quant à la compétence matérielle, l'article 2 de la loi 057 du 22 Août 2000 instituant les tribunaux de commerce au Mali, leur donne compétence pour les litiges entre commerçants et ceux relatifs aux Actes de commerce et aux sociétés commerciales ;

En l'espèce, la compagnie Royal Air Maroc qui est la défenderesse est une société commerciale agissant dans le domaine du transport aérien international, qui est également commercial par nature ; ses litiges relèvent donc de la compétence d'attribution du tribunal de commerce... »

Avec une forte conviction (d'ailleurs erronée) et dans un style polémiste, Madame le juge a voulu clore le débat vers la fin de son jugement.

« *En plus, si les textes internationaux ont vocation à poser les grands principes dont la compétence, ils n'ont pas vocation à régler les règles de compétence internes qui relèvent des textes Nationaux ; Et le tribunal compétent pour connaitre d'un tel litige au Mali est bien le tribunal de commerce...* ».

La fermeté du ton rappelle la voix d'un empereur et c'est le moins qu'on puisse dire.

- 2e cas : Un an après, exactement le7 janvier 2015, un autre procès est dirigé contre la RAM devant le tribunal de commerce. Dans cette espèce, le sieur Bally GUINDO a effectué un voyage par la Compagnie Royal Air Maroc sur le trajet Djeddah - Casablanca- Bamako, à son arrivée, deux de ses valises contenant plusieurs effets personnels, sont perdues[552]. Comme on pouvait s'y attendre, la RAM soulève encore l'exception d'incompétence du tribunal de commerce.

« *... le tribunal de commerce est incompétent en raison de la matière qui relève non pas d'un acte de commerce, mais d'un contrat de transport civil dont le contentieux relève du Juge Civil en l'occurrence le Tribunal de 1èreInstance de la Commune II du District de Bamako dans le ressort duquel se situe la représentation de la défenderesse ; qu'en tout état de cause, le contentieux de transport aérien est indéniablement de la compétence du Juge Civil et non du Juge Commercial ; que dès lors, le Tribunal de commerce de Bamako déclinera sans doute sa compétence rationae materiae...* ».

Le rejet du juge Toufando TOURE ne se fait pas attendre :

« Attendu que l'article 27 alinéa 5 du Code de Procédure Civile commerciale et Sociale tranche la controverse en précisant que le demandeur peut choisir à son choix soit le tribunal du domicile du défendeur ;

Attendu qu'aux termes des dispositions de l'article 6 de la loi N° 00-057/du 22 Aout 2000 Portant Institution des Tribunaux de Commerce, ces juridictions sont compétentes pour connaitre tous les litiges entre commerçants dans le cadre de leurs activités professionnelles, mais aussi tous différends afférents aux actes de commerce (...)

---

[552] T. com. Bamako, jugement N°33 du 7 janvier 2015.

Attendu que la compagnie « Royal Air Maroc » est une compagnie de transport aérien ; que donc exerçant une activité commerciale par nature *(article 3 AU-DCG)* ***et par la forme*** *(article 6 AU- DSC et GIE) ;* ***qu'au vu de ce qui précède l'incompétence soulevée doit être purement et simplement rejetée comme dilatoire et non fondée ; que donc le tribunal compétent est bien celui de céans*** *... ».*

Le refrain semble être connu, le juge commercial de Bamako est jaloux de sa compétence.

- 3e cas : Presque six mois plus tard, le 10 juin 2015, Madame Mamah L. TRAORE assigna la *RAM* devant le tribunal de commerce. Après son voyage Bamako-Casablanca-Londres- Casablanca-Bamako, elle perdra tous ses bagages contenant ses médicaments venus d'Europe[553]. Changeant d'avocat, en engageant le cabinet *SOW et Associés,* la RAM insiste en soulevant *in limine litis « l'incompétence matérielle du tribunal de céans au profit du tribunal civil de la commune II, au motif qu'il ne s'agit pas d'un acte de commerce, mais d'un contrat de transport civil dont le contentieux relève du juge civil ».* Comme à l'accoutumée, on sent le consensus général dans la réponse des différentes formations du tribunal de commerce et le juge Djigui SISSOKO ne fait pas exception :

« Que par ailleurs, l'article 40 de la loi du N° 2011-037 15 juillet 2011 portant organisation judiciaire en république du Mali précise : « le Tribunal de Commerce connait :

- des contestations relatives aux engagements et transactions entre commerçants au sens des dispositions du Code de Commerce et de l'Acte uniforme de l'OHADA relatif au droit commercial général ;

- des contestations relatives aux actes de commerce... » ;

Les articles 2 et 3 de l'acte uniforme sur le droit commercial général donne le caractère d'acte de commerce aux opérations de banque, de transport de télécommunication ;

En l'espèce, la compagnie Royal Air Maroc qui est la défenderesse est une société commerciale agissant dans le domaine du transport aérien international, qui est également commercial par nature ; ***ses litiges relèvent donc de la compétence d'attribution du tribunal de commerce****... ».*

Il est aisé de remarquer la « constance dans la démarche » du juge commercial, à la limite son argumentaire devient du « copier-coller ». Dans toutes ces espèces, il maintient sa compétence. Dans la dernière affaire le juge fit preuve d'un effort supplémentaire :

« Que le contrat de transport passé entre un transport (commerçant) et un non-commerçant (passager) soulève la problématique de la théorie des actes mixtes qui est d'émanation essentiellement doctrinale et jurisprudentielle ;

---

553 T.com. Bamako, jugement N°399 du 10 juin 2015.

Que selon une jurisprudence constante le non-commerçant peut assigner le commerçant soit devant le tribunal de commerce, soit devant le tribunal civil (Cass. Com.6 Juillet 1960. D.1960. Som. 114)... ».

B. Etude critique

S'il faut se réjouir de la « constance dans le temps » de la position du juge commercial, toutefois, il y a lieu de s'inquiéter de sa tentative de « privilégier » le droit interne sur le droit international.

1. La force du droit national

C'est malheureux qu'en parlant de *jurisprudence constante* que le juge Djigui SISSOKO ne s'adosse sur aucun arrêt de la Cour suprême malienne, mais vise plutôt un arrêt de la Cour de cassation française. Faut-il s'en inquiéter ? Surtout venant d'un juge très jeune et dit « réputé. » Cela pourrait traduire clairement le déphasage, voir tout le fossé existant entre la juridiction malienne de droit et les juges du fond. Rencontré individuellement, chacun des trois magistrats[554] pense qu'il a non seulement bien interprété, mais surtout bien appliqué l'article 28 de la Convention de Varsovie et l'article 33 de celle de Montréal.

En somme, il est regrettable de relever dans les trois décisions sus visées, que le juge commercial est dans la logique d'opposer voir de privilégier les dispositions du droit national sur celles des Conventions internationales. Cette tentative du tribunal de commerce ne saurait prospérer. En premier lieu, il faut partir de l'idée que le droit aérien international est autonome par rapport au droit commun interne. En second lieu, le droit aérien servant la technique, doit suivre l'évolution de celle-ci. Il ne devrait donc pas être entravé par le rattachement à un droit commun qui ne saurait prendre en compte ses nécessités techniques, même si l'on peut objecter que les conventions internationales ne règlent pas expressément certaines questions. En accord avec le tribunal de grande instance de la Seine, il faut déclarer qu' : « *Il n'appartient à personne d'invoquer les principes du droit commun en la matière et échapper au régime conventionnel qui a été [...] institué entre les pays et qui s'impose à tous* ».

Comme on le verra par la suite, le juge commercial de Bamako doit cesser d'être un « juge hercule ». D'après DWORKIN, le juge hercule est celui qui dispose d'un privilège de connaissances et on ne doit s'en remettre qu'à sa seule interprétation. D'après cette théorie, le juge par ses compétences, son habilité professionnelle, est la personne qualifiée par excellence pour garantir

---

[554] A ce jour deux ont fait l'objet de mutation mais restent tout même à Bamako. L'auteur du 1er jugement Madame Mariam COULIBALY est devenu juge au siège au TGI de la commune VI. L'auteur du second jugement Mr Moussa Toufado TOURE est substitut du procureur au TGI de la commune V.

une meilleure interprétation[555]. Contre cette vision, des voix[556] se sont élevées, estimant qu'il faut « *libérer Hercule* » de la solitude d'une construction monolithique. D'où la nécessité de mettre en place ce que HABARMAS qualifie de « société ouverte des interprètes »[557]. À cet effet le juge doit concevoir son interprétation comme une entreprise commune, accomplie avec l'aide des autres judiciaires (plaideurs et doctrinaires). Aussi, F. MICHELMAN n'a-t-il pas manqué de critiquer la conception monolithique du processus judiciaire chez DWORKIN : « *Hercule est un solitaire* [...] *ses constructions narratives sont des monologues. Il ne converse avec personne, hormis par le truchement des livres* [...] *Hercule n'est qu'un homme après tout* »[558]. Le juge commercial malien doit donc se considérer comme partie prenante d'un ensemble, il s'agit de la communauté d'interprète composée de juristes experts (avocats et universitaires). Gustavo JUST pense qu'il faudrait s'attendre à une pluralité d'interprétations souvent contradictoires, proposées par la doctrine ou adaptées par les juges[559].

2. La constance du tribunal de commerce

La constance et la régularité dans le raisonnement qui constituent un gage de sécurité juridique sont toutefois à mettre à l'actif du juge consulaire. En effet, que l'on approuve ou non certaines motivations des juges commerciaux, l'on ne pourrait manquer de relever depuis 2006, à quelques exceptions près, la constance du raisonnement de ces derniers à la différence des magistrats des autres juridictions.

---

555 DWORKIN cité par J. HABERMAS, *Droit et démocratie ; entre faits et normes*, Gallimard, 2012, p.244.

556 Voir G. JUST, *Interpréter les théories de l'interprétat*ion, Paris, Harmattan, 2006.

557 J. HABERMAS, op. cit., p. 246.

558 F. MICHELMAN, « *Conceptions of Democraty* » in *American Constitutional Argument*, in *Florida Law Review*, vol.41, 1989, p.484.

559 G. JUST, *Interpréter les théories de l'interprétation*, Paris, Harmattan, 2006, p. 5.

Tableau N° 2 : Statistique des litiges aériens et nature des dommages au tribunal de commerce de Bamako de 2006 à 2016

Année	Nombre total de juge-ments	Lit-iges aé-riens	Perte bagage	Perte mar-chand	Annu-lation de vol	Retard	Refus embar-quement	Débar-quement
2006	484	7	5	1	1	0	0	0
2007	462	8	6	1	1	0	0	0
2008	512	12	10	2	0	0	0	0
2009	626	9	9	0	0	0	0	0
2010	555	8	6	2	0	0	0	0
2011	692	10	6	0	3	0	1	0
2012	625	6	5	1	0	0	0	0
2013	610	9	6	2	1	0	0	0
2014	713	8	6	0	1	0	0	1
2015	702	6	5	0	0	0	0	1
2016	821	3	1	0	1	1	0	0
Total	6826	86	65	9	8	1	1	2

NB : Le Tribunal de commerce étant le tribunal ayant le plus grand nombre de litiges aériens n'a enregistré aucun cas d'accident de transport aériens dans la période de notre étude. Et de façon générale, les autres tribunaux de Bamako n'ont pratiquement pas enregistré des cas de litiges d'accidents à part le tribunal de la Commune III qui a tranché un cas où la passagère s'était fracturée le pied.

Derrière les pertes de bagages, les pertes de marchandises occupent la seconde place avec 9 cas durant la décennie. Suivront ensuite les annulations de vol avec huit cas et les débarquements avec deux cas.

Figure N° 3 : Comparaison de la proportion des dommages de litiges aériens au tribunal de commerce de Bamako de 2006 à 2016

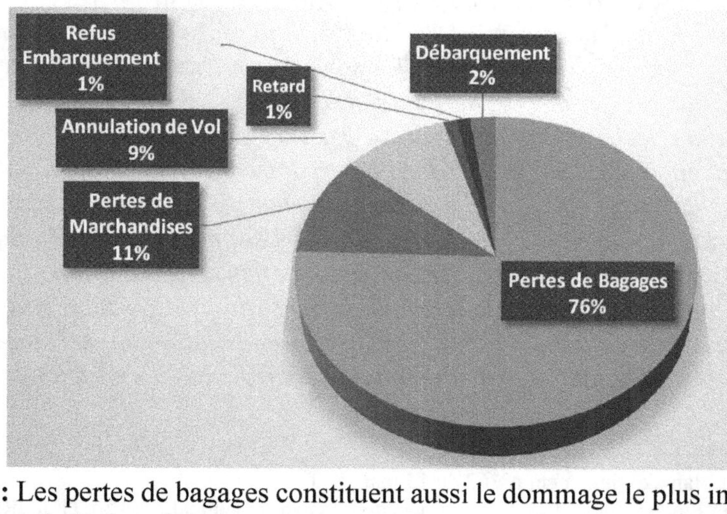

NB : Les pertes de bagages constituent aussi le dommage le plus important au niveau du Tribunal de commerce.

Paragraphe II. Solution du problème

Qui des plaideurs et des juges du tribunal de commerce sont restés fidèles à l'esprit des conventions internationales ? Face à l'insistance de la RAM à s'accrocher sur l'incompétence d'une part et l'entêtement des juges du tribunal de commerce à affirmer systématiquement leur compétence d'autre part, notre impatience atteignait ses limites. Plus que jamais, il était devenu urgent qu'une juridiction supérieure puisse trancher la controverse. Avant que la Cour suprême malienne ne se prononce, la Cour d'appel de Bamako s'est emparée de la question (I) sans savoir la portée de son arrêt (II).

I. L'évidence de la Cour d'appel de Bamako

En 2013, Madame TIMBINE Fatoumata NIAGALY, dans une action en réclamation de bagages assigna la RAM devant le juge commercial de Bamako. Dans son jugement du 15 mai 2013[560] le tribunal de commerce condamna la RAM à lui payer 1000.000FCFA à titre de principal et 750.000 F CFA à titre de dommages et intérêts. La compagnie n'a pas manqué de relever appel de cette décision.

Avant de revenir sur la solution de la Cour d'appel (B) il convient de présenter l'argumentation de l'appelante (B).

A. Les arguments de l'appelante

Revenant avec son avocat « titulaire » Me Magatte SEYE[561], la RAM interjeta appel non pas sur le fond, mais sur l'incompétence du juge commercial.

L'appelante rappelle :

« *Que durant toutes les discussions qui précédaient cette décision, elle n'avait cessé d'attirer l'attention sur l'incompétence du juge commercial dans une matière régie par des accords supranationaux, à savoir les dispositions de l'article 33 de la Convention de Montréal qui reprenait les dispositions de l'article 28 de la Convention de Varsovie pour l'unification de certaines règles relatives au transport aérien international ;*

Que dans les deux cas de figure « l'action en responsabilité devra être portée au choix du demandeur, dans le territoire d'un des Etats Parties, soit devant le Tribunal du domicile du transporteur, au siège principal de son exploitation, ou du lieu où il possède un établissement par le soin duquel le contrat a été conclu, soit devant le tribunal du lieu de destination » ;

Que la faculté de saisir le tribunal du siège du transporteur, soit pour le cas d'espèce, le Tribunal de Première Instance de la Commune II du District de Bamako, excluant toute attribution à une juridiction d'exception ;

---

[560] T. com. Bamako, jugement n°362 du 15 mai 2013.

[561] Me SEYE a été l'avocat de l'ancien président malien le général Moussa TRAORE lors du procès « crimes de sang » avec Me Jacques VERGES.

Qu'en conséquence, elle réclamait l'annulation du jugement entrepris et à la dévolution du litige au Juge Civil... ». La problématique étant posée, le juge d'appel se devait de répondre en départageant les protagonistes.

B. La réponse de la Cour d'appel

Le juge d'appel se convainc de ce qu'elle qualifie de « *compétence évidente* » du juge du droit commun de la Commune II. Dans un raisonnement « simpliste », mais avec un ton de fermeté, la Cour d'appel tranche :

« Considérant que d'une part, en multipliant au choix du demandeur, la juridiction devant connaitre de l'examen de la responsabilité née de la perte ou de l'avarie en matière de transport aérien, le législateur de la Convention internationale, avait plus le souci de rapprocher la justice du justiciable, que ce faisant, ***la compétence du juge de droit commun, c'est-à-dire le juge civil, devient évidente ;***

Que d'autre part, il ne peut y avoir de compétence d'exception, sans règle spéciale, et le silence invoqué par le conseil de l'intimée incite alors à pencher pour la juridiction de droit commun ;

Considérant que dès lors il y a lieu de décliner la compétence du Tribunal de commerce, en faveur du Tribunal de Première Instance de la Commune II, après annulation de la décision déférée (...)

Déclare le juge des Affaires Commerciales incompétent *et renvoie la cause et les parties, devant le Tribunal de la Commune II du District de Bamako... ».*

L'appréciation de la Cour d'appel est un désaveu pour le tribunal de commercial. Nul besoin de traduire la satisfaction du cabinet SEYE. « *Enfin, nous avons été suivis par la Cour d'appel ! Le tribunal de commerce s'était toujours planté* » conclut -il. Quelles peuvent être les conséquences de la décision de la Cour d'appel ?

II. La portée de l'arrêt de la Cour d'appel

Cet arrêt de la Cour d'appel est à la fois « bon et mauvais ». S'il est surtout marqué par l'audace et le volontarisme dans le respect du droit conventionnel (A) il pêche toutefois par son incapacité à emporter la conviction dans l'interprétation (B).

A. Un arrêt audacieux

Doit-on parler d'arrêt d'espèce ? Pour le moment cet arrêt n'est pas encore confirmé par la Cour suprême. Il s'agit d'un arrêt d'espèce qui pose plus de difficultés qu'il n'en résout. Il ne manque cependant pas de logique notamment dans les conséquences qu'il en tire relativement à la situation du tribunal de commerce qui a une compétence alignée sur celle de la Cour d'appel elle-même. En effet le tribunal de commerce de Bamako n'a pas de ressort fixe, il est censé être implanté dans chacune des communes de Bamako.

N'allant pas au bout de sa logique, l'explication de la Cour d'appel est loin d'être pleinement satisfaisante. Elle se contente d'une « *évidence* » non expliquée.

S'agissant des actes mixtes, pour la Cour l'option de compétence offerte au particulier par la loi malienne doit s'effacer devant la compétence directe érigée par les conventions internationales, qui ont une valeur normative supérieure à celle du droit interne malien, conformément à l'article 116 de la Constitution. En effet, face à des traités internationaux qui règlementent la question de la compétence des tribunaux des États concernés, les juridictions maliennes ne peuvent apprécier leur compétence que conformément aux règles établies par ces traités et elles doivent faire abstraction des règles nationales de droit commun, seraient-elles d'ordre public[562]. Abondant dans le même sens, le Professeur GRELLIERE reste implacable : « *Les juridictions nationales ne disposent guère de prérogatives supérieures les autorisant à s'évader des dispositions impératives en invoquant certaines prérogatives fondamentales liées à l'ordre juridique local* »[563].

Il y a lieu de voir également dans cet arrêt, la manifestation de la volonté de la Cour d'appel de Bamako de lutter contre une sorte de « *forum shopping interne* ». Le droit interne malien met en concurrence les tribunaux d'instance avec le tribunal de commerce lorsqu'il s'agit d'un litige de droit aérien. À notre avis, cette solution allant au-delà du cas d'espèce, satisfait aux objectifs de prévisibilité, de sécurité et d'uniformisation poursuivis par les conventions de Montréal et de Varsovie. En accord avec le Professeur GRELLIERE, la plus grande erreur de l'interprète d'une convention internationale d'unification de droit est de la lire avec des « préjugés » tenant à la formation juridique de droit interne qu'on a reçue[564]. C'est pourquoi l'appel aux ressources de droit national ne doit se faire que lorsqu'un examen approfondi du texte conventionnel démontre que celui-ci n'a pas résolu la question à trancher. Mais avant d'en venir là, il y a lieu d'exploiter tout le contenu du texte, toutes les virtualités mêmes cachées, avant de se retrancher derrière ce qu'il qualifie de « solutions *familiales* », qui au juste, ne présentent pas l'avantage de l'uniformité internationale. C'est partant d'une parfaite harmonie entre ces deux ensembles normatifs, le régime de base constitué par les conventions internationales et le régime dit spécial du droit interne, que se réalisera la finalité profonde voulue par les rédacteurs des dites conventions

À l'actif de la Cour d'appel de Bamako, il convient de mettre la volonté de prendre en considération les objectifs internationaux visés par le droit conventionnel, notamment la volonté d'unification voulue par ses rédacteurs. Dès lors, les règles de l'action en justice selon Me SAYE « *doivent céder le pas devant les exigences des conventions internationales* » toutes rigoureuses

---

[562] P. MAYER, « Droit international privé et Droit international public sous l'angle de la notion de compétence » : *Rev. crit. DIP* 1979, p. 15 et 16.
[563] Voir V. GRELLIERE, thèse préc. p.439.
[564] Ibid.

qu'elles puissent paraitre, contrairement à ce que dit le juge Mariam COULIBALY l'auteur du de jugement dans le premier cas sus visé.

Faisant le bonheur des transporteurs, cet arrêt reste tout de même moins favorable aux victimes, car la juridiction commerciale de Bamako étant considérée comme plus soucieuse de leurs intérêts en termes d'indemnisation (*supra*).

Cependant, le glissement est bien visible. En réalité la Cour d'appel a fait d'une « pierre deux coups ». Interrogée sur une question de compétence territoriale, elle statue *ultra petita,* en se prononçant aussi sur la compétence d'attribution. Il faut être clair : on ne saurait soulever l'exception d'incompétence matérielle en se fondant sur les dispositions des conventions de Varsovie et de Montréal. Elles n'ont jamais réglé la question à part la compétence territoriale. Il y a donc un glissement. À cet effet la logique du tribunal commercial est tenable. En fait ce qui aurait dû être une question de compétence territoriale, car c'est de cela qu'il s'agit, a été dénaturé en une compétence d'attribution. Cette confusion est imputable à la Cour d'appel. On peut donc qualifier de « *résultat boiteux* » la solution de la Cour d'appel, puisqu'elle limiterait indument les privilèges des demandeurs non commerçants.

B. Un arrêt contesté

Il urge de préciser qu'il ne s'agit que d'un arrêt de la Cour d'appel, naturellement les premiers juges du tribunal de commerce ne sont pas tenus de s'y conformer. Mieux, la Cour d'appel peut revenir elle-même sur cet arrêt notamment dans une formation autrement composée. D'ores et déjà, cet arrêt qui n'a pas fait l'objet de pourvoi, a acquis l'autorité de la chose jugée. Mais c'est sans compter sur la détermination des juges du tribunal de commerce qui, manifestement vont « entrer en rébellion » contre la Cour d'appel sur cette question de compétence territoriale. En effet, parmi les sept juges du tribunal de commerce, nous avons pu échanger avec cinq qui estiment que cet arrêt n'est point conforme à l'esprit des conventions internationales et qu'en outre ces textes n'ont jamais tranché la question de la compétence d'attribution[565].

Pour le président du tribunal de commerce de Bamako, Monsieur Youssouf FOFANA, « *la jurisprudence malienne, ça va dans tous les sens, ce n'est donc pas seulement en matière de contentieux aérien* »[566]. Pour Mariam COULIBALY[567], sans se mettre dans une logique claire de rébellion, elle estime en substance qu'un juge d'instance a une option. Soit par paresse intellectuelle, il se conforme nettement à la position de la Cour d'appel, soit par audace, il motive selon sa perception du droit souvent contraire à la position de la Cour d'appel. Le juge SISSOKO dans une démarche

[565] Entretien avec des juges du tribunal de commerce le 24/07/2015.
[566] Entretien du 09/09/2015.
[567] Entretien du 10 sept 2015 avec l'ancien juge du tribunal de commerce, aujourd'hui juge au siège au TGI de la commune VI.

académique nous posa la question : « ***et s'il n'y avait qu'un tribunal militaire en Commune II, serait-il aussi compétent aussi ?*** » Naturellement une réponse négative s'impose. Du coup la motivation de la Cour d'appel ne saurait prospérer si le tribunal du domicile du transporteur était une juridiction militaire. Il faut se rappeler que l'une des motivations de la Cour d'appel disait que : « *le législateur de la Convention internationale, avait plus le souci de rapprocher la justice du justiciable* ». Ce qui parait curieux c'est la position de la présidente du tribunal de la Commune II en faveur de qui, la Cour d'appel a déféré compétence[568]. Pour elle, seul le tribunal de commerce est compétent, car le contentieux aérien porte sur des affaires commerciales. Nous insistons, que même s'agissant de la nature mixte de certains actes ? Elle maintient toujours et très curieusement la compétence exclusive du tribunal de commerce, au motif implicite qu'elle-même a longtemps siégé dans ladite juridiction. Nous avouons être restés sur nos faims. Monsieur TOSI n'avait pas tort de s'étonner : « *Est-ce bien là exercer l'art du juriste, qui est de distinguer ?* »[569] Pourtant son prédécesseur, Monsieur LASSENI, présentement affecté à la Cour d'appel, n'a jamais remis en cause la compétence de sa juridiction. Pour certains jeunes avocats maliens, « *le problème n'est pas une question d'interprétation, mais plutôt d'inapplication des textes* »[570].

En termes de prospective, nous pensons qu'il est temps que la Cour suprême prenne davantage ses responsabilités, car les divergences, loin de s'apaiser, ne feront que s'accentuer. Elle doit apporter la solution des conflits relatifs à la détermination de la compétence territoriale et matérielle du tribunal de commerce en matière de litige de droit aérien. Face à un acte mixte l'option de compétence est-elle exclusive, principale ou subsidiaire ? La jurisprudence française semble définitivement régler la question dans l'arrêt de la 1ère chambre civile de 2006[571].

Dans une espèce malheureuse en août 2000, un avion Airbus A320, construit par Airbus industrie, exploité par la compagnie Gulf Air qui effectuait un vol au départ du Caire à destination de Bahrein, s'est abîmé en mer. Pilotes, membres d'équipage et cent trente-cinq passagers ont trouvé la mort. Les ayants droit ont sollicité du juge de la mise en état du tribunal de grande instance de Toulouse la condamnation et le versement de provision par le constructeur et la compagnie. La Cour d'appel de Toulouse a confirmé l'ordonnance du juge de la mise en état qui s'était déclaré compétent territorialement[572]. Dans son arrêt du 11 juillet 2006, la Cour de cassation a cassé cet arrêt en toutes ses dispositions en retenant que l'article 28 alinéa 1er de la Convention de Varsovie énonce une règle de compétence directe à caractère impératif, le transporteur aérien ne pouvant être cité que devant les

[568] Entretien du11/09/2015 avec Mme BOUARE, Marie Madeleine KONE.

[569] Transports aériens, ULM et limitation de responsabilité, Recueil Dalloz 2006, p.421.

[570] Entretien avec Me Aboubacar S DIARRA, avocat au barreau de Bamako le 31 juillet 2015.

[571] Cass. 1re civ., 11 juill. 2006 : Juris Data n° 2006-034554 ; Bull. civ. 2006, I, n° 379.

[572] Arrêt du 3 juin 2003

tribunaux visés dans cet article « ... *Que l'article 28 de la Convention de Varsovie exclut « nécessairement » qu'une juridiction autre que celles qu'il désigne puisse être saisie par le demandeur ».*

Voici la problématique centrale de cet arrêt : les victimes d'un accident de transport aérien peuvent-elles porter leur action contre le transporteur devant le même tribunal que celui qui est saisi de l'action contre le constructeur ? Ou doit-on s'en tenir aux seuls textes des conventions internationales ? À l'instar de la Cour d'appel de Bamako, la Haute juridiction française relève que l'on ne peut engager la responsabilité du transporteur aérien que devant les tribunaux déterminés par l'article 28 de la Convention de Varsovie. Ce texte organise en effet des règles de compétence exclusive, il faut s'y tenir. Alors, on se demande ce que l'avenir nous réserve et quelles seront les leçons apprises du passé.

Reste à voir si les juges du tribunal de commerce poursuivront leurs « constances ». Leurs motivations emportent la conviction : si les conventions de Varsovie et de Montréal déterminent la compétence territoriale, elles ne précisent rien quant à l'ordre des juridictions judiciaires ou administratives, civiles ou commerciales. Il importe de relever que dans le cadre du contentieux du droit aérien, le recours contre les décisions émanant des tribunaux de droit commun et du tribunal commercial est extrêmement marginal (cf. Fig. 4).

Figure N° 4 : Statistique de la Cour d'appel de Bamako

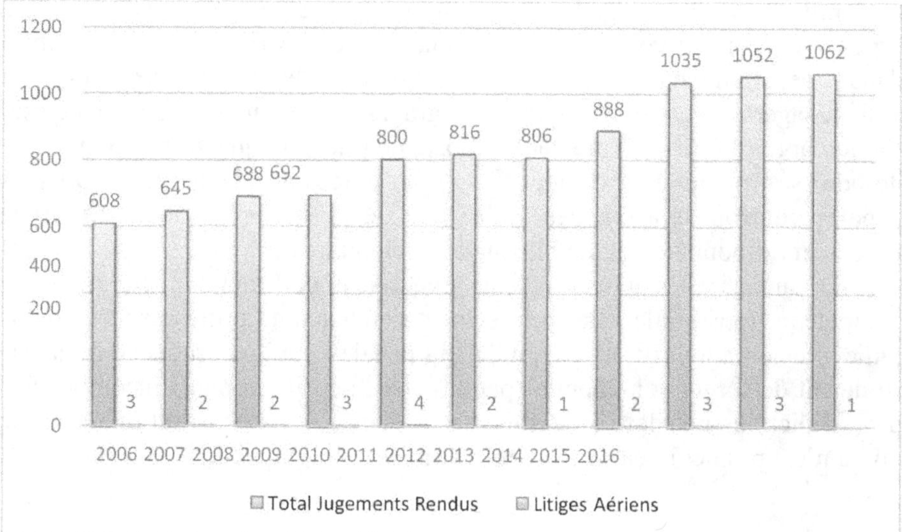

NB : Au cours de la dernière décennie, et relativement au contentieux de droit aérien, la Cour d'appel de Bamako a reçu moins de cinquante appels. Ainsi sur 8204 recours introduits devant la Cour, **seuls 26 ont porté sur le contentieux de droit aérien**. Globalement cela nous donne **une moyenne de 2 arrêts par an** portant sur le droit du transport aérien.

Les raisons de cette faiblesse de recours en appel peuvent s'expliquer d'abord par l'impossibilité de recours contre certaines décisions du tribunal de commerce. Faut-il rappeler que conformément à l'article 6 de loi sur le fonctionnement du tribunal de commerce, « *les tribunaux de commerce jugent en dernier ressort toutes les demandes dont le principal n'excède pas 5.000.000F CFA* ». Ensuite, les compagnies aériennes préfèrent ne pas s'enliser dans une longue et couteuse procédure[573]. Outre les juridictions de droit commun, quand est-il de la compétence des juridictions pénales ?

SECTION II. L'INCOMPÉTENCE DES JURIDICTIONS PÉNALES

Si le transport aérien demeure le moyen le plus sûr pour se déplacer, le nombre d'accident ne cesse toutefois d'augmenter compte tenu du volume du trafic aérien. Le 8 mars 2014 restera gravé dans les annales de l'aviation civile : le vol 370 Malaysia Airlines (Boeing 777-200ER) de Kuala Lumpur à Pékin disparait des écrans radars une heure après son décollage avec 227 passagers et 12 personnels d'équipage. À ce jour, l'avion qui s'est vraisemblablement abîmé dans les eaux du sud de l'Océan indien n'est toujours pas retrouvé, ce qui laisse libre cours à toutes les rumeurs. Le 24 juillet 2014, le Vol 5017 Air Algérie s'écrasa au Mali au sud de Gao, alors qu'il ralliait Alger à Ouagadougou (Burkina Faso) avec 116 personnes à bord. Le 24 mars 2015, le vol 9525 de la German Wings, (Airbus A320)[574], s'écrasa dans le département des Alpes-de-Haute-Provence, en France avec à son bord 150 passagers. Le copilote, souffrant de graves troubles mentaux, a fait écraser l'avion après s'être enfermé dans le poste de pilotage, quand le commandant de bord se trouvait à l'extérieur[575]. Du fait de ces accidents, des poursuites pénales pourront être exercées à la suite de morts ou de blessures sur le fondement d'homicide ou de blessures involontaires.

Pour autant, si les conventions de Varsovie et de Montréal déterminent la compétence territoriale, elles ne précisent rien quant à l'ordre des juridictions judiciaires ou administratives, civiles ou pénales. La jurisprudence française se devait de forger son chemin (paragraphe 1) en instaurant l'incompétence des juridictions pénales. Toutefois, l'importance de la constitution de partie civile n'est pas négligeable pour les victimes (paragraphe 2).

---

[573] Entretien du 4 avril2017 avec M. Papa TRAORE, agent représentant de la compagnie ASKY au Mali.

[574] Une filiale de la compagnie aérienne Lufthansa.

[575] Ce sinistre a remis en cause les mesures internationales en termes de sûreté et de sécurité aérienne.

Paragraphe I. Les constructions jurisprudentielles

Du consensus général des auteurs français, « *ne sont ni inclus ni exclus les tribunaux répressifs* »[576]. La jurisprudence française, après quelques flottements (I) a posé le principe de l'incompétence matérielle des juridictions répressives pour condamner un transporteur aérien à réparer les préjudices subis par des victimes d'un accident de transport aérien (II).

I. Du tâtonnement…

De la compétence d'attribution des juridictions répressives à l'impossibilité d'attraire devant elles le transporteur civilement responsable, la transition fut vite trouvée.

A. L'arrêt FILLIOUX[577]

Les textes internationaux ne traitant pas de la compétence des juridictions pénales, les auteurs en déduisaient la compétence d'attribution des tribunaux répressifs pour connaître de l'action civile exercée contre le transporteur par la victime, à la seule condition que la juridiction pénale soit territorialement compétente au sens de l'article 28 de la Convention de Varsovie[578]. La Chambre criminelle de la Cour de cassation, dans l'affaire « *Fillioux* » a admis cette hypothèse doctrinale sur la compétence territoriale tout en refusant qu'il soit statué sur les demandes en réparation. Pour la Haute juridiction, la Convention de Varsovie régit seulement l'action contractuelle de la victime ou de ses ayants cause, mais demeure étrangère à l'exercice de l'action civile devant le juge répressif. Cette solution curieuse, selon Paul MALIBERT, viderait la décision de son contenu[579].

B. L'arrêt BILLET[580]

Trois ans plus tard, dans *l'affaire Billet*, la Cour de cassation a posé le principe de l'impossibilité d'attraire le transporteur aérien devant le juge pénal comme civilement responsable des agissements délictueux de son préposé. Dans cette espèce, le pilote, Billet, poursuivi sous la prévention d'homicide et de blessures involontaires devant le tribunal correctionnel, avait été condamné à une peine d'amende. La Cour d'appel de Paris avait déclaré la compagnie UTA, civilement responsable de Billet. Un pourvoi ayant été formé, s'était posée la problématique de l'attraction du civilement responsable devant les tribunaux répressifs. La Haute juridiction a jugé que les magistrats répressifs ne pouvaient pas condamner le transporteur cité en qualité de civilement

---

[576] F. LETACQ, n°147, fasc.925, avril 2011 ; B. MERCADAL, *op. cit.*, n°242.
[577] Arrêt Fillioux, Cass. Crim., 17 mai 1966 : Bull. crim. 1966, n° 147.
[578] R. RODIERE : JCP G 1964, II, 13062, n° 7. - Chauveau : D. 1966, jurispr. p. 409.
[579] J.P.TOSI, « transport aérien », *in Juris-classeur, Fasc*. 460-10, mai 2005, p.102
[580] Cass. Crim. 3 déc. 1969, Bull. crim., n° 325, D. 1970, p. 81, note P. CHAUVEAU.

responsable, en paiement de dommages et intérêts aux victimes d'un accident aérien. Or, le Code de procédure pénale autorise l'attraction des personnes civilement responsables devant les juridictions répressives ; celles-ci comparaissent comme garantes des condamnations civiles prononcées à l'encontre du délinquant. Il s'agit de l'affirmation d'une suprématie des conventions internationales sur *« les solutions les plus solennelles du droit interne »*[581].

Faudra-t-il s'en convaincre, **le droit aérien est un droit particulier qui déroge au droit commun.** L'article 24 de la Convention de Varsovie interdit toute action contre le transporteur hors des conditions prévues par la Convention. Les règles de l'action en justice vont s'effacer devant les exigences de la Convention. Par conséquent, le défendeur ne saurait être poursuivi devant un tribunal que ne désigne pas l'article 28 de la Convention de Varsovie. La conséquence illogique de ce tâtonnement jurisprudentiel est que le préposé du transporteur va être doublement poursuivi pour répondre de sa responsable pénale et civile.

II. … À la consécration

La jurisprudence française va ensuite étendre cette impossibilité non seulement au transporteur aérien pénalement responsable de ses fautes personnelles, mais aussi à son préposé.

A. L'arrêt ROUSSEAU

Franchissant un pas supplémentaire, les magistrats français décidèrent de proclamer le principe de l'incompétence matérielle des juridictions répressives à travers l'arrêt Rousseau[582]. L'affaire *« Rousseau »* aura le mérite incontestable de s'approprier des arguments jadis invoqués par les transporteurs soutenant l'incompétence territoriale et matérielle des juridictions répressives et de marquer définitivement la jurisprudence en ce domaine :

« Attendu que l'action en responsabilité régie par les dispositions précitées (C. aviation, art. 321-3 et L. 322-3 et Conv. de Varsovie, art. 24) ne saurait être confondue avec l'action en dommages-intérêts ouverte aux victimes d'une infraction par les articles 2, 3 et 418, alinéa 3, du Code de procédure pénale, (…) que, par suite, une telle action, soumise au surplus à des règles de compétence territoriale et de délai qui ne sont pas celles de la procédure pénale, échappe à la compétence matérielle de la juridiction correctionnelle, (…) qu'il suit de la que, si les consorts Stempel, ayants droit d'une victime décédée, étaient recevables en l'espèce à se constituer parties civiles, conformément aux règles générales de la procédure pénale auxquelles les textes applicables n'ont apporté sur ce point aucune dérogation, il demeure

[581] Voir V. GRELLIERE, Thèse prec., p.440
[582] Cass. Crim. 9 janv. 1975, Bull. crim., no 11, D. 1976.116, note P. CHAUVAU.

que la juridiction correctionnelle était incompétente pour connaitre de l'action en indemnisation dont les intéressés disposaient... ».

Cet arrêt de principe consacre l'incompétence matérielle des juridictions répressives pour condamner le transporteur aérien à réparation, en conformité avec une jurisprudence plus générale qui veut que les tribunaux répressifs se déclarent incompétents pour appliquer des règles de responsabilité civile dérogatoires au droit commun des articles 1382 et suivants du Code civil. Certains auteurs ont salué la sagesse de la Chambre criminelle dans cet arrêt[583]. D'abord la solution empêcherait « *l'invention des juridictions répressives par les parties civiles* ». Pour eux la mission véritable du juge pénal est de réprimer les infractions pénales et non pas de résoudre les problèmes relatifs à l'octroi de dommages-intérêts aux victimes d'un accident aérien. Ensuite, la solution éviterait « *un détournement de fonction* ». Techniquement il aurait été très compliqué pour le juge pénal de réprimer d'un côté l'infraction d'un seul délinquant et simultanément régler une multitude de demandes en réparation sur le terrain civil. La solution écartant la compétence matérielle des tribunaux répressifs est tout à fait spéciale au transport aérien. Nous n'avons pas vu mention d'une solution semblable dans les autres branches du droit des transports.

Cette solution serait fondée sur le constat que l'action en réparation régie par la Convention de Varsovie n'est pas une action civile au sens du Code de procédure pénale. Elle a été consolidée par une série d'arrêts notamment dans l'arrêt Morlevat[584]. Dans l'affaire « *Morlevat* », la Cour de cassation a relevé que l'incompétence des juridictions répressives pour condamner le transporteur devait également profiter à ses préposés qui ont agi dans l'exercice de leurs fonctions. Cette décision respecte le libellé de l'article 25 A de la Convention de Varsovie, en application duquel le préposé à la faculté de se prévaloir des conditions limitant la responsabilité du transporteur lorsqu'il a agi dans le cadre de ses fonctions. La logique est donc rétablie, les préposés vont profiter du régime spécial établi en faveur du transporteur. La jurisprudence « *Rousseau* » a été consolidée en outre dans l'affaire *d'Habsheim* au bénéfice de la société Air France comparaissant en qualité de civilement responsable. Dans leur décision en date du 14 mars 1997, les juges ont estimé que :

« *Il en résulte que les conditions et limites prévues par la Convention, qui s'imposent aux tribunaux français, ne correspondent pas avec les règles du droit interne applicables aux parties civiles devant les juridictions répressives ; qu'elles excluent en conséquence la possibilité pour ces dernières de s'adresser aux tribunaux correctionnels pour obtenir l'indemnisation de leur préjudice ; que la présente juridiction ne peut dès lors que déclarer irrecevable leurs demandes d'indemnisation du préjudice dont elles ont personnellement souffert du fait de l'accident et des fautes des*

---

583 V. GRELIERE, idem.

584 Cass. Crim. 10 mai 1977, Bull. crim., no 165, D. 1977, IR 426.

prévenus, celles-ci relevant de la compétence exclusive des juridictions civiles[585] ».

De nos jours, pour les auteurs français[586], la jurisprudence relative à l'incompétence des juridictions répressives pour allouer des dommages-intérêts en réparation a toutefois perdu une partie de son intérêt depuis l'entrée en vigueur de la loi du 8 juillet 1983 et celle du 6 juillet 1990. La première[587] (tendant à renforcer la protection des victimes d'infraction) permet à la juridiction criminelle saisie de poursuites exercées pour homicide ou blessures involontaires qui prononce une relaxe, de demeurer compétente pour accorder des dommages-intérêts en application des règles de droit civil et la seconde[588] institue un droit à indemnisation intégrale par une commission spéciale pour les victimes d'infractions. Monsieur TOSI renchérit qu'il faudrait s'attendre à ce que le juge pénal revienne sur ce principe de son incompétence matérielle pour condamner à réparation le transporteur aérien[589]. Cette remarque a été suivie par la jurisprudence luxembourgeoise, prenant le contrepied de ce dictat prétorien français.

B. L'exception luxembourgeoise

L'ossature de la construction de la responsabilité civile au Luxembourg se reconnait d'être l'œuvre de la Cour de cassation française dont les juridictions luxembourgeoises selon Georges RAVARANI « *reprennent volontiers, voire, parfois, servilement, les solutions et suivent sans broncher les nombreux revirements.* »[590] Toutefois, continue l'auteur, il y a lieu se de rendre compte de « *l'amorce d'une émancipation des juridictions luxembourgeoises* » face à la Cour de cassation française. L'affaire Claude *POECKERS* en est une belle illustration. Dans cette espèce malheureuse du 6 novembre 2002, l'avion *FOKKER* F50 exploité par la compagnie aérienne *LUXAIR* assurant la liaison entre Luxembourg et Berlin s'est écrasé lors de l'atterrissage à l'aéroport de Findel du Luxembourg. À bord se trouvaient 22 personnes à savoir trois membres de l'équipage et 19 passagers. Dix-huit passagers et deux membres de l'équipage ont été tués, seuls le pilote et un passager ont survécu à leurs graves blessures. Le pilote Claude POECKES et autres ont été poursuivis pour homicide involontaire et coups et blessures involontaires. Les ayants droit des victimes se sont constitués partie civile en demandant réparation civile. Le tribunal d'arrondissement, 9e chambre correctionnelle dans sa décision du 27

[585] TGI de Colmar, 14 mars 1997, Gaz. Pal. 1998, n°3, Jur. 267.

[586] B. MERCADAL, *op. cit.*, n°245 ;F. LATACQ, JurisClasseur Transport, Fasc.925, Novembre 2007, n°150.

[587] Loi n° 83-608 du 8 juill. 1983, D. 1983.351.

[588] Loi n° 90-589 du 6 juill. 1990, D. 1990.315.

[589] J. P. TOSI, « Transport aérien », *in Juris-classeur, Fasc.* 460-10, mai 2005, p.102.

[590] G. RAVARANI, *La responsabilité civile des personnes privées et publiques*, Pasicrisie luxembourgeoise, 3ème éd., 2014, p.23 et s.

mars 2012[591] s'est déclaré incompétent pour statuer sur le volet des réparations civiles :

« Si en matière de poursuites pénales contre le transporteur aérien, la demande est présentée sous forme d'une action devant les juridictions répressives au moyen d'une constitution de partie civile, la jurisprudence française est venue à la conclusion uniforme, après quelques hésitations que la constitution de partie civile se situe en dehors du champ *d'application de la convention et ne peut être régie que par ses propres règles dérogeant fondamentalement de celles établies par la convention pour l'action en responsabilité (...).*

Une décision encore plus incisive a déterminé que « le juge pénal n'est pas compètent pour connaitre d'une constitution de partie civile contre le pilote, ni pour juger si la faute du défendeur présente un caractère inexcusable ». (Appel Chambéry 28.03.1974. RFDA. 1974 m 289).

Finalement, il a été décidé qu'aucun tribunal répressif ne peut statuer sur l'action e responsabilité civile dirigée contre le pilote ou la compagnie. (Cf. Cass.Crim.09.01.1975, RFD aérien, 1975, 181 ; et encore Cass.Crim.17.05.1976, 10.05.1977JCP.1978, 18 805)

Par ces motifs :

Au civil : Se déclare incompétent pour connaitre de la demande civile dirigée contre les défendeurs au civil... »

La servilité du tribunal d'arrondissement devant la jurisprudence française se passe de tout commentaire. C'est pourquoi, devant la Cour d'appel, les appelants déplorent que cette décision des premiers juges constitue un « *arrêt de règlement* », car ces magistrats se sont exclusivement basés sur des décisions de la Cour de cassation française. En outre, les appelants relèvent que l'incompétence de la juridiction répressive est une « *fausse interprétation de la convention de Varsovie, dès lors que les juges français auraient ajouté à cette convention une disposition sur la compétence matérielle qu'elle ne contiendrait pas (...) Il ne s'agirait pas de réécrire la Convention de Varsovie et la jurisprudence française en aurait fait un patchwork subtil pour conclure à une séparation de l'action pénale avec l'action d'indemnisation* ». Faisant siennes les préoccupations soulevées par les appelants, la Cour d'appel[592] tranche la controverse en infirmant la décision des premiers juges :

« Le fait que la Convention de Varsovie ne qualifie pas le régime de la responsabilité en matière de transport aérien, ne s'oppose pas à ce que la juridiction répressive saisie de l'action accessoirement à l'action publique, statue sur l'action civile en réparation du dommage découlant directement de l'infraction (...)

Par ces motifs :

Dit que la juridiction répressive de 1ère instance était compétente pour connaitre de demandes civiles contre les intimés, défendeurs au civil.

---

[591] N°1344/12.

[592] Arrêt n°44/14Vdu 21 janv.2014, 5ème Chambre siégeant en matière correctionnelle.

Se déclare à son tour compétente pour connaitre de ces demandes civiles... ».

Comment ne pas se réjouir de cette autre construction. En clair, la Cour d'appel luxembourgeoise adopte une démarche atypique qui ne fera qu'enrichir le débat houilleux sur la compétence matérielle des juridictions répressives. Le juge malien a de quoi se nourrir avant l'arrivée d'un cas futur. Cet arrêt fera date quand on sait qu'en matière de responsabilité civile, *« l'essentiel de l'œuvre jurisprudentielle luxembourgeoise en la matière émane de la cour d'appel »*[593]. Si la victime ou ses ayants cause ne peuvent, en vertu de la jurisprudence française précitée, réclamer devant un juge pénal des dommages-intérêts au transporteur ou à son préposé, il va de soi que cette incompétence n'affecte en rien la recevabilité de leur action civile pour exercer leurs prérogatives pénales. L'action civile de la victime ou de ses ayants cause est évidemment recevable dès lors qu'elle ne tend pas à l'allocation de dommages-intérêts.

Paragraphe II. La constitution de partie civile

À la suite d'un accident aérien provoquant des blessures ou la mort de passagers, le parquet dans le ressort duquel la tragédie s'est produite pourrait ouvrir une information judiciaire et solliciter la désignation d'un juge d'instruction. Cette décision du ministère public de mettre en mouvement l'action publique permettra à diverses parties civiles, par voie d'intervention, de se joindre à la procédure pénale. Si le parquet dispose d'une liberté d'appréciation sur l'opportunité des poursuites, toutefois, les victimes peuvent s'affranchir de ce carcan en mettant en mouvement l'action publique. En effet, l'article 3 alinéa2 du code de procédure pénale malien[594] dispose que *cette action* (publique) *peut être mise en mouvement par la partie lésée, dans les conditions déterminées par le présent code.* Qui sont les titulaires d'une telle action (I) et quels en sont les avantages (II) pour les victimes de crash aérien ?

I. Les titulaires de l'action civile

Le premier alinéa de l'article 4du Code de procédure pénale susvisée dispose : « *L'action civile en réparation du dommage causé par un crime, un délit ou une contravention appartient à tous ceux qui ont personnellement souffert du dommage directement causé par l'infraction.* »

En pratique, en matière de catastrophe aérienne, ont la qualité de partie civile les victimes directes ou indirectes de l'accident (A), et les associations de victimes (B) puisqu'elles sont victimes d'un dommage subi du fait de l'infraction.

---

593 G. RAVARANI, *La responsabilité civile des personnes privées et publiques*, préc., Pasicrisie luxembourgeoise, 3ème éd., 2014, p.24.

594 Loi n°01-080du 20 août 2001 portant Code de procédure pénale au Mali.

A. Les victimes directes ou indirectes

Par victime directe il s'agit de toute personne décédée ou rescapée d'un accident aérien alors que la victime indirecte, ou par ricochet, est toute autre personne subissant un préjudice du fait des dommages subis par la victime directe. Seront donc assimilés aux victimes indirectes les grands-parents, parents, conjoints, enfants et petits-enfants des victimes décédées lors d'une catastrophe aérienne.

B. Les associations de victimes

Plus fréquente en Europe qu'en Afrique, suite à de grandes catastrophes, comme les accidents aériens, de nombreuses associations de victimes se constituent instantanément. Cela fut notamment le cas à la suite des accidents d'Habsheim[595], du Ténéré, du Mont Sainte-Odile (Echo), de Long Island[596], du cap Skiring[597] ou encore de Quiberon[598]. La création d'une telle association vise un double objectif[599].

En premier lieu et du point de vue psychologique, l'association tentera d'apporter un soutien moral aux victimes ou à leurs proches par l'intervention notamment de psychologues. Elle interviendra aussi en vue de participer à la commémoration du souvenir des disparus en organisant des déplacements sur le site de l'accident ou encore, comme à la suite de l'accident du Mont Sainte-Odile, en installant une stèle sur le lieu du crash[600] et sur laquelle sont gravés les noms des victimes.

En second lieu et du point de vue juridique, l'association assurera souvent la défense des droits des victimes directes ou indirectes devant la juridiction pénale, facilitera leurs démarches et les conseillera.

Une fois les victimes identifiées, on peut légitimement se poser des questions. Pourquoi ces dernières peuvent-elles être autorisées à se constituer partie civile dans le cadre d'une procédure pénale au cours de laquelle le transporteur et/ou ses préposés sont poursuivis alors que le tribunal correctionnel est incompétent pour se prononcer sur toute demande en réparation ?

II. Les avantages de la constitution de partie civile

En réponse à cette question, il y a lieu de préciser que le Code de procédure pénale français et la Cour de cassation distinguent entre la constitution de partie civile et la demande en réparation par l'octroi de dommages et intérêts.

---

595 Comité de défense des victimes du crash de l'Airbus A 320 à Habsheim.

596 Association de défense et d'entraide des victimes du vol 800.

597 Association des victimes de l'accident aérien de cap Skiring.

598 Action et vérité

599 Pour une étude globale des associations de victimes V. F. PRADON, *Responsabilité pénale de l'entreprise de transport aérien en cas d'accident aérien*, Thèse, Aix-Marseille, 2001, p.101.

600 L'avion s'était écrasé le 20 janvier 1992.

La victime d'un crash aérien se constitue partie civile d'abord pour corroborer l'action publique (A), ensuite pour faciliter son accès au dossier d'instruction (B).

A. Corroborer l'action publique

L'article 418 alinéa 3 du Code précité déclare que la partie civile peut, à l'appui de sa constitution, demander des dommages et intérêts correspondant au préjudice qui lui a été causé. Le choix de l'expression « peut » et non pas « doit » garde toute sa symbolique. Par conséquent, la demande tendant à l'obtention d'une réparation financière n'est qu'une simple faculté légale laissée à la discrétion de la partie civile devant une juridiction répressive. Et la Cour de cassation française n'a pas manqué de rappeler que la partie civile pouvait seulement avoir pour seule motivation de corroborer l'action publique et obtenir que soit établie la culpabilité d'un prévenu[601]. Egalement en 1997, suite à un crash aérien, la Cour d'appel d'Amiens a relevé qu'une victime peut se constituer partie civile devant la juridiction répressive aux seules fins, par sa présence, « *de renforcer l'action publique mise en œuvre par le ministère public, avoir accès au dossier pénal, faire entendre son avis au cours du procès pénal sans pour autant solliciter la condamnation du prévenu à réparer le dommage résultant de l'infraction*[602] ».

Somme toute, si les juridictions répressives ne peuvent statuer sur les demandes en dommages et intérêts subis par les passagers victimes d'une catastrophe aérienne, il n'en demeure pas moins que ces dernières peuvent se constituer partie civile afin obtenir une réparation « *morale* » par la reconnaissance de la culpabilité du prévenu[603]. L'action civile de la victime ou de ses ayants cause est évidemment recevable dès lors qu'elle ne tend pas à l'allocation de dommages-intérêts.

B. Accéder au dossier d'instruction

À la suite d'un accident aérien ayant occasionné la mort ou de des blessures graves de passagers, le procureur de la République requiert très rapidement l'ouverture d'une information judiciaire et sollicite la désignation d'un juge d'instruction. Le réquisitoire qui saisit le magistrat instructeur a pour effet de mettre en mouvement l'action publique de telle sorte que les parties civiles qui se joignent à la procédure pénale le font par voie d'intervention en se constituant partie civile. Le grand intérêt est qu'au cours de l'information judiciaire, la partie civile aura accès au dossier pénal, et sollicitera des mesures d'instruction. Nul besoin de rappeler que la constitution de partie civile des victimes directes ou indirectes reste souvent animée par la volonté de connaitre les circonstances et surtout les causes de la catastrophe et,

[601] Cass. Crim., 8 juin 1971, D. 1971, Jur. 594, note J. Maury.
[602] C. A. Amiens, 30 sept. 1997, R.F.D. A.S., p. 466.
[603] Cass. Crim., 10 mai 1977 précité.

éventuellement, obtenir la condamnation pénale des responsables de l'accident. Ainsi, les victimes ou leurs proches pourront obtenir du juge d'instruction, assisté d'experts judiciaires, des éléments de preuve facilitant la démonstration de fautes graves, commises par le transporteur et ses préposés. N'étant tenues par le secret de l'instruction, les victimes parties civiles pourront s'appuyer sur les rapports et conclusions d'experts judiciaires pour obtenir du juge civil, (seul compétent pour statuer sur leur demande en réparation à l'encontre du transporteur et de ses préposés) le remboursement intégral des préjudices subis. En somme, l'avantage économique de la voie pénale est incontestable pour les victimes directes ou indirectes.

Après avoir examiné les difficultés soulevées par le choix de la juridiction compétente pour connaitre de la demande, il reste à déterminer les modalités de réparations.

TITRE II

LES MODALITÉS DE RÉPARATION

Une fois établies les conditions de la responsabilité du transporteur aérien, il reste à préciser les modalités de la réparation du préjudice. En droit commun, l'auteur d'un dommage doit le réparer intégralement, lorsque les conditions de sa responsabilité sont réunies. Les conventions de Varsovie et de Montréal ont établi en transport aérien des principes contraires à ceux qui sont ordinairement reconnus par les diverses législations nationales dans le cadre général de la responsabilité civile. En droit aérien, la réparation ne peut dépasser une certaine limite. On parle de « *privilège de la limitation* »[604], de *limitation* ou du *plafonnement* de responsabilité du transporteur. Il y a lieu de préciser que la limitation reposait sur deux fondements. D'abord, les « risques de l'air ». Le transporteur aérien exerçant une industrie naissante, le passager prend des risques en empruntant la voie aérienne. Dans cette aventure, le passager ne peut faire reposer la totalité du poids de la responsabilité sur le transporteur, un partage de responsabilité s'imposait.

Dans un second temps, des arguments d'ordre économiques ont été mis en avant. L'enjeu est financier : réduire les charges du transporteur. Les multiples accidents et la fréquence des pertes, porteraient un énorme poids financier sur le budget du transporteur aérien. Il était donc compréhensible voir nécessaire de ne pas compromettre ou aggraver la situation financière d'une activité utile à l'économie d'un pays, et que pour favoriser l'exploitant, il doit mériter une protection. Le Professeur TOSI disait que « *pendant longtemps, le transport aérien a été une aventure ; étaient alors légitimes les dispositions adoucissant le régime de responsabilité du transporteur par rapport au droit commun. ..* »[605]. Le principe classique de l'intégralité de la réparation va céder le pas à celui du plafonnement de la responsabilité (Chapitre 1). Cependant, ce principe connait des tempéraments, dans l'hypothèse où le transporteur commettrait une faute qualifiée dans l'exécution du contrat. D'où le retour aux exigences traditionnelles du droit commun avec la réapparition de la

---

[604] M.T.HASSAN, La limitation de la responsabilité du transporteur aérien international, thèse, Université de Paris, 1970, p.9.
[605] J.P. TOSI, « Transport aérien », *Juris-classeur, Fasc.* 460-10, mai 2005, p. 16.

réparation intégrale (Chapitre2). La jurisprudence malienne pratique une « *interprétation débordante* » dans le traitement des modalités de réparations.

CHAPITRE I

LE PRINCIPE DE LA LIMITATION DE LA RÉPARATION

Le minimum d'équité voudrait que le transporteur responsable soit condamné par le tribunal à réparer l'intégralité du dommage causé. Cependant l'article 22 des conventions de Varsovie et de Montréal contrecarre cette assertion en plafonnant la réparation due par le transporteur (section 1) Aussi cette limitation légale constitue-t-elle une dérogation aux principes généraux de justice et d'équité du droit commun. Or, le juge malien n'entend pas les choses de cette manière. D'une mauvaise interprétation à une application erronée des textes internationaux, notre jurisprudence a dévié de trajectoire (section2).

SECTION I. LES SOLUTIONS CONVENTIONNELLES

La limitation de responsabilité s'applique aussi bien dans le transport de personnes (paragraphe 1) que dans celui de marchandises (paragraphe 2).

Paragraphe I. Le transport de passagers

Nous examinerons le décès et les lésions corporelles (I) ainsi que les enjeux de l'évaluation monétaire (II).

I. Le décès et les lésions corporelles

De la Convention de Varsovie de 1929 (A) à celle de Montréal en 1999 (B), que de chemins parcourus dans l'amélioration de l'indemnisation des victimes en matière de décès ou de lésions corporelles.

A. Les modalités de réparation selon la Convention de Varsovie

L'article 22 du texte initial de la Convention de Varsovie fixe la somme à laquelle est « *limitée la responsabilité* » du transporteur aérien. La majorité de la doctrine française note qu'il s'agit d'une « *impropriété de langage que l'on parle de limitation forfaitaire* ». Pour ces auteurs[606], cette somme constitue un maximum, un plafond, et non un forfait. Face à un dommage inferieur, une plus faible somme doit être versée. Ce plafond est d'ordre public en ce sens que « *toute clause tendant à [...] établir une limite inférieure est nulle et de nul effet* »[607]. L'article 22 de la Convention de Varsovie précise que ce montant « *envers chaque voyageur est limité à la somme de cent vingt-cinq mille francs* ». Le Protocole de La Haye de 1955 a doublé ce plafond à 250 000 francs-or. L'unité retenue, le franc Poincaré n'a pas manqué de soulever des difficultés de conversion. Ce problème a suscité l'adoption de protocoles modificatifs remplaçant l'unité de compte or par le DTS et provoqué une hésitation entre diverses méthodes possibles de conversion. La substitution du DTS (droit de tirage spécial du Fonds monétaire international) à l'étalon de change or, a fait disparaître toute valeur officielle de l'or, rendant très incertaine l'application de l'article 22de la Convention de Varsovie.

En effet, depuis le 1er avril 1978, les monnaies des États membres du FMI se sont en effet détachées de l'or, les règlements internationaux devant se faire désormais sur la base du droit de tirage spécial (DTS). Le droit de tirage spécial (DTS) est constitué d'une corbeille de plusieurs monnaies (aujourd'hui : 45 % d'US dollar, 29 % d'Euro, 15 % de Yen et 11 % de Livre Sterling), dont la valeur est cotée quotidiennement. Ces difficultés de conversion ont suscité l'adoption de protocoles modificatifs remplaçant l'unité de compte or par le DTS. Il s'agit des Protocoles de Montréal de 1975. Les protocoles n° 1 et 2, entrés en vigueur en 1996 ont converti les plafonds à 8 300 DTS dans la version initiale de la Convention de Varsovie et à 16 600 DTS dans la version amendée à La Haye. Au Mali, l'article 137 du CAC[608] précise que « *le transporteur est responsable du préjudice survenu en cas de décès ou de blessure d'un passager...* » En cas d'application de la Convention de Varsovie, l'article 138 fixe la « *limite de la responsabilité du transporteur relative à chaque passager à 16 600 Droits de Tirage Spéciaux, soit 12 254 950 francs* ». Il faut se réjouir du pragmatisme du législateur pour la conversion effectuée qui éviterait aux juges des calculs fastidieux. Toutefois ce procédé légal ne manque pas de griefs. En effet, l'unité de compte du FMI, le DTS est un panier de monnaies dont la valeur se calcule quotidiennement en additionnant les contre-valeurs au cours interbancaires, dans la monnaie désirée, des montants suivants : 0,5770 US $, 0,4260 EUR, 21 JYE, et 0,0984 Pound Sterling[609] (composition fixée en 2000 pour une durée de cinq ans). La conversion de ces sommes en monnaies nationales en cas d'instance judiciaire

---

606 J.P. TOSI, « transport aérien », *in Juris-classeur, Fasc.* 460-10, mai 2005, p.9.
607 Convention de Varsovie, art. 23.
608 Code de l'aviation civile précité.
609 Cette valeur est publiée sur le site internet du FMI : www.imf.org.

n'est pas chosée aisée pour des non-initiés. La valeur du DTS se calcule au jour le jour[610].

B. Les modalités de réparation selon la Convention de Montréal

La nouvelle Convention de Montréal aura le mérite non seulement de substituer un unique régime à la multiplicité des régimes existants, mais surtout de relever considérablement le plafond de réparation en cas de dommage subi par les passagers. Il y a lieu de remarquer que les nouveaux principes qu'elle instaure dans le domaine du transport de passagers « sont déjà applicables » dans l'UEMOA à travers le Règlement n° 02/2003 relatif à la responsabilité des transporteurs aériens en cas d'accident[611]. En cas de décès ou de lésion, la Convention de Montréal met en place un système à double étage.

- Si le dommage est inférieur ou égal à 100.000 DTS, le transporteur ne peut opposer aucune limitation de réparation, même conventionnelle. C'est un système original qui garantit une réparation automatique et intégrale du préjudice subi jusqu'à concurrence de 100.000 DTS par passager. Le Code de l'aviation civile du Mali est d'une clarté des plus limpides : « *En cas d'application de la convention de Montréal, pour tout dommage (...) à concurrence de 100.000 Droits de Tirage Spéciaux, soit 73.825.000 francs par passager, le transporteur ne peut exclure ou limiter sa responsabilité* »[612]. Le transporteur ne peut donc s'exonérer en prouvant sa *due diligence*, ni une quelconque cause d'exonération, exceptée celle prévue à l'article 20 de la Convention notamment la faute de la victime (*supra*).

- En revanche, au-delà du seuil de **100.000 DTS soit 73.825 000** francs par passager le transporteur peut non seulement s'exonérer, mais aussi, se prévaloir d'une limitation conventionnelle[613]. L'article 28 de la Convention de Montréal impose, en fonction de la législation du pays, au transporteur le versement d'une avance aux personnes physiques qui ont droit à un dédommagement pour leur permettre de subvenir à leurs besoins économiques immédiats. Le droit communautaire UEMOA exige que ce versement se fasse « *avec toute la diligence nécessaire et en tout état de cause au plus tard quinze jours après que la personne physique ayant droit à indemnisation a été identifiée*[614] ». Le montant de l'avance, précise le Règlement communautaire, doit être calculé « *en proportion du préjudice subi* » et « *n'est pas inférieur à l'équivalent de15.000 DTS par passager en cas de décès* » (soit 12.270.000 FCFA). La Convention de Montréal et le Règlement

610 L'article 23 de la Convention de Montréal précise que la conversion de ces sommes en monnaie nationale s'effectuera en cas d'instance judiciaire suivant la valeur de ces monnaies en DTS à la date du jugement.

611 Ce Règlement date du 20 mars 2003.

612 Art. 140 paragraphe 1er.

613 Art. 140 paragraphe2

614 Art. 5 Règlement n° 02/2003/CM/UEMOA relatif à la responsabilité des transporteurs aériens en cas d'accident.

communautaire précisent néanmoins que ce versement ne constitue pas une reconnaissance de responsabilité et qu'il est déductible des dommages et intérêts.

II. Les enjeux actuels de l'évaluation monétaire

Pour rappel la Convention de Montréal a été adoptée le 28 Mai 1999, puis entrée en vigueur le 4 novembre 2003. Au Mali ce fut le 16 mars 2008[615]. Elle prévoit une procédure de révision des limites de responsabilité en son article 24, paragraphe 1er (A). L'UEMOA est restée en marge de cette évolution et n'a pris aucune mesure de conversion du DTS (B).

A. La révision quinquennale des limites de réparation

Tirant la leçon de l'obsolescence des limites fixées en 1929 et en 1955, la Convention de Montréal définit une procédure de révision des limites. Son article 24 prévoit que le dépositaire de la Convention procède tous les cinq ans à la révision, la première révision devant intervenir fin 2008. Mais cette procédure originale, souvent dénommée « *escalator clause* »[616], ne sera mise en œuvre pour la première fois que le 30 juin 2009, soit au cours de la sixième année suivant l'entrée en vigueur de la Convention. Depuis cette date les limites de responsabilité prévues par les articles 21 et 22 de la Convention de Montréal ont été augmentées. Il convient dès lors d'examiner la procédure (1) ainsi que les nouveaux chiffres (2).

1. La procédure

L'article 24 indique d'abord que le dépositaire de la Convention, l'OACI doit proposer une telle révision aux États parties tous les cinq ans lorsque le coefficient « *pour inflation* »[617] dans les États dont les monnaies composent le DTS[618] a dépassé 10 % au cours de la période écoulée depuis la dernière révision des limites de responsabilité ou, dans le cas d'une première révision, depuis la date d'entrée en vigueur de la Convention. Dans ce cas, l'OACI doit notifier sa volonté de modification des limites aux États signataires six mois avant la date envisagée pour l'entrée en vigueur de ces nouvelles limites. Si dans les trois mois suivant cette notification, une majorité des États parties notifie sa désapprobation, la révision n'entre pas en vigueur et cette question est soumise à une réunion des États parties. En revanche, à défaut d'opposition

---

615 V. site internet de l'OACI

616 A. LEMARIÉ, Revue de droit des transports n° 4, avril 2010, étude 4, n°2.

617 Selon l'expression employée à l'article 24 de la convention. Ce coefficient est défini comme un « taux cumulatif de l'inflation » correspondant lui-même à la moyenne pondérée des taux annuels de la hausse ou de la baisse des indices de prix à la consommation des États dont les monnaies composent le droit de tirage spécial

618 Les quatre monnaies composant le droit de tirage spécial sont le dollar US, la livre Sterling, le yen et l'euro.

suffisante des États parties, les nouvelles limites sont adoptées et entrent en vigueur à la date notifiée aux États par l'OACI. L'article 24 précise ensuite que l'initiative de la révision peut aussi émaner des États parties à la double condition que plus d'un tiers de ceux-ci expriment une telle volonté et que le coefficient pour inflation dans les États dont les monnaies composent le DTS soit supérieur à 30 % depuis la dernière révision ou depuis l'entrée en vigueur de la Convention si les limites n'ont jamais été révisées. Ce processus de révision est donc, à la différence du premier, facultatif. La même procédure de notification (celle visée à l'article 24 paragraphe 2) doit alors être respectée.

2. Les chiffres

La toute première révision fut l'œuvre de l'OACI, qui, partant du constat que le coefficient pour inflation était de 13,1 % depuis l'entrée en vigueur de la Convention de Montréal, a notifié le 30 juin 2009 aux États parties son intention de réviser les limites de responsabilité des articles 21 et 22. Quoi que tardive[619], seuls douze États parties ont notifié à l'OACI leur opposition à cette révision tandis qu'un minimum de quarante-trois États (43) était nécessaire. Cette révision est donc entrée en vigueur le 30 décembre 2009.

Depuis cette date les limites de responsabilité des transporteurs aériens sont les suivantes :

- 113 100 DTS (art. 21, paragraphe 1 - mort ou lésion subie par le passager) ;
- 4 694 DTS (art. 22, parag.1 - retard subi par le passager) ;
- 1 131 DTS (art. 22, parag. 2 - destruction, perte, avarie ou retard subi par des bagages) ;
- 19 DTS (art. 22, parag. 3 - destruction, perte, avarie ou retard subi par des marchandises).

Quelles peuvent être les interrogations juridiques et pratiques d'une telle augmentation au Mali ? Partant du fait que la Convention de Montréal est entrée en vigueur au Mali le 16 mars 2008 et que la révision est intervenue une année et demie, le juge s'en tient-il aux limites anciennes ? Une réponse négative s'impose. Mais ce serait trop demander au juge malien de se conformer aux nouvelles limitations, lui qui, en 2013 encore ignorait l'existence juridique de la Convention de Montréal.[620]. Il reste à examiner « la fuite en avant » de l'UEMOA.

B. L'inconséquence de l'UEMOA

Le cours de l'année 2003 a semblé assez significatif : la Convention de Montréal y est entrée en vigueur (le 4 novembre) et l'UEMOA adopta son Règlement relatif à la responsabilité des transporteurs (le 20 mars). À travers ce Règlement l'UEMOA aurait dû faire une ouverture non seulement envers

---

[619] La première révision devant intervenir fin 2008.
[620] TGI commune III, jugement n°523 du 26 dec.2013.

le droit communautaire européen,[621] mais surtout envers la Convention de Montréal. Toutefois, « *l'éléphant annoncé est arrivé avec un pied cassé* »[622]. L'UEMOA n'a fait aucune référence à la nouvelle Convention de Montréal, occultant en conséquence, toute révision des limites de réparations et en se référant au DTS.

1. Le manque d'anticipation

Animée d'une vision consumériste et tirant la leçon de 70 ans d'erreur de la Convention de Varsovie, la Convention de Montréal a jugé bon d'instaurer une procédure de révision des limites de réparations tous les cinq ans. Le Règlement (CE) n° 889/2002 du parlement européen et du conseil a prévu un délai triennal. En effet, son article 7 dispose :

« *Au plus tard trois ans après... la Commission examine... la nécessité de réviser les montants mentionnés dans les articles correspondants de la convention de Montréal à la lumière de l'évolution de la situation économique...* ».

Pour un texte de 2003, le Règlement UEMOA ne fait aucune référence à la Convention de Montréal pourtant adopté depuis 1999. Et comme on pouvait s'y attendre, aucune procédure de révision des plafonds d'indemnisation n'a été prévue. L'article 9 parle plutôt de rapport : « *Deux ans au plus tard après l'entrée en vigueur du présent Règlement, la Commission établit un rapport au Conseil des Ministres sur son application...* ». Le laconisme est patent. Quel manque d'anticipation ! Après 15 ans d'existence de ce règlement périmé, il est nécessaire de prévoir une procédure permettant de réviser les montants des limites de responsabilité fixés dans ledit Règlement afin de l'aligner sur le régime de Montréal.

2. Le manque de pragmatisme

D'abord comment ne pas objecter qu'une communauté monétaire, ayant en partage le franc CFA, puisse faire référence exclusivement à une autre monnaie dans son Règlement. Comparaison n'est pas raison dit-on, le Règlement européen en la manière a mentionné l'euro et le DTS. La grande différence entre l'OHADA et l'UEMOA, c'est que la seconde est une communauté monétaire et économique. La logique aurait voulu qu'on se réfère à la monnaie commune qui se vit au quotidien. Ensuite, l'UEMOA aurait dû faire un effort de conversion du DTS en franc CFA même si cela pourrait heurter la Convention de Montréal[623]. C'est ce que nous appelons « l'équivalent approximatif en monnaie locale ». Certes le franc CFA ne fait pas partie des monnaies composant le DTS, mais le CFA vit sous la

621 Règlement (CE) N°889/2002 du 13 mai 2002.

622 Dicton africain traduisant que l'attente n'a pas été comblé.

623 Compte tenu des fluctuations monétaires, l'art. 23parag. 1ervoudrait que la conversion soit effectuée le jour du jugement.

dépendance de la Banque de France[624]. Ainsi, on aurait pu facilement faire la conversion à partir de l'euro qui est une composante du DTS. Le Règlement UEMOA devrait juste faire une estimation en chiffre rond du DTS en franc CFA, on aurait eu au moins une bonne base de calcul. Il ne sert à rien de recopier des textes internationaux sans pouvoir les adapter à nos réalités. Nous restons convaincus qu'un droit communautaire n'a de sens que par rapport aux réalités de ladite communauté.

Contrairement à l'UEMOA, le législateur malien en 2011 a eu le génie de faire cette conversion. C'est le lieu de saluer son volontarisme voire son sens d'anticipation en procédant à une conversion définitive dans le Code de l'aviation civile. Toute chose qui pourrait dispenser les juges des calculs méticuleux et les diverses tergiversations avec les avocats durant les audiences[625]. En outre, même en cas de conversion le jour du jugement, la différence est pratiquement insignifiante. Par conséquent, mieux vaut gagner en temps et surtout en énergie que de s'épuiser dans des calculs interminables et fastidieux. Enfin, nos magistrats étant des juristes et non pas des experts financiers, ils seront plus à l'aise avec des chiffres ronds en CFA résultant de la conversion du DTS par le législateur. C'est pour des raisons simplement pratiques, en vue d'éviter la difficulté de conversion. Après cet examen des modalités de réparation des préjudices causés aux passagers, il convient à présenter, d'examiner les mécanismes d'évaluation du préjudice dans le transport de choses.

Paragraphe II. Le transport de biens

Le transport de choses garde tout son intérêt au Mali, ne serait-ce que sur le plan quantitatif. En effet, si les catastrophes aériennes engendrant des pertes en vies humaines sont exceptionnelles, au contraire, les pertes, les avaries et le retard sont monnaie courante dans les transports de marchandises et surtout de bagages. Nous préciserons les plafonds d'indemnisation tant en matière de perte ou avarie (I) que de retard (II).

I. La perte ou l'avarie

Le plafond diffère selon que l'on fasse application de la Convention de Varsovie (A) ou de celle de Montréal (B).

A. Le plafond dans la Convention de Varsovie

La Convention de Varsovie a d'abord instauré un régime d'alignement dans le transport de marchandises et de bagages (1), ensuite un régime particulier pour les « bagages à main » (2).

---

[624] C'est la France qui a décidé de la dévaluation du franc CFA en 1994.
[625] TGI commune III, jugement N°523, précité.

1. Les marchandises et bagages enregistrés

« Dans le transport de bagages enregistrés et de marchandises, la responsabilité du transporteur est limitée à la somme de deux cent cinquante francs par kilogramme... » précise l'article 22 parag.2. La précision est monumentale pour le juge malien, la limite, s'agissant des marchandises et bagages est calculée selon le poids et non la valeur, en l'absence d'une déclaration spéciale d'intérêt. Autrement, la limitation d'indemnité s'applique quelle que soit la valeur de la marchandise, dès lors qu'aucune déclaration d'intérêt spécial n'a été formulée. On peut aussi remarquer que la Convention de Varsovie soumet les bagages enregistrés au régime propre des marchandises. C'est ce que Monsieur GRELLIERE appelle *« un alignement général sur le régime applicable aux marchandises »*[626]. Monsieur GARNAULT déclarait déjà à la conférence de La Haye, que dans l'hypothèse des bagages, le passager est l'expéditeur[627].

Toutefois, dans le mode de calcul de l'indemnité, il convient de distinguer la perte totale (a) de celle partielle (b).

a. La perte totale

C'est l'hypothèse la plus simple nous semble-t-il : *« la responsabilité du transporteur est limitée à la somme de deux cent cinquante francs par kilogramme ».* Il suffit juste de multiplier le poids total en kilogramme par la somme de 250 francs. Par exemple si la marchandise ou le bagage perdu pesait 20 kilogrammes, l'indemnité maximum sera de 5000f (20kg x250F). C'est ainsi que le juge doit statuer dans une telle situation. En France, suite à des problèmes de conversion, le gouvernement a donné un avis estimant que le plafond équivalait à 16,5837 DTS. Mais le protocole n° 4 de Montréal du 1975 a retenu le plafond de 17 DTS. Le seul souci du demandeur ressort lorsqu'il n'arrive pas à prouver le poids de la chose perdue ou détruite. Mais de pratique constante, les marchandises requièrent la délivrance d'une LTA et les bagages enregistrés font l'objet d'un bulletin de bagages qui peut être combiné avec le billet de passage. Mais les choses se compliquent dans le cas d'une perte partielle.

b. La perte partielle

Que faut-il faire lorsqu'une partie seulement de la marchandise ou du bagage est perdue ou avariée ? Le Protocole de La Haye répond à la question. Dans le calcul de l'indemnité, le tribunal ne doit prendre en compte le poids total de l'ensemble des biens transportés, mais uniquement le poids total du colis endommagé ou perdu. En clair, s'il y a deux colis et que l'un d'eux subit un dommage, le poids de l'autre n'entre pas dans le calcul de la limite[628]. Cette

[626] V. GRELLIERE, thèse préc., p. 317.
[627] Cité par M.T. HASSAN, thèse préc. N°84.
[628] CA Paris, 20 oct. 1982 : RFD aérien 1983, p. 55.

solution connait un tempérament. En effet, il en va autrement si la perte d'un élément affecte la valeur de l'ensemble. Ce sera ainsi si cette perte « *affecte la valeur d'autres colis couverts par le même bulletin de bagages ou la même LTA, le poids total de ces colis doit être pris en considération* »[629]. C'est l'hypothèse où plusieurs colis contenant différentes pièces composant une machine. Si l'un des colis se perd, l'utilité des autres pièces serait affectée par la pièce manquante. L'équité imposerait de prendre en compte le poids des autres colis ni endommagés ni perdus. En fait, il ne s'agit pas de l'ensemble des colis transportés sous le même titre de transport, mais de l'ensemble du ou des colis dont la valeur a été affectée par la perte partielle intervenue.

Il faut avouer que le mode de calcul utilisé dans le règlement des pertes partielles est d'une complexité déroutante. « L'indivisibilité » d'éléments transportés dans des colis différents, s'avère « *un casse-tête* » non seulement pour le juge, mais aussi pour le demandeur. On se convainc de l'acuité de cette problématique à travers l'exemple de Monsieur DRION[630]. Un transporteur aérien s'engage à transporter 10 caisses de montres, chacune pèse10kg et contient 20 boxes de 4 montres. À l'arrivée, on découvre la disparition d'une boxe de 4 montres pesant 0,400 kg dans une caisse dont la valeur équivaut à 4000Frs. La Convention de Varsovie amendée dit que : « *... seul le poids total du ou des colis dont il s'agit est pris en considération...* ». Dans l'interprétation de cet article 22 paragraphe 2, b, on peut hésiter entre deux solutions :

- prendre le poids total du colis endommagé ou perdu, solution proposée par la Convention de RIO ;
- ou prendre le poids des bagages ou marchandises effectivement perdus ou endommagés. C'est la solution adoptée par la Convention de Berne sur le transport des marchandises par chemin de fer. On peut conclure à ce niveau que l'application d'une quelconque solution dépendra de l'appréciation souveraine du juge. Cependant tous les bagages ne sont pas alignés sur le régime applicable aux marchandises.

2. Les bagages à main

Dans le texte originaire de Varsovie, le calcul du mode de réparation diffère selon que le bagage perdu a fait l'objet d'enregistrement ou non. S'agissant des bagages enregistrés, comme sus évoqué, notamment ceux que le passager remet au transporteur, on applique le régime propre aux marchandises. En revanche, s'agissant de la perte ou de l'avarie des bagages à main, le calcul de l'indemnité ne se fonde plus sur le poids de ces objets, mais portera plutôt sur un montant global alloué au passager. L'article 22 paragraphe 3 est sans ambages : « *En ce qui concerne les objets dont le voyageur conserve la garde, la responsabilité du transporteur est limitée à*

---

629 P H, art 22 parag2,-b. ; V.CA Lyon, 8 mars 1990 : BTL 1991, p. 259.
630 Cité par M. T. HASSAN, thèse, préc, n° 93.

cinq mille francs par voyageur ». Etant donné qu'*« il incombe à chaque partie de prouver conformément à loi, les faits nécessaires au succès de sa prétention »*[631], le passager doit donc prouver non seulement qu'il était en possession des bagages, dont il connaissait seul le contenu, mais aussi comment il les a égarés[632]. Dans bien des cas cette preuve sera difficile à apporter, ce qui pourrait nous conduire vers une concurrence des fautes. Par ailleurs, on peut répliquer pour dire que la définition des bagages dits *« à main »* reste problématique. Il arrive souvent que ces *bagages à main* soient sous la garde d'une hôtesse de l'air[633] ou que des compagnies aériennes soient contraintes de déposer ces bagages dans la soute. Il faut en déduire que la définition *des bagages à main* donnée par la Convention de Varsovie connait des imperfections. Le montant de ces plafonds demeure dérisoire d'où le recours à la Convention de Montréal.

B. Le plafond dans la Convention de Montréal

L'une des innovations majeures de la Convention de Montréal est d'avoir d'abord soustrait les bagages au régime propre aux marchandises (1), ensuite d'avoir aligné les bagages à main sur le régime des bagages enregistrés (2).

1. Les marchandises

La responsabilité du transporteur en cas de destruction, perte ou avarie de marchandise est limitée à la somme de 19 DTS par kilogramme depuis le 30 décembre 2009 sauf déclaration spéciale d'intérêt à la livraison[634]. Pour rappel, primitivement fixée à 17 DTS, elle a donné lieu à révision sus évoquée conformément à la possibilité offerte par l'article 24 de la Convention. Au Mali ce plafond serait calculé selon le model suivant. On part du postulat que le 30 mai juin 2016, 1DTS équivalait à 1,25 Euro ce qui fait en arrondit 819 CFA.

On aura alors 19DTSx 819 CFA= 15.561 FCFA.

Celui qui aura perdu des marchandises de 50 kg sans faire de déclaration spéciale à la livraison, le tribunal déterminera son indemnité comme suit : **15.561 FCFA x 50 = 778.050 FCFA.**

Contrairement à la Convention de Varsovie, celle de Montréal prévoit expressément que la limitation s'applique au retard. Elle s'applique aussi aux avaries consécutives à un retard sans que l'ayant droit puisse prétendre au cumul des indemnités, l'une pour avaries, l'autre pour retard. Autrement dit, l'avarie due au retard est réparée au titre de l'avarie, et non du retard. Le préjudice indemnisable doit donc comprendre non seulement la valeur de la

---

631 Article 9 du Code de procédure civile, commerciale et sociale du Mali (CPCCS).

632 Il s'agit là d'une responsabilité pour faute que le passager doit démontrer.

633 Nous avons personnellement connu cette hypothèse avec « *Easy Jet* » lors de notre voyage de Rabat à Belgique (Charles le Roi) en novembre 2014.

634 Convention de Montréal. art. 22, parag. 3.

marchandise perdue ou avariée[635], mais aussi tout préjudice supplémentaire prouvé par l'ayant droit[636], **le tout dans la limite indemnitaire au kilo**. La réparation du dommage moral dans la Convention de Montréal n'a pas manqué de soulever des interrogations. Son article 29 énonce cette hésitation : « *Dans toute action de ce genre (action en dommages-intérêts), on ne pourra pas obtenir de dommages-intérêts punitifs ou exemplaires ni de dommages à un titre autre que la réparation* ». Interprétant cette disposition, la Cour d'appel de Bordeaux a refusé d'indemniser une perte de jouissance[637].

Cependant, force est de reconnaitre que cette solution qui écarte l'indemnisation des dommages autres que matériels n'est point conforme à l'esprit de la Convention. C'est d'ailleurs pourquoi, la Cour de justice de l'Union européenne, à travers une question préjudicielle, n'a pas manqué de clarifier les choses[638]. Elle relève que les termes « préjudice » et « dommage » doivent être compris comme incluant aussi bien les dommages de nature matérielle que ceux de nature morale et, que les différentes limitations de l'indemnisation mentionnées au chapitre III doivent s'appliquer à l'intégralité du préjudice causé, indépendamment de la nature matérielle ou morale de celui-ci. La Cour d'appel de Paris s'est empressée d'emboiter le pas en acceptant la réparation non seulement du préjudice matériel, mais aussi du préjudice commercial, de l'atteinte à l'image, enfin des frais exposés en vue de la tenue d'un salon[639]. Prenons un exemple pour illustrer ce mode de calcul.

Trente kilogrammes (30 kg) de parfums de luxe sont brisés au cours du transport. Sachant qu'un kilo de ces parfums vaut à peu près 50.000f, le destinataire subira une perte matérielle de 1500.000 FCFA. (30x50.000) À celle-ci s'ajoutera son préjudice commercial (impossibilité d'honorer les commandes de ses propres clients entraînant application de clauses pénales, par exemple) : mettons 500.000 FCFA. Son préjudice global s'évalue à 2000. 000FCFA. Mais en l'absence de déclaration d'intérêt à la livraison, on fera application des limites de la Convention de Montréal, c'est-à-dire : 19 DTS par kilo multiplié par le poids manquant. Si l'on fixe simplement le cours du DTS à 819 CFA, on obtient une indemnisation égale à 19 × 819 × 30 soit 466.830 FCFA.

Quant est-il dépens et frais de procès ?

L'article 22-6 de la Convention de Montréal et l'article 22-4 de la Convention de Varsovie indiquent que, outre les plafonds fixés, le tribunal a la faculté d'allouer au demandeur, conformément à sa loi, une somme correspondant à tout ou partie des dépens et autres frais de procès exposés.

---

[635] CA Paris, 5e ch. A, 2 déc. 1987, UTA c/ Interpral.

[636] Pour un préjudice moral subi par une société d'organisation de salons, V. Cass. Com. 23 mai 1989, no 87- 19.180, Dr. eur. transp. 1990, p. 89.

[637] CA Bordeaux, 1ère ch. civ. A, 3 nov. 2008, no 07/01646, UPS c/ C. San Martin et a., BTL 2009, p. 264.

[638] CJUE, 6 mai 2010, aff. C-69/09, A. Walz c/ Clickair, BTL 2010, p. 296.

[639] CA Paris, pôle 5, ch. 5, 15 avr. 2010, no 08-16961, *Satexport c/ Daher Ial* et a., BTL 2010, p. 282, 287.

Mais cette disposition ne s'applique pas lorsque le montant de l'indemnité allouée, non compris les dépens et autres frais de procès, ne dépasse pas la somme que le transporteur a offerte par écrit au demandeur dans un délai de six mois à dater du fait qui a causé le dommage ou avant l'introduction de l'instance si celle-ci est postérieure à ce délai.

2. Les bagages

La Convention de Montréal innove en instaurant un régime unique pour les bagages *« enregistrés »* et les bagages « *à main* ». En clair la Convention de Montréal ne parle point de bagages dits « à main ». Dans le transport de bagages, quel que soit le chef de préjudice, destruction, perte, avarie, mais aussi retard, la réparation est limitée à 1 000 DTS par passager. Le plafond ne dépend plus du poids du bagage, dont la pesée devient alors inutile. Qu'il s'agisse de bagages enregistrés ou de bagages à main, la responsabilité du transporteur est plafonnée à la somme de 1000 DTS par passager, sauf déclaration spéciale d'intérêt à la livraison pour les bagages enregistrés[640]. C'est dire donc qu'à la différence des bagages à main, les bagages enregistrés sont susceptibles de faire l'objet d'une déclaration spéciale d'intérêt à la livraison, laquelle a pour seul effet d'en relever le montant.

Cependant s'agissant des bagages à main, les auteurs du Lamy Droit du tourisme[641] se montrent assez réservés. Selon eux, la responsabilité contractuelle du transporteur ne saurait être engagée pour des bagages à main restés sous la garde du voyageur. Cette absence de responsabilité est la contrepartie de l'absence du prix du transport, car ces bagages sont transportés gratuitement. Toutefois, il ne reste au passager qu'agir sur le terrain de la responsabilité délictuelle s'il parvient à prouver la faute du transporteur notamment le mauvais état des réceptacles à bagages. Tout part d'abord de la présomption de perte. En effet, si le transporteur reconnaît de lui-même la perte de bagages enregistrés ou si des bagages enregistrés ne sont pas arrivés à destination dans les ***vingt et un jours*** qui suivent la date à laquelle ils auraient dû arriver, le passager pourra faire valoir ses droits[642]. Il va ainsi réclamer au transporteur, une réparation dont le montant sera limité à 1000 DTS. Approximativement au Mali, le calcul pourrait se faire comme suit : **1DTS= 819 CFA. On aura alors 919x1000= 819.000FCFA.**

Il faut toujours rappeler qu'il ne s'agit pas d'un montant forfaitaire, le juge devrait en conséquence, selon le degré du préjudice, allouer une somme minimale, moyenne ou maximum. Là aussi il y a lieu de s'en souvenir que primitivement fixée à 1000 DTS, cette indemnité a fait l'objet de révision pour devenir désormais **1 131 DTS par passager depuis le 30 décembre 2009.**

C'est regrettable que ni le gouvernement malien, ni son parlement n'aient effectué aucune conversion du DTS en franc CFA pour les dommages relatifs

---

[640] Art 22 parag.2.

[641] *Lamy Droit du Tourisme*, étude 215, Les transports de voyageurs, p.16.

[642] Convention de Montréal art. 17, parag.3.

aux marchandises et bagages. L'article 144 du Code de l'aviation civile se contente d'indiquer que « *la responsabilité du transporteur de marchandises ou de bagages est régie par les dispositions de la Convention de Varsovie ou de la convention de Montréal...* ». C'est seulement en cas de décès ou de lésion que le législateur malien fait une conversion du DTS en CFA[643].

En conclusion, il convient de relever une pratique assez répandue en Europe consistant, en cas de retard dans l'acheminement des bagages, en la mise à disposition d'une certaine somme afin de faire face à des achats de première nécessité. Qu'en est-il du retard ?

II. Le retard

Le transporteur aérien, présumé responsable du retard subi par les passagers, ne répond pas du dommage lui-même, mais du préjudice qui en résulte. Si la Convention de Varsovie a été moins diserte sur le retard (A), celle de Montréal en revanche lui consacre un traitement particulier. Selon la formule de l'article 22 paragraphe 1er de la Convention de Montréal, ce n'est pas le retard qui est sanctionné à proprement parler, mais plutôt le préjudice qui en résulterait (B).

A. Le retard dans la Convention de Varsovie

La Convention de Varsovie n'a pas précisé de limite spéciale quant à l'indemnisation des dommages dus au retard. En matière de transport de marchandises ou de bagages, doctrine et jurisprudence françaises s'accordent pour admettre qu'à défaut de limitation spécifique, le plafond de 250 francs-or par kilo (soit 17 DTS) s'applique à la réparation de tous les dommages prévus par la Convention, y compris le retard[644].

1DTS=819 CFA on va avoir 17x819 =**13.923 f CFA**

Dans le transport de personnes, à défaut d'indication, la responsabilité du transporteur pour retard serait limitée à la somme de 250 000 francs-or.[645] Le PAM n° 2 modifie la Convention de Varsovie amendée par le Protocole de La Haye, en fixant le plafond à 16 600 DTS par passager. **Dans l'article 139 du Code de l'aviation civile, le législateur a converti 16.600 DTS à 12.254 950 francs**. Comme c'est effarant, on aligne le retard de passager au même titre que la mort ou la lésion. C'est l'inconvénient inqualifiable de l'incomplétude de la Convention de Varsovie et du Code malien de l'aviation civile. Seuls les passagers qui ont subi un préjudice (correspondance ratée, durée réduite des vacances, préjudice d'ordre professionnel), dont ils apportent la preuve, ont droit à réparation.

---

643 Voir les articles 139 et 140 CAC.

644 CA Lyon, 17 févr. 1983 : RFD aérien 1983, p. 228, note GRELLIERE ; BT 1983, p. 329. ; pour un retard dans l'acheminement de bagages enregistrés : Cass.1èreciv., 27 mars 1984 : BT 1984, p. 516. - TGI Paris, 25 févr. 1993 : RFD aérien 1993, p. 261 ; F. LETACQ, JurisClasseur Transport, Fasc.925, 21 avril 2011, n°92.

645 B. MERCADAL, *op cit*, n° 178.

B. Le retard dans la Convention de Montréal

À l'inverse de la Convention de Varsovie, celle de Montréal établit des limitations spéciales en matière de retard. En cas de dommage subi par un passager résultant d'un retard, la responsabilité du transporteur est plafonnée à la somme de **4150 DTS par passager**[646]. En application de la révision du 30 décembre 2009, ce plafond est porté à **4694 DTS**

1DTS= 819CFA. On aura alors 819x 4694 = **3.844.386 FCFA**.

Le Règlement européen n° 261/2004 du 11 février 2004 accorde une assistance aux passagers pendant le retard de leur vol. Ainsi, en cas de retard important, les compagnies aériennes doivent fournir des repas et rafraîchissements, et l'hébergement quand le retard oblige les passagers à rester toute la nuit. Mais si le retard du vol est supérieur à cinq heures, le transporteur doit rembourser aux passagers le prix du billet dans un délai de sept jours. La Cour de justice de l'Union européenne, dans l'arrêt *Sturgeon* de 2009[647], leur a en outre accordé, comme pour les vols annulés, une indemnisation forfaitaire (de 250 à 600 euros) s'ils atteignent leur destination finale trois heures ou plus après l'heure d'arrivée prévue.

Contrairement à un jugement du tribunal de commerce de Bamako[648], il y a lieu de clarifier que l'inexécution, totale ou partielle, d'une opération de transport, ne constitue pas un retard puisque le transporteur n'accomplit pas le transport demandé. Il semble que dans ce cas, les dispositions de la Convention de Montréal ne soient pas applicables et que l'action de la victime relève du droit commun de la responsabilité contractuelle. Une fois exposées les solutions consacrées par les conventions internationales, il reste à vérifier la pratique judiciaire au Mali.

SECTION II. LA DÉVIANCE DU JUGE MALIEN

Parlant de la nature de l'interprétation, Monsieur TROPER[649] distingue deux tendances. D'abord, une conception traditionnelle qui fait de l'interprétation une fonction de la connaissance, consistant à faire apparaitre la signification cachée. Ensuite, une conception opposée ou réaliste qui fait de l'interprétation une fonction de la volonté. Elle traduit alors les préférences subjectives de celui qui l'exprime. Le juge malien semble faire le choix de cette seconde conception en refusant d'appliquer le principe du plafonnement (paragraphe I). Ce penchant fâcheux de notre jurisprudence en faveur des victimes doit être censuré par la Haute juridiction (paragraphe II).

---

646 Art. 22 parag.1er.

647 CJCE, 19 nov. 2009, aff. C-402/07 et C-432/07, Sturgeon : Rec. CJCE 2009, I, p. 10923.

648 T.com de Bamako, jugement n°52, *op.cit.*

649 Voir M. TROPER, La philosophie du droit, que sais-je ? PUF, 3ème éd., 2011.

Paragraphe I. Le cycle de faveur pour les victimes

C'est surtout en matière de transport de marchandises et de bagages, que l'on peut relever un plus grand nombre de décisions maliennes qui refusent de retenir la limitation au sens de l'article 22 des conventions de Varsovie et de Montréal. Nous contemplerons des jugements du tribunal de commerce de Bamako (I) avant de sillonner d'autres juridictions civiles de Bamako (II).

I. Au tribunal de commerce

- **Cas N° 1 :** Le 25 juin 1995, Madame Diadji DIAWARA fait transporter par Air Ivoire des bagages et des marchandises contenant 40 bazins riches brodés[650] de Bamako à Abidjan qui ne sont jamais arrivés à destination. Le tribunal présidé par Madame Aminata MALLE[651] ne s'en tient qu'au droit commun en prononçant une réparation intégrale conformément à la valeur des biens perdus en l'absence de toute déclaration spéciale d'intérêt.

« Attendu qu'aux termes de l'art 1185 du code du commerce : « le transporteur est garant de la sécurité des voyageurs et de leurs bagages » ; qu'elle a donc failli à ses obligations telles définies par l'article 1140 du code de commerce qui dispose que : « le transporteur doit veiller à la conservation de la chose et d'en conserver la garde...

*...**Attendu qu'il ressort de la facture n° 086/HO/95 en date du 18 juin 1995, que les 40 bazins riches brodés ont couté 3.600.000 frs CFA ; qu'il convient de condamner AIR IVOIRE à lui payer ce montant ;***

Attendu par ailleurs la perte des bagages a causé un préjudice certain et direct à dame Diadji DIAWARA qui a subi un préjudice commercial important découlant du manque à gagner ; qu'il y a lieu de condamner Air Ivoire à payer à la requérante la somme de 400.000 frs CFA à titre de dommage intérêts... »[652].

Le comble est que même le conseil d'Air Ivoire[653] n'invoque pas les limites varsoviennes et cela fait le bonheur de la victime. Il faut rappeler qu'à cette époque la Convention de Montréal n'était pas encore adoptée.

- **Cas N° 2 :** Une décennie plus tard, le 28 février 2007, le juge commercial persiste dans son refus de faire appliquer les exigences des traités aériens dans une espèce de perte de marchandises. Moussa NDIAYE a voyagé avec la compagnie Ethiopian de Dubaï à Bamako en embarquant 13 colis de marchandises. À l'arrivée neuf lui, ont été remis, mais quatre sont restés introuvables et évalués 900.000 FCFA. La compagnie invoque l'application de la Convention de Varsovie qui indemnise selon le poids de la marchandise.

---

[650] Un tissu très prisé au Mali et en Afrique de l'Ouest, mais le Mali est en le principal promoteur.

[651] Ministre de la justice et garde des sceaux de juillet 2015 juin 2016, actuelle secrétaire générale du gouvernement.

[652] T.com. Bamako, Jugement n°135 du 29 mai 1996.

[653] Le cabinet d'avocat TOUREH et Associés.

Comme à son accoutumée le tribunal commercial a autorisé le remboursement intégral des frais de marchandises perdues sur la base du droit interne notamment l'article 1144 du Code de commerce :

« *... en cas de perte, il (le transporteur) est tenu de réparer le préjudice subi par le propriétaire.* ***La valeur des objets perdus s'appréciera à partir de justification fournies****... Condamne la défenderesse au paiement des sommes de* ***4.795. 500 FCFA*** *en principal et de 500 000 FCFA de dommages et intérêts... »*[654]. Nulle part, on ne parle point de DTS ni de poids de marchandes le juge commercial ne se préoccupe guère du régime particulier du transport aérien.

- Cas N° 3 : Six ans après, la constance est maintenue, la cadence continue et semble atteindre son paroxysme en 2013 dans une espèce déconcertante[655]. Madame Kadiatou Souko de retour du pèlerinage 2011, avait remis un excédent de quatre bagages à « *l'Agence Almadina* » organisatrice de voyage pour les acheminer de la Mecque à Bamako. Mais plus d'un an après son retour ses objets personnels n'ont pas été retrouvés. Il s'agissait de : trois bagues or, une chaine or, deux boucles en or dont un contient cinq points en diamant, le tout évalué pal la requérante à 2. 600.000 FCFA.

Sur quelle base faut-il évaluer la valeur des objets perdus ? Contre toute attente, sur la base du droit commun le tribunal de commerce avec à sa tête le président Fatoma THERA[656], ordonne le remboursement intégral de la valeur des bagages perdus, conformément dit-il, à la jurisprudence de la Cour suprême[657]. Or, l'article 22 de la Convention de Varsovie qui détermine le principe de la réparation en fonction du poids des objets perdus a été soulevé en vain par le conseil de la défenderesse.

« *... Attendu que conformément aux stipulations de l'article 8 de la convention de Montréal du 28 Mai 1999... Que dans l'esprit et la lettre de la convention susvisée c'est donc le droit commun qui s'applique ce qui est par ailleurs conforme à la Jurisprudence de la Cour Suprême du Mali...*

Attendu que ***les factures des objets perdus sont versées au dossier de la procédure et attestent de leur existence au moment de l'embarquement***

Condamne l'Agence de Voyage ALMADINA SARL à payer à Madame Kadiatou SOUCKO la somme de 2.652.750 FCFA au titre de la valeur de ses objets perdus et celle de 500.000 FCFA à titre de dommages-intérêts »[658].

L'ancien bâtonnier Me SAYE avait parlé d'« *application malhonnête des Conventions internationales...* »[659]. Le tribunal dans ses interprétations erronées invoque d'une part, la Convention de Montréal et d'autre part, l'arrêt

[654] T.com. Bamako, jugement N°88 du 28 février 2007.
[655] T.com. Bamako, Jugement n°149 du20 février 2013.
[656] M.THERA a eu une longévité inégalée au tribunal de commerce de 2005 à 2015.
[657] Nous commenterons cette jurisprudence de la Cour suprême dans nos développements ultérieurs.
[658] T.com. Bamako, jugement n°149 du 20 février 2013.
[659] Entretien du 6 février 2017 au tribunal de la commune VI.

de la Cour suprême pour justifier l'application du droit commun. Il faut vite objecter que telle n'a jamais été la pensée du juge suprême. Le juge commercial se perd dans une double interprétation déformante : d'abord de la Convention de Montréal ensuite de l'arrêt de la Cour suprême. Faut-il rappeler qu'à défaut d'une déclaration spéciale d'intérêt à la livraison, la Convention de Varsovie dit qu'il faut peser les bagages en raison de 17DTS par kilo. Et la Convention de Montréal a fixé désormais un plafond de 1000DTS par passager (art. 22 parag.2). En outre, l'article 8 qu'il vise, dit exactement le contraire de ce le tribunal décide à savoir le bénéfice du plafonnement en faveur du transporteur. Six mois plus tard, le 10 juillet 2013, le juge TOUFADO a condamné au paiement de 2.000.000 FCFA (valeur des biens) la Compagnie Air Sénégal pour la perte d'une valise contenant des objets dits de « *valeur* » et sur la base d'une « *simple déclaration d'honneur*[660] ». Décidément à travers le tribunal de commerce, « *on se sert de la justice pour s'enrichir* »[661] et la liste n'est pas exhaustive sauf un seul cas exceptionnel.

Cas N° 4 : Toutefois, on ne saurait nous empêcher d'évoquer « la grande exception » à travers laquelle le tribunal commercial donne des signes d'espérance en juin 2015. Partie pour des soins, Madame Mama LAH voyage de Londres à Bamako par la RAM. À son arrivée ses bagages qui sont perdus, contenaient des médicaments prescrits pour un an de traitement, et sa garde-robe renouvelée, le tout évalué à 5.000.000FCFA. Le jeune juge Djigui SISSOKO nous surprend dans une motivation des plus pertinentes en appliquant le plafonnement de réparation :

« *Qu'aux termes de l'article 22 alinéa 2 de ladite convention : « Dans* ***le transport de bagages, la responsabilité du transporteur en cas de destruction, perte avarie, retard est limitée à la somme de 1000 Droits de Tirages Spéciaux par passager****... » ; Qu'à sa suite, l'article 23 de la même convention de Montréal précise que la conversion de ces sommes en monnaie nationale s'effectuera en cas d'instance judiciaire suivant la valeur de ces monnaies en DTS à la date du jugement ; que le 10 juin 2015, date du jugement 1 DTS équivalait à la somme de 818,572 FCFA ;*

Que par application des dispositions susvisées, ***il échet de condamner la compagnie Royal Air Maroc à payer à madame Mamah L TRAORE la somme de 818.572 FCFA soit 1000 DTS X 818, 572 FCFA à titre de remboursement de la valeur des bagages perdus, et de débouter celle-ci du surplus de sa demande...*** »[662].

Qui dit mieux ! Le juge SISSOKO se démarque nettement de ses collègues du tribunal de commerce, pour une demande principale de 5000.000fCFA, il alloue seulement 800. 000F. Ce jugement antinomique[663] reste mémorable,

---

660 T.com. de Bamako, jugement n°513 du 10 juillet 2013.

661 Propos tenus par Me Modibo H Dicko, avocat à la Cour, conseil d'Ethiopian Air Lines.

662 T.com. de Bamako, jugement n°399 du 10 juin 2015.

663 Sur la 1ère demande, le tribunal a rejeté l'exception d'incompétence contrairement à la Convention de Montréal, voir chapitre 1er ci-dessus sur la compétence.

même si le juge ne nous explique pas la manière d'obtention du chiffre de 818.572 F CFA correspondant à 1DTS. Enfin, conformément à la révision de 2009, il aurait dû prendre le montant de 1 131 DTS au lieu de 1000. Qu'en-t-il au niveau des autres tribunaux de Bamako ?

II. Dans les autres tribunaux

Mis à part le tribunal de commerce, à Bamako les juridictions intervenant dans le contentieux aérien sont les tribunaux de grande instance (TGI) des communes II, III, et IV de Bamako. Les autres régions du Mali n'ont pas « d'aéroport véritablement international ». Celles qui en possèdent notamment les villes de Kayes[664] et Mopti n'ont jamais connu de contentieux aérien. C'est dire que le transport aérien domestique n'a pas encore pris son envol. Lors de notre déplacement à Mopti[665] le président du tribunal de commerce nous confia que sa « *juridiction n'a jamais tranché de contentieux de droit aérien* » ni avant lui ni avec lui[666].

A. Le TGI de la Commune II

Ce tribunal s'était aligné dans la même logique du tribunal commercial, mais il y eu un ressaisissement depuis 2013.

- **Cas N° 1 :** Le 10 Décembre 2007 Madame Mariam SOUMANO a emprunté le vol n° AT 623 de la RAM allant de Fez à Bamako. À son arrivée à Bamako ses bagages estimés à une valeur de 641.900frs CFA sont perdus. Le juge accède à sa demande et autorise le remboursement intégral de la valeur des biens perdus contrairement à la Convention de Varsovie : « *Statuant Publiquement par défaut à l'égard de la défenderesse en matière civile et en premier ressort condamne cette dernière à payer à la requérante la somme de 641.900 F (six cent quarante un mille neuf cent francs) à titre de* ***remboursement de la valeur de ses bagages*** *et celle de 250.000 (deux cent cinquante mille francs CFA) de dommages-intérêts... »*[667].

- **Cas N° 2 :** Cependant le tribunal de la Commune II présidé par Monsieur Lasseni SAMAKE[668] revient à de meilleurs sentiments à travers l'audience du 28 aout 2013. Dans cette espèce banale, Madame SANOGO Mariam GUINDO a voyagé par *TUNIS AIR* de Tunis à Bamako. À son arrivée les bagages qui ont disparu, pesaient 30kg et contenaient *« d'importants objets »* qu'elle a évalué à 607.900 FCFA.

---

[664] Son aéroport dit « dag-dag » vient d'être construit seulement en 2011 et n'a pas connu de succès en termes de trafic aérien.

[665] A 600km de Bamako.

[666] Entretien de toute une matinée dans son bureau le 16 février 2014.

[667] TPI. Commune II, jugement n°708 du22 déc. 2010.

[668] Il vient de faire l'objet d'une mutation comme conseiller à la Cour d'appel de Bamako en 2015.

La Compagnie *TUNIS AIR* sous la plume de Maître Magatte SEYE, exige l'application de l'article 22 de la Convention de Varsovie : « *Qu'en matière de transport aérien des marchandises et de passagers, le texte applicable est cette convention et non le RGO ; que donc en vertu de ce texte, elle ne peut bénéficier que de 16.600 FCFA/Kg...* ». Le tribunal se laisse convaincre :

« *Attendu qu'en raison de la nature spéciale dudit contrat,* ***le droit applicable est la Convention de Varsovie notamment en son article 22 ;*** *qu'il y a lieu d'ordonner son indemnisation sur la base de 16.600 FCFA le Kg ; Condamne la défenderesse à payer à la requérante la somme de 498.000 FCFA (16.600 FCFA x 30kg) à titre principal et celle de 250.000 FCFA à titre de dommage et intérêt.* »[669]

Il faut s'en réjouir et féliciter le tribunal de la Commune II non seulement pour l'application, mais aussi la bonne interprétation des dispositions de la Convention de Varsovie. Cependant, il faut déplorer le fait que ni le juge ni l'avocat de Tunis Air ne nous explique point l'obtention du chiffre 16.600 F CFA. Cela suppose qu'à cette date le cours de 1DTS équivalait à 874 CFA soit 1,33 Eur.

B. Le TGI de la Commune III

La démarche du tribunal de la Commune III est presque similaire à celle de la Commune II, ces dernières années on sent de l'amélioration.

- Cas N° 1 : Dans une espèce d'octobre 2011, cette juridiction fit une application sélective de la Convention de Varsovie en refusant le plafonnement d'indemnité. Le Monsieur Aly Said DIALLO a voyagé par la Compagnie *Ethiopian Airlines*, arrivé à Bamako deux (2) de ses bagages estimés à1.379.000F CFA restent introuvables. Le président du tribunal Monsieur Hamidou Banahari MAÏGA vise l'article 18 de la Convention de Varsovie au détriment de l'article 22 en faisant droit à la demande de remboursement de la valeur des colis perdus :

« *Condamne Ethiopian Airlines à lui payer la somme de 1.379.000 (un million trois cent soixante-dix-neuf mille) francs CFA au titre de sa demande au principal et celle de 300.000 (trois cent mille) francs CFA à titre de réparation du préjudice subi* »[670]. Ce jugement frappe notre curiosité. Le poids et la nature des bagages n'étant pas connus, sur quel fondement peut-on allouer une indemnité aussi faramineuse de 1.379.000F CFA ? Et le comble c'est que ce jugement a été confirmé en appel :

« *Considérant que Ethiopian Air Lines ne conteste pas la perte des colis ; Considérant en revanche que Aly Said DIALLO a produit un document qui donne le détail des objets contenus dans le colis et leurs prix ; il résulte que le jugement entrepris procède d'une bonne appréciation des faits et d'une*

---

669 TPI Commune II, jugement n°545du 28 août 2013.

670 TPI commune III, jugement n° 238 du 06 octobre 2011.

saine application de la loi. Qu'il échet de le confirmer en toutes ses dispositions... »[671].

Certes, la diversité des méthodes d'interprétations est liée au degré de fidélité ou de liberté reconnu à l'interprète par rapport à la lettre et l'esprit de la loi. Mais sans être partisan de ce Monsieur BERGEL appelle un « *légalisme outrancier »*[672], nous pensons que face à des textes clairs, le juge interprète ne dispose pas d'une liberté absolue. Dans l'espèce susvisée, on pourrait parler d'une catastrophe judiciaire et c'est le moins qu'on puisse dire. Deux ans plus tard, le juge Hamidou Banahari MAÏGA[673] se ressaisit, mais avec de nombreuses incohérences. En effet, dans le cas n° 1 susvisé en 2011, il vise l'article 18 de la Convention de Varsovie. Dans le cas d'espèce il vise la Convention de Montréal, mais prétend que celle de Varsovie a *« été abolie »*. Dans cette espèce intéressante, Monsieur Siaka Sory Charles DEMBELE voyage par Ethiopian Airline de Kinshasa à Bamako. Arrivé à destination, il constate la perte de sa valise de 28 kg contenant « *six costumes, deux vestes, neuf chemises, environ dix t-shirts, chaussures soulier, chaussures basket, chaussures nu-pied, deux chargeurs de batteries de téléphones mobiles, autres objets et biens personnels »*. Comme par extraordinaire c'est le conseil du requérant qui demande une indemnisation plafonnée à 786.739 F CFA conformément à l'article 22 paragraphe 2 de la Convention de Montréal soit 1000 DTS X 786,739 F CFA. Le juge MAIGA assez expéditif, refuse d'assumer toute sa responsabilité, mais respecte cette fois-ci la limitation de la réparation :

« Attendu qu'aucune preuve de la ratification par le Mali de la convention de Montréal n'ayant été rapportée, il convient d'appliquer celle de Varsovie qui a été ratifiée par le Mali depuis 1961 ; Attendu que l'article 22 de la Convention de Varsovie stipule que : en cas de perte, d'avarie ou de retard d'une partie des bagages enregistrés... seul le poids total du ou des colis dont il s'agit est pris en considération [...]

Que cette disposition prévoie que l'indemnisation se fait selon le poids des bagages à raison de 20 dollars US présentement, et non la valeur des bagages ; Que quand on considère qu'1 dollar est égal à 400 F CFA, on obtient : 20 x 400 x 28 = 224.000 F CFA ;

En conséquence, condamne la Compagnie Ethiopian Airlines-sa à lui payer les sommes ci-après : deux cent vingt-quatre mille (224.000) F CFA à titre d'indemnisation ; un million (1.000.000) F CFA à titre de dommages et intérêts »[674].

S'il convient de saluer « le revirement » du juge MAIGA, il y a toutefois lieu de recadrer deux contre-vérités. D'abord, la Convention de Varsovie été

671 CA Bamako, Arrêt N°763 du 18 dec.2013.

672 J.LP. BERGEL, Méthodologie juridique, prec., p.262.

673 Courant 2015, il a été muté comme conseiller à la Cour d'appel de Bamako.

674 TPI commune III, jugement N°523 du26 décembre 2013.

ratifiée par le Mali non pas 1961, mais en 1963. Ensuite, le Mali a bien ratifié la Convention de Montréal[675].

C. Le TGI de la Commune IV

Là encore l'on se prévaut des conventions internationales sans toutefois appliquer à la lettre le plafonnement indemnitaire. C'est du moins ce qui ressort de cette espèce de juin 2015. Monsieur Adama SOUMOUNOU au cours de son voyage par Mauritania Airlines de Bamako à Brazzaville perd ses bagages qu'il évalue à 427.797 F CFA. Le tribunal accède à sa demande sans tenir compte d'aucun poids, sans parler de DTS, mais en se fondant curieusement sur les traités aériens. « *... il convient, par application des dispositions des convention régissant le transport aérien régulièrement ratifiées par le Mali de faire droit à la demande de Monsieur Adama SOUMOUNOU en condamnant Mauritania Airlines à lui payer la somme de 427.797 F CFA représentant la valeur des bagages perdus... »*[676]. À la décharge du président du tribunal Monsieur Moussa Aly YATTARA, qui ayant longtemps servi à l'intérieur du pays notamment à Koutiala (à 400km de Bamako) n'est pas au parfum des traités aériens. En nous faisant visiter son bureau, il passe aux aveux tout en pointant du doigt l'État malien : « *Regardez mon bureau, qu'est-ce que l'Etat fait pour nous en termes de documentation sur le droit aérien ? Je m'évertue de glaner sur internet des conventions internationales... »*[677]. Il reste à déterminer la portée de cet arsenal de « jugements anti-limitation ».

Paragraphe II. La portée de la jurisprudence malienne

La non-application et la mauvaise interprétation du droit conventionnel a eu pour conséquence la consécration des dommages et intérêts punitifs (I), et le tout couronné par des « coups de forces judiciaires » contre ces instruments internationaux (II).

I. Le jeu trouble des dommages-intérêts

La question des dommages-intérêts reste problématique. La non-application ou la mauvaise interprétation des conventions de Varsovie et de Montréal par les juges maliens a eu pour conséquence le maintien du cumul des dommages et la consécration illégale du dommage punitif.

[675] Le 16 janv 2008, V. site officiel de l'OACI qui indique les dates de ratification et d'entrée en vigueur de ces conventions pour chaque pays adhérant.
[676] TGI. Commune IV, jugement N°123 du 15 juin 2015.
[677] Entretien au tribunal de la Commune IV le 16 septembre 2015.

A. La triple condamnation illimitée

En fait on est divisé entre 2 dispositions de la Convention de Montréal qui à la limite paraissent contradictoires.

1-D'abord l'article 22 paragraphe 6 : *« Les limites fixées par l'article 21 et par le présent article n'ont pas pour effet d'enlever au tribunal la faculté d'allouer en outre, conformément à sa loi, une somme correspondant à tout ou partie des dépens et autres frais de procès exposés par le demandeur... ».* Indépendamment de la demande principale, on peut raisonnablement penser que par « *dépens et autres frais de procès* », il s'agirait des « dépenses dans la procédure ou frais de procédure » notamment les frais d'avocat ou d'expertise. En principe, tous les tribunaux allouent cette « indemnité ». Mais le problème est que ces « *dépens et autres frais de procès* » ne sont jamais liquidés. Dans la pratique courante ces dépens ne font pas l'objet d'évaluation monétaire. Une fois le procès gagné les demandeurs ne reviennent plus à la charge[678]. Ensuite, l'article 29 dispose : « *Dans le transport de passagers, de bagages et de marchandises, toute action en dommages-intérêts, à quelque titre que ce soit, (...) ne peut être exercée que dans les conditions et limites de responsabilité prévues par la présente convention...* ». On peut déduire de cet article que les dommages et intérêts qui seront prononcés par les tribunaux ne doivent pas dépasser le plafond indemnitaire fixé par la Convention.

La conséquence inéluctable est que le cumul de la demande principale et des dommages et intérêts ne saurait dépasser la limite de réparation légale. La pratique judicaire au Mali nous indique que les **tribunaux prononcent en réalités trois condamnations :** d'abord une 1ère condamnation pour la *demande principale*, ensuite une deuxième condamnation pour les *dommages-intérêts,* enfin une 3e condamnation pour les *dépens.* Dans le cas n° 1 sus visé du tribunal de commerce la remarque est patente : « ... *Condamne à payer à la requérante la somme de 3.600.000 frs CFA à titre principale et celle de 400.000 frs CFA à titre de dommage intérêt. Condamne la défenderesse aux dépens...* »[679] Le juge commercial continue : « *condamne la défenderesse au paiement des sommes de 4 795 500 FCFA en principal et de 500 000 FCFA de dommages et intérêts (...) Met les dépens à la charge de la défenderesse...* »[680] Au tribunal de la commune II, la triple condamnation apparait : *« Condamne la RAM à payer à la requérante la somme de 641.900 F à titre de remboursement de la valeur de ses bagages et celle de 250.000 de dommages-intérêts (...) Condamne la défenderesse aux dépens... »*[681].

La même démarche est adoptée au tribunal de la commune III : *« Condamne Ethiopian Airlines à lui payer la somme de 1.379.000 francs CFA au titre de sa demande au principal et celle de 300.000 francs CFA à titre de*

678 Entretien avec le 1er substitut du procureur de la République près du TGI de la Commune II, Koké COULIBALY le 03 juin 2016.
679 T.com. Jugement N°135 du 29 mai 1996.
680 T.com. Bamako, jugement N°88 du 28 février 2007.
681 TPI commune II, jugement N°708 du22 dec. 2010.

réparation du préjudice subi (...) Condamne la défenderesse aux dépens »[682]. Nous préférons nous limiter à ces espèces, la liste n'est point exhaustive. Mais force est de reconnaitre que dans les jugements sus visés, les dispositions conventionnelles ne sont pas respectées ni la lettre ni l'esprit. Si l'allocation des « *dépens* » peut sortir du plafond indemnitaire, car fixée en fonction de la loi du tribunal (Convention de Montréal, article 22 paragraphe 6) en revanche ni le montant de la « *demande principale* » ni celui des « dommages intérêts » ne peuvent dépasser la limite légale de réparation. Mieux, même le cumul de ces deux montants ne saurait aller au-delà du plafond de réparation fixé par les traités aériens.

Le débat a été en partie tranché en France dans une espèce depuis 1985. En effet, suite à la perte d'un colis de Monsieur Dufaud, par la compagnie *Ibéria*, la Cour d'appel de Paris[683] lui accorde, indépendamment des dommages-intérêts, le remboursement du prix du transport. Dans un arrêt du 8 janvier 1985 la Chambre commerciale de la Cour de cassation casse cette décision en interdisant tout cumul d'indemnité. Pour la Cour régulatrice, il ne saurait être question de dépasser le plafond légal de réparation. « *Le paiement du prix du transport de la marchandise, en cas de perte de celle-ci, est un élément du préjudice résultant de l'inexécution du contrat* »[684]. Mieux, une affaire d'indemnisation d'un passager pour la perte de ses bagages sur un vol intérieur de l'Union européenne donne l'occasion à la Cour de justice de trancher nettement le débat. Le 14 avril 2008, Monsieur Walz agit contre la compagnie aérienne *Clickair* suite à la perte de ses bagages entre Barcelone et Porto. Ainsi va-t-il réclamer une indemnité d'un montant total de 3 200 EUR, dont 2 700EURcorrespondent à la valeur des bagages perdus et 500EURau préjudice moral occasionné par cette perte. Or, ce montant dépasse les limites prévues par la Convention de Montréal qui prévoit que la responsabilité du transporteur en cas de destruction, perte, avarie ou retard de bagages est limitée à la somme de 1 000 DTS par passager (somme équivalente à près de 1 134,71 EUR). La Cour déclare que la limite de responsabilité du transporteur aérien pour le préjudice résultant de la perte de bagages prévue est, en l'absence de toute déclaration, « *une limite absolue qui couvre tant le dommage moral que le dommage matériel* ». La Cour va au-delà du problème des bagages pour indiquer que toutes les limites de responsabilité sont absolues dans la Convention de Montréal[685]. Les tribunaux maliens tireront utilement les enseignements requis, pour décider de soumettre le cumul les montants pour la « *demande principale* » et les « *dommages-intérêts* » aux limites de réparations conventionnelles.

---

[682] TPI commune III, jugement N°238 du 06 octobre 2011.
[683] 20 octobre 1982 : Rev. fr. dr. aérien 1983, 55.
[684] Cass.com., 8 janv.1985, La Semaine Juridique Entreprise et Affaires n° 18, 1ermai 1986, 14700.
[685] CJUE, 3e ch., 6 mai 2010, *aff. C-63/09, Walz,* Revue de droit des transports n° 7, Juillet 2010, *comm.* 159, commentaires L. GRARD.

B. Les dommages et intérêts punitifs

On connait maintenant la propension des tribunaux maliens à accorder des dommages et intérêts sans commune mesure avec le préjudice. Souvent le montant des dommages et intérêts dépasse le double de celui de la demande principale[686]. Dans l'ensemble des décisions étudiées, des dommages-intérêts ont été systématiquement prononcés en faveur du demandeur. Nous pensons qu'il s'agit en réalité de dommages et intérêts punitifs qui sont pourtant prohibés par la Convention de Montréal. Par dommages et intérêts punitifs, il s'agit de « *réparation excédentaire* »[687] accordée par le juge. Pour le professeur KAMENA, les dommages et intérêts punitifs consistent à « *prononcer contre l'auteur du dommage une sanction excédant le montant du préjudice réellement subi* ».[688]

L'allocation de ce que les américains appellent « *punitive damages* » suppose un comportement particulièrement répréhensible[689]. Le dernier alinéa de l'article 29 de la Convention de Montréal déclare : « *Dans toute action de ce genre, on ne pourra pas obtenir de dommages-intérêts punitifs ou exemplaires ni de dommages à un titre autre que la réparation* ». Cette prescription monumentale semble être ignorée par le juge malien ainsi qu'il résulte d'une affaire d'octobre 2014. Le 3 Décembre 2013, Monsieur Fodé Kaba CAMARA saisit le tribunal de commerce de Bamako d'une action aux fins de réparation de préjudice contre la Compagnie Royal Air Maroc. Voulant se rendre à New York pour « *rencontrer des partenaires d'affaires et en même temps raccompagner sa belle-mère* » de New York pour Bamako, Monsieur Fodé Kaba CAMARA a été débarqué lors son transit à Casablanca. Il a été contraint de débourser des frais supplémentaires pour revenir au Mali et repartir aux Etats-Unis d'Amérique. Il a en outre manqué ses rendez-vous d'affaires. La générosité du tribunal se fait sentir : « *que par conséquent au vu de tout ce qui précède ; il échet de condamner la Compagnie Royal Air Maroc à payer au demandeur la somme de : 7.366.965FCFA à titre principal ; et celle de : 50.000.000 FCFA à titre de repartions de préjudices…* »[690].

On ne saurait cacher notre stupéfaction. D'abord, le montant des dommages-intérêts, très curieusement, dépasse plus de cinq fois celui de la demande principale. Ensuite, la somme de 50.000.000 FCFA est sans commune mesure avec le préjudice réel. Un jeune avocat nous confie que c'est un montant rarissime en termes d'allocation de dommages et intérêts[691].

---

686 TPI., jugement N°523 préc.

687 N. DELEUZE, *Responsabilité du transporteur aérien de la communauté*, thèse, Université Montpellier I, 2001, *op. cit.*, p.173.

688 B. KAMENA, « le principe de précaution en droit privé », Revue Africaine de Science Politique et Sociale n°4 janvier 2015, p.459.

689 Voir G. LEGIER, L'application de la convention de Varsovie par les juridictions américaines : présentation de la jurisprudence récente, RFD aérien, 1993, note 97, p.41.

690 T. com. de Bamako, jugement n°292 du 30 avril 2014.

691 Ancien secrétaire général de l'association des jeunes avocats du Mali de 2011 à 2015, il a au moins 10 ans d'ancienneté dans le barreau malien.

Manifestement il s'agit de dommages et intérêts punitifs. Nous n'avons pu nous empêcher d'aller rencontrer ce magistrat afin qu'il nous explique la motivation d'une telle condamnation. Nous restons convaincus que « *manquer ses rendez d'affaires à New York* » ne signifie pas forcément qu'un contrat juteux serait signé. En conséquence, le préjudice qui en découlerait n'est ni réel ni certain. Le juge Moussa Toufado TOURE se défend par ce qu'il appelle la « *trilogie du juge* » enseignée à l'école de magistrature : « *Le juge c'est les faits, la loi et sa conviction* »[692]. Il reconnait que la *RAM* est fréquemment assignée pour de tels comportements, mais qu'il a décidé de ce montant de **50.000.000FCFA** selon « *son intime conviction* ». De toute évidence, le juge TOURE fonde sa solution sur des motifs hypothétiques. Il faut reconnaitre que cette motivation est insuffisante. Nous pensons que ce jugement doit être infirmé par la Cour d'appel pour le simple fait que le préjudice allégué (rencontre avec des partenaires d'affaires) n'est pas certain. Par conséquent se trouve violé l'article 114 du RGO qui exige que le dommage soit « *toujours certain et direct* » pour être réparé. Et en France la Cour de cassation met toujours en garde que la réparation de la perte d'une chance ne peut être égale à l'avantage qu'aurait procuré cette chance si celle-ci s'était réalisée[693]. Il faut être clair, la Convention de Montréal cantonne le domaine des dommages et intérêts à la seule réparation du préjudice et rejette expressément les *punitive damages*. Par conséquent, le juge ne saurait prononcer de « dommages et intérêts punitifs ou exemplaires ou de dommages et intérêts à un titre autre que la réparation ». En effet, l'article 29 censure une pratique jurisprudentielle qui aurait pour conséquence de dénaturer le contentieux du transport aérien, à savoir la condamnation à des dommages-intérêts punitifs ou exemplaires. Conformément au droit applicable, les demandeurs tout en exigeant une réparation intégrale de leur préjudice, peuvent aussi réclamer des « *punitive damages* ».

Ces dommages et intérêts punitifs sont généralement alloués par des tribunaux américains lorsque le défendeur a agi de façon téméraire, malveillante ou dolosive. C'est une sorte de punition du défendeur pour la prise de risque qu'il a fait subir à la victime. La Cour suprême des USA jugea ces dommages punitifs constitutionnellement valables lorsqu'ils sont accordés après un procès dit équitable[694]. L'acceptation de tels dommages punitifs aurait fortement menacé l'équilibre économique du système de responsabilité mis en place. Les transporteurs et leurs assureurs n'auraient pu supporter l'aléa économique inhérent à ce type d'indemnisation. C'est pour autant de raisons que l'article 29 exclut expressément cette indemnisation.

---

[692] Entretien dans son bureau le 1ersept. 2015.

[693] V. Cass. 2e civ., 9 avril. 2009, n° 08-15.977.

[694] S. J. FEARON, La nouvelle convention de Montréal de 1999, une vision américaine, RFDAS, octobre- decembre 1999, n°4, p 477, cité par O.M. TERRENOIRE, *De l'influence communautaire dans la protection du voyageur*, Thèse, université Jean Moulin Lyon 3, 2005, p.265

II. Le « coup de force judicaire »

La pratique judicaire au Mali indique que les magistrats continuent de s'accrocher au droit commun pour l'évaluation des dommages dans le transport aérien (A). Il est temps de tirer toute la portée de tels « errements » (B).

A. Le mépris des traités de droit aérien

En ne respectant pas le principe du plafonnement, le juge malien a montré toute sa générosité en faveur des victimes, mais au détriment des intérêts des compagnies aériennes. Ce déplafonnement illégal qui traduit l'indulgence des tribunaux maliens, demeure une « méconnaissance » des conventions internationales. Il est classique d'affirmer que *les tribunaux ne sont pas des redresseurs de lois, mais des redresseurs de torts*[695]. Alors vouloir redresser des conventions internationales, aussi injustes soient elles, ne relève pas de leurs prérogatives. On aurait même pu comprendre qu'en présence d'un texte obscur, la jurisprudence malienne pouvait se permettre d'interpréter dans le sens le plus favorable aux victimes. Or, tel n'est pas le cas de l'article 22 de la Convention de Montréal. Les erreurs de jugement à ce niveau sont impardonnables. Ce qui est constant et vérifiable, c'est que les conventions priment le droit interne conformément à l'article 116 de la Constitution malienne :

« *Les traités ou accords régulièrement ratifiés ou approuvés ont, dès leur publication, une autorité supérieure à celle des lois…* »[696].

Cependant, certains tribunaux maliens n'entendent pas de cette oreille, ils semblent privilégier systématiquement le droit national. Dans une espèce de février 2007, Monsieur Moussa NDIAYE a voyagé avec Ethiopian Airline de Dubaï à Bamako en faisant embarquer 13 colis de marchandises à Dubaï. À l'arrivée 9 colis lui ont été remis et 4 sont restés introuvables. Pour sa défense, la compagnie invoque l'application de la Convention de Varsovie qui limite la réparation, car l'indemnisation est faite selon le poids de la marchandise à défaut de déclaration spéciale. Le tribunal de commerce de Bamako dans une interprétation déformante d'un arrêt de la Cour suprême, a autorisé le remboursement intégral du montant des marchandises sur la base du droit commun interne :

« … *Attendu que dans cette instance la problématique posée est relative à l'application de la Convention de Varsovie comme le prétend la défenderesse…*

Attendu qu'il est admis qu'en matière de transport aérien, la loi applicable demeure la Convention de Varsovie ; Attendu que cependant la jurisprudence constante du Mali a assorti l'application de cette convention de conditions. Qu'il s'agit bien de l'arrêt n° 57 du 4 août 1986 de la cour suprême du Mali.

---

[695] V. GRELLIERE, thèse op.cit., p.300.

[696] Constitution du 25 février 1992.

Que dès lors le droit applicable conformément à l'arrêt précité demeure le droit positif national… ».

Presque six ans plus tard, dans une autre espèce similaire de février 2013[697], la confusion de principe est maintenue par le même tribunal de commerce. Revenant du pèlerinage 2011, Madame Kadiatou Souko avait remis un excédent de 4 bagages à l'Agence Almadina, restés introuvable et évalué à 2.600.000fcfa. Sur la base du droit commun malien, le tribunal de commerce de Bamako ordonne le remboursement intégral de la valeur des bagages perdus, conformément dit-il à *la jurisprudence de la Cour suprême « … que dans l'esprit et la lettre de la convention susvisée c'est donc le droit commun qui s'applique ce qui est par ailleurs conforme à la jurisprudence de la Cour Suprême du Mali…* ». Nous reviendrons largement sur cet arrêt de la Cour suprême tant invoqué par les juridictions du fond. Incontestablement, à la lumière de ces jugements, il y a lieu de relever que le juge malien fait dire aux textes internationaux exactement le contraire de ce qu'ils disent.

Ces solutions consacrées qui sont en contradiction flagrante avec l'article 22, démontrent le peu de respect que nos juridictions témoignent aux conventions de Varsovie et de Montréal. C'est ce qu'il convient d'appeler une jurisprudence « *contra legem* ». C'est aussi une méprise de la Convention de Viennes sur l'interprétation des traités. En effet, l'article 31 de ce texte[698] précise qu'un traité doit être interprété de bonne foi, suivant le sens ordinaire à attribuer à ses termes dans leur contexte, et à la lumière de son objet et de son but. En accord avec Monsieur GRELLIERE, la plus grande erreur de l'interprète d'une convention internationale d'unification de droit est de la lire avec des « *préjugés* » tenant à la formation juridique de droit interne qu'il a reçue. C'est pourquoi l'appel aux ressources de droit national ne doit se faire que lorsqu'un examen approfondi du texte conventionnel démontre que celui-ci n'a pas résolu la question à trancher. Mais avant d'en venir là, il y a lieu d'exploiter tout le contenu du texte conventionnel, toutes les virtualités mêmes cachées, avant de se retrancher derrière ce que l'auteur qualifie « *des solutions familiales* »[699].

Il faut relever que, sous d'autres cieux, ces plafonds ont été jugés contraires aux droits nationaux. Déjà en 1944, un plaideur américain avait fait valoir que cette limitation indemnitaire dans la Convention de Varsovie était contraire à l'ordre public[700]. Quelques années plus tard, en novembre 1968, des magistrats américains ont déclaré que les dispositions de la Convention de Varsovie qui *limitent la responsabilité du transporteur* étaient contraires à la Constitution des États-Unis[701]. Ils ont estimé que « *« lesdites dispositions sont arbitraires,*

---

697 T.com. Bamako, jugement prec.

698 La Convention sur le droit des traités, signée à Vienne le 23 mai 1969.

699 Voir V. GRELLIERE, Thèse prec, p. 145.

700 Affaire Indemnity Insurance C° of North America v. Pan-American Airways Inc., U.S. A. District court, southern district of New York, 22 dec. 1944.

701 Court de Circuit de Cook County (Illinois), 7 novembre 1968, *affaire Burdell v. Canadian Pacific Airlines.*

irréfléchies, capricieuses et indéfendables »[702]. Ce désir du juge malien et de son homologue américain de favoriser les victimes ne saurait l'emporter sur la nécessité d'assurer l'unification du droit aérien à l'échelle internationale. Aussi ces décisions maliennes constituent-elles des « coups de force judiciaires » contre les conventions internationales dont les finalités sont l'uniformité des règles, la stabilité et la sécurité du cadre légal. Depuis 2012, notre pays connait d'énormes insécurités tant politiques[703] qu'institutionnelles, il ne faudrait pas y ajouter une insécurité juridique. D'où le sursaut escompté de la Cour suprême.

B. Le sursaut de la Cour suprême

Il faut partir du postulat que la réparation intégrale imposée par le juge malien, sans faute qualifiée du transporteur, est un déni de l'article 22 de la Convention de Montréal. Une telle application ou interprétation erronée, est en porte à faux avec le 5e alinéa du préambule de la Convention de Montréal qui vise à préserver « *un équilibre équitable des intérêts* » notamment ceux des transporteurs aériens et ceux des passagers ou expéditeurs de marchandises. Cette jurisprudence est très contestable non seulement dans sa motivation, mais aussi dans son fondement. Sans se leurrer, la position de nos magistrats n'est pas conforme aux courants doctrinaux et jurisprudentiels actuels dans le domaine de la responsabilité en transport aérien. Par ailleurs, elle génère des conséquences économiques très préoccupantes pour les transporteurs qui demeurent exposés à des montants potentiels d'indemnisation colossaux. C'est pourquoi la Cour suprême malienne doit sévir.

Il est temps d'arrêter ce « cycle de faveur pour les victimes » et faire un retour à une interprétation plus fidèle des conventions internationales. Un mouvement de « ressaisissement » est attendu des juges maliens sous peine de voir les grandes compagnies abandonner la desserte malienne[704]. La Haute juridiction malienne doit mettre un frein à ces débordements des juges du fond dépourvus de bases textuelles solides. Elle doit mettre fin au « déphasage » existant entre elle et les juridictions de fond. Comment ne pas s'étonner qu'en 2013 encore le tribunal commercial de Bamako continue à invoquer un « arrêt vieillot » de 1986 de la Cour suprême malienne ? D'abord depuis 1999, la Convention de Montréal a aboli la sanction du déplafonnement en cas d'absence ou d'irrégularité du titre de transport. Ensuite, même si cet arrêt était bien interprété, (ce qui n'est pas le cas) la Haute juridiction a changé de jurisprudence depuis presqu'une décennie. Dans une espèce, fort édifiante, Monsieur Siriman Jean Marc KONE a effectué le 6 avril 2010 le trajet Dubaï

---

702 Arret cité par R.H. MANKIEWICZ, La convention de Varsovie devant la constitution des Etats-Unis d'Amérique, RFD aérien 1969, p.256.

703 Coup d'état militaire contre le régime du président Amadou Toumani Touré le 22 mars 2012.

704 La compagnie *Tap Portugal* a fermé ses portes à Bamako pour déménager à Dakar en fin novembre 2015.

- Alger - Bamako à bord de la Compagnie d'Air Algérie. À son arrivée à Bamako, ses bagages enregistrés en soute contenant des objets et documents de « *valeurs exceptionnelles* » n'ont pas été retrouvés. Ainsi par requête en date du 21 septembre 2010, Siriman Jean Marc KONE a saisi le Tribunal de commerce de Bamako d'une action indemnitaire.

Le juge commercial « *condamne la Compagnie Aérienne Air Algérie à payer la somme de 3.327.500 F CFA à Siriman Jean Marc KONE à titre de réparation de préjudice* »[705]. Un pourvoi fut dirigé contre ce jugement. La demanderesse au pourvoi soulève un moyen unique tiré de la violation de la loi par fausse application de l'article 22 alinéa 2 de la Convention de Montréal qui fixe un plafond d'indemnisation. La Cour casse le jugement :

« *Attendu qu'il résulte de la lecture de ce texte que la* ***responsabilité du transporteur est limitée à 1000 droits de tirage spéciaux*** *par passager sauf déclaration spéciale. Que dans le cas d'espèce le jugement attaqué a accordé la somme de 3. 327. 550 F CFA ; que ce* ***montant est supérieur à la limite fixée par l'article 22*** *alinéa 2 de la convention de Montréal. Qu'en statuant ainsi le* ***jugement attaqué a violé*** *l'article sus visé et encourt de ce fait la censure* de la Cour Suprême »[706].

Nul doute, la voie de la limitation vient d'être clairement affichée par cette décision. Alors, après cet arrêt de 2012, doit-on continuer à nous rabâcher une jurisprudence dite « *constante* » de la Cour suprême du Mali ? Comment ne pas s'étonner que d'une juridiction à une autre ou au sein d'une même juridiction, que des affaires semblables voir identiques soient différemment appréciées par les juges ? En vue d'instaurer une large cohésion jurisprudentielle, de l'ordre et de la discipline judiciaire, notre Juridiction de droit vient de se montrer en fervent défenseur de ces instruments diplomatiques, qui faut-il le rappeler, constituent, l'un des exemples les mieux réussis d'unification du droit. On peut craindre que les juridictions du fond, ne suivent convenablement l'évolution de la jurisprudence de la Haute juridiction. Cependant, les plafonds fixés par les conventions sont susceptibles d'être écartés dans certaines situations. On parle d'exclusion de la limitation.

---

[705] T.com. Bamako, jugement n° 28 du 12 janvier 2011.

[706] Cour suprême, arrêt N°33 du 18/12/ 2012.

CHAPITRE II

L'EXCLUSION DE LA LIMITATION

Les rédacteurs internationaux ne se sont pas limités à accorder une limite de réparation au transporteur. Ils ont également envisagé les hypothèses dans lesquelles le transporteur serait de mauvaise foi, ou négligeant, pour le priver des privilèges de la limitation. Monsieur Henri ZOGHBI parle de « *responsabilité aggravée du transporteur* »[707]. La privation de ces faveurs qu'on lui accorde se présente comme une sanction. La suppression des plafonds permet ainsi d'offrir aux victimes une réparation intégrale de leur préjudice. Cette réparation intégrale consistera à mesurer l'indemnité à l'ampleur réelle du dommage[708]. Le transporteur perd ses privilèges spéciaux dans trois hypothèses : d'abord face à sa mauvaise foi dans l'exécution du contrat, ensuite en cas d'irrégularité du titre de transport (section 1) Enfin, dans le transport de bagages et de marchandises, le plafond de réparation sera inopposable si l'expéditeur a fait une déclaration spéciale d'intérêt à la livraison (section 2).

SECTION I. LA FAUTE QUALIFIÉE DU TRANSPORTEUR

Dans la Convention de Varsovie tout comme dans celle de Montréal, les actes ou omissions dolosifs voir téméraires du transporteur ou de ses préposés font échec à la limitation légale de responsabilité (paragraphe I). Mais contrairement à la Convention de Varsovie, celle de Montréal ne sanctionne pas l'absence ou l'irrégularité du titre de transport (paragraphe II).

Paragraphe I. Du dol à la faute inexcusable du régime Varsovien

Aux termes de l'article 25, paragraphes 1 et 2, de la Convention de Varsovie originelle, « *le transporteur n'aura pas le droit de se prévaloir des*

---

[707] H. ZOGBI, *La responsabilité aggravée du transporteur aérien*, thèse Paris, 1959.

[708] G. VINEY *Traité de droit civil, les effets de la responsabilité*, LGDJ, 3ème éd., 2011, n°57, p.154.

dispositions de la présente Convention qui excluent ou limitent sa responsabilité, si le dommage provient de son dol ou d'une faute qui, d'après la loi du tribunal saisi est considérée comme équivalente au dol... ».

I. Le sens de l'article 25

Le transporteur perd le bénéfice de la limitation de responsabilité si au cours de l'exécution du contrat, il a eu un comportement « *particulièrement choquant* »[709]. Selon l'article 25 le transporteur n'a pas « *le droit de se prévaloir des dispositions qui excluent ou limitent sa responsabilité, si le dommage provient de son dol ».* À ce comportement dolosif (A) l'article 25 assimile la faute inexcusable (B).

<u>A. La faute dolosive</u>

Monsieur ZOGHBI pense que ce texte vise principalement le dol et subsidiairement la faute équivalente au dol[710]. Dans sa thèse, Monsieur HASSAN définit le dol comme « *l'acte qui est commis sciemment avec l'intention de nuire ou de causer un dommage à autrui* »[711]. Pour Jean MAZEAUD, le dol découle d'une faute intentionnelle « une *volonté dirigée vers un but, l'intention dolosive consiste dans le désir de voir le dommage se réaliser...* »[712]. Cette première conception du dol est applicable tant en matière contractuelle que délictuelle : le dol traduit l'intention formelle de nuire. Mais dans une seconde acception spécialement contractuelle, le dol réside en une faute commise délibérément. Cela exige la malhonnêteté du débiteur se soustrayant délibérément à ses engagements contractuels, sans une intention formelle de nuire[713]. Par la suite, la jurisprudence française a élargi la notion de faute délictuelle en écartant progressivement l'intention de nuire. C'est pourquoi la Cour de cassation française relève que : « *le débiteur commet une faute dolosive, lorsque, de propos délibérés, il se refuse à exécuter ses obligations contractuelles, même si ce refus n'est pas dicté par l'intention de nuire à son cocontractant* »[714]. Ainsi le transporteur est-il privé du plafond d'indemnisation s'il est établi qu'il a voulu provoquer soit la mort, des lésions corporelles aux passagers, soit bien la perte ou l'avarie aux objets transportés. Et partant, les tribunaux français ont très souvent appliqué dans le transport aérien le principe de l'équivalence de la faute lourde au dol. Cependant, le dol

---

709 Voir V. GRELLIERE, thèse préc, p.339.

710 H. ZOGBI, thèse préc, n°167, p.70.

711 M.T. HASSAN, *La limitation de la responsabilité du transporteur aérien international*, thèse, Paris, 1970, n° 101.

712 J. MAZEAUD, note Dalloz, 1969, p. 601.

713 J. CARBONNIER, *Droit civil, Les obligations*, P. U.F. t.4, 22ème èd. 2000 n° 72.

714 Cass.civ.1ère, 4 février 1969, Dalloz 1969, note MAZEAUD ; JCP 1969, II, 16030, note PRIEUR concernant un acteur de la comédie française qui a accepté de tourner un film alors que son contrat le liant à la comédie française contenait une interdiction sous réserve d'une autorisation spéciale.

est méconnu en *Common law*, et la rédaction initiale de l'article 25 s'est avérée assez large dans beaucoup de pays de droit continental, car la faute lourde (assimilée au dol) est facilement retenue. D'où le recours à la faute inexcusable.

B. La faute inexcusable

Face à la variété des interprétations auxquelles ont donné lieu, dans les différents États parties, les expressions « dol » et « *faute équivalente au dol* », le Protocole de La Haye a apporté une précision de taille. Désormais selon son article 25 : « *Les limites de responsabilité prévues à l'article 22 ne s'appliquent pas s'il est prouvé que le dommage résulte d'un acte ou d'une omission du transporteur ou de ses préposés faits, soit avec l'intention de provoquer un dommage, soit témérairement et avec conscience qu'un dommage en résultera probablement...* ». Cette faute correspond d'après le Professeur LETACQ[715] à la *wilful misconduct* de la *Common law*. C'est une faute plus large que la faute intentionnelle, mais plus difficile à caractériser que la faute lourde. Contrairement à la doctrine majoritaire, nous pensons que cette nouvelle formulation de l'article 25 n'apporte pas assez de précision, elle est d'ailleurs plus qu'imprécise.

En effet, l'acte ou l'omission doit être fait « *témérairement et avec conscience qu'un dommage en résultera probablement* ». Cette formule « bateau » reste tributaire de l'appréciation souveraine des juges du fond, car c'est une question de fait et non de droit. Il s'agit là de ce que certains auteurs appellent par commodité la faute « *inexcusable* »[716]. Partant de l'article 25 de la Convention de Varsovie amendée, la Cour de cassation française définit la faute inexcusable de la façon suivante : « *est inexcusable la faute délibérée qui implique la conscience de la probabilité du dommage et son acceptation téméraire sans raison valable* »[717]. La faute inexcusable comporte deux éléments : l'un objectif, un manquement grave, l'autre subjectif impliquant « *la conscience de la probabilité du dommage et son acceptation téméraire sans raisons valables* ». D'où l'opposition de deux conceptions sur la façon d'apprécier la faute inexcusable. La première, dite subjective ou *in concreto*, consistait à apprécier si dans les faits le transporteur (ou ses préposés) avait eu conscience qu'un dommage résulterait de son attitude (2). Et la seconde, dite objective ou *in abstracto*, consistait à apprécier si le transporteur, en agissant comme il l'a fait aurait dû avoir conscience de sa témérité et de la probabilité du dommage (1). Pour une logique de l'exposé, nous commencerons avec la seconde.

---

[715] JurisClasseur Transport, Fasc.925, 12 novembre 2007, n°97.

[716] Voir V. GRELLIERE, *op.cit.*, p.187 ; B. MERCADAL, *Transports Aériens, Répertoire de droit commercial, juin 2015, n° 192.*

[717] Cass. 1ère civ., 20 déc. 1988, n° 87-17.887, Bull. civ. I, n° 372.

1. L'appréciation *in abstracto* (objective)

Dans un souci de désintéresser intégralement les victimes d'accidents aériens la Cour de cassation française a opté pour la conception objective. Le Professeur TOSI explique qu'en réalité, il ne s'agit pas d'une faute dont son auteur a eu effectivement conscience, mais de celle dont il aurait dû avoir conscience. Cette règle fixée par l'arrêt « *Emery* »[718] est longtemps restée constante en atteste l'arrêt de la première Chambre civile du 4 février 1986. Dans cette espèce malheureuse, un appareil piloté par le sieur Darmagnac s'écrase au sol, un passager est tué laissant six enfants dont quatre mineurs et deux enfants majeurs. La veuve, agissant tant en son nom personnel qu'au nom de leurs enfants a assigné en indemnisation M. DARMAGNAC et la Compagnie d'Assurances Maritimes, Aériennes et Terrestres. C'est dans ces conditions que la première Chambre civile était saisie d'un pourvoi reprochant à l'arrêt d'appel le fait que la faute retenue n'était pas de nature à justifier le déplafonnement du forfait légal. La Haute juridiction a rejeté le moyen en relevant que :

« *Le pilote de l'avion accidenté ayant omis, avant de partir, de demander des prévisions météorologiques, méconnaissant ainsi une règle fondamentale de la navigation aérienne, commettant une faute inexcusable. Les juges du fond ont pu estimer que le comportement de ce pilote avait été téméraire et qu'il était démontré qu'il avait conscience qu'un dommage en résulterait probablement...* »[719].

De façon générale, la Cour de cassation française se référait, selon les hypothèses, à une faute « *appréciée objectivement* »[720], ou à une « *personne normalement avisée et prudente* »[721], enfin à un transporteur qui « *ne pouvait ignorer le dommage probable* »[722]. Toutes ces formules objectives permettaient d'établir plus facilement la *conscience de la probabilité du dommage.* Les magistrats forment leur conviction par rapport à une personne normale et raisonnable en se référant aux données psychologiques que l'on peut normalement attendre d'un transporteur quelconque. Mais par la suite cette position très favorable aux victimes connaitra un infléchissement.

---

718 Cass. 2e civ., 5 déc. 1967 : JCP G 1968, II, 15350.

719 Cass. civ. 1re, 4 février 1986 ; Darmagnac et autre c. consorts Couturier, La Semaine Juridique Edition Générale n° 26, 24 Juin 1987, commentaire L. BOYER.

720 Cass. 1re civ., 5 déc. 1967 : JCP G 1968, II, 15350, concl. Lindon. - Adde, Cass. 1re civ., 16 avr. 1975, n° 73-
13.630: Bull. civ. 1975, I, n° 136.

721 Cass. 1re civ., 17 nov. 1987, n° 85-17.808 : Juris-Data n° 1987-001986 ; Bull. civ. 1987, I, n° 302.

722 Cass. com., 14 mars 1995, n° 93-16.196 : Juris-Data n° 1995-000668 ; Bull. civ. 1995, IV, n° 86 ; JCP G 1995,
IV, 1179.

2. L'appréciation *in concreto* (subjective)

L'appréciation *in concerto* de la faute inexcusable suppose de prouver, au regard des circonstances, les éléments psychologiques de la faute inexcusable. Il s'agira de prouver que le transporteur avait effectivement conscience de la probabilité du dommage. Le « *droit des transports est un foyer vivant de la technique juridique* » s'exclamait le doyen RODIERE[723]. La Chambre commerciale de la Cour de cassation française, par un arrêt du 21 mars 2006, nous en donne la preuve en modifiant son appréciation de la faute inexcusable. En fait, la société *Gallego* confie le 7 décembre 2004 à la société *DHL International* un pli contenant une offre pour la construction de diverses structures autoroutières, qui devait être déposée au plus tard le 8 décembre 2004 avant 12 heures. Mais le pli n'est arrivé que le 9 décembre 2004 empêchant la société *Gallego* de participer à l'appel d'offres. Elle assigna alors la société *DHL International* en réparation du préjudice résultant de la perte de chance d'obtenir le marché. La société Gallego tente d'écarter le plafond légal d'indemnisation qui lui est opposé par la société *DHL International* en invoquant l'existence d'une faute inexcusable. En se livrant à une appréciation *in concreto*, la Cour rejette le pourvoi :

« Qu'il n'était pas prouvé par la lettre de transport ou tout autre document que la société DHL International savait qu'un retard de livraison d'une journée priverait la société Gallego de la possibilité de participer à l'appel d'offres et lui causerait le préjudice... la cour d'appel qui a pu en déduire que le transporteur aérien n'avait pas eu conscience de la probabilité du dommage que sa faute pouvait provoquer, a fait l'exacte application de la loi ; que le moyen n'est pas fondé »[724].

L'apport majeur de l'arrêt réside dans l'appréciation *in concreto* de la faute inexcusable, opérant ainsi un « *spectaculaire revirement de jurisprudence* »[725]. Par conséquent, la preuve de la faute inexcusable devient plus difficile et profite essentiellement aux transporteurs. C'est l'interprétation dominante des autres pays signataires de la Convention de Varsovie. En se fondant sur la conscience effective du transporteur, la Cour de cassation consacre l'appréciation *in concreto*. Il n'est pas prouvé avec certitude que le transporteur « *savait* » (or cette certitude était autrefois rejetée par la Cour). De l'extension on fait un retour à une conception réductrice de la faute inexcusable.

Toutefois la portée de cet arrêt doit être relativisée. En effet un an plus tard la première Chambre civile de la Cour de cassation s'est prononcée en faveur de la conception objective, énonçant que : « *la faute commise par le pilote impliquait objectivement la conscience de la probabilité du dommage et son*

---

723 R. RODIERE, *Traité de droit des transports :* Sirey, 1953.

724 Cass. com., 21 mars 2006, n° 04-19.246, Bull. IV, n° 77,, SAS Entreprise Gallego c/ SA DHL International : Juris-Data n° 2006-032819.

725 M. MEKKI, « Appréciation de la faute inexcusable », *La Semaine Juridique Edition Générale n° 23, 7 juin 2006.*

acceptation téméraire de sorte qu'elle revêtait un caractère inexcusable »[726]. C'est dire donc à l'instar du doyen RODIERE que l'existence d'une faute inexcusable serait alors, tout simplement, le résultat d'une « *appréciation par le juge des preuves qui lui sont apportées »*[727].

II. Selon la Convention de Montréal

La faute inexcusable visée dans l'article 22paragraphe 5 de la Convention de Montréal est la même que celle visée dans la Convention de Varsovie modifiée à La Haye et répond par conséquent aux mêmes principes. Il s'agit d'un acte ou omission fait soit intentionnellement, soit témérairement et avec la conscience qu'un dommage en résultera probablement. Toutefois, le contexte nouveau d'application de cette disposition pourrait amener les tribunaux à en faire une application plus rigoureuse. Mais la Convention de Montréal a pris ses distances avec la Convention de Varsovie dans l'exclusion de la limite de réparation. Deux remarques s'imposent.

A. L'abandon du dol dans les dommages corporels

À l'exception des plafonds d'indemnité en matière de retard, de perte ou d'avaries, l'exclusion des limitations en présence du dol n'a pas fait l'objet d'une reprise par la Convention de Montréal. Ce postulat découle du nouveau régime de responsabilité institué. En effet, dans les responsabilités pour « *mort ou lésions corporelles »*[728] le principe d'une responsabilité illimitée ne nécessite plus le maintien d'un tel système, d'autant plus qu'en l'absence d'un dol le passager ne se voit plus heurter au plafonnement de son indemnité. Il y a lieu de relever deux observations regrettables.

- **La 1ère :** C'est regrettable que la suppression de tout plafonnement d'indemnité en cas de dol n'ait pas été maintenue pour les besoins de l'application de l'article 20 relatif à l'exonération du transporteur en cas de faute du passager. Un tel système existait dans la Convention de Varsovie qui dans son article 25 interdisait au transporteur de se prévaloir d'une quelconque limite de responsabilité. Il s'agit là d'une omission regrettable de la part des rédacteurs internationaux. Il sera moralement condamnable que face à des manœuvres dolosives du transporteur on lui permette d'invoquer la faute du passager.

- **La 2e :** C'est également déplorable que des sanctions « *plus dissuasives »* n'aient pas été prises contre le transporteur notamment l'extension du champ d'application de la responsabilité objective en cas de manœuvres dolosives. Mais cette « solution musclée » fragiliserait l'économie du monde du transport aérien. En effet, les juges ne manqueront pas l'occasion d'étendre l'interprétation de la notion de dol comme sous le régime varsovien.

---

[726] Cass. 1re civ., 2 oct. 2007, n° 05-16.019, BTL 2007, p. 612.

[727] R. RODIERE, « La faute inexcusable », Dalloz, 1978, *chron,* p. 33.

[728] Convention de Montréal art. 17, parag.1.

Cependant, à travers une solution médiane, le législateur international pouvait inventer un mécanisme d'aggravation de sanction sans déplafonnement en cas de dol. Ainsi, on multiplierait par deux ou trois le plafond de la responsabilité objective du transporteur. En cas de dol le transporteur encourrait une responsabilité objective de 200.000 à 300.000DTS par passager. Cette « sanction » aurait permis de mieux responsabiliser les transporteurs dans les diligences qu'ils doivent apporter à l'opération de transport.

B. Le maintien du dol dans le retard, perte et avarie

Comme on vient de le voir, face aux dommages corporels, la Convention de Montréal abandonne le mécanisme de la limitation de responsabilité en présence d'une faute assimilable au dol. Toutefois, l'article 22 paragraphe5 reprend en partie, l'article 25 de la Convention de Varsovie en sanctionnant la faute inexcusable à l'égard du retard et dans le transport de biens. En conséquence, les limites de responsabilité « *ne s'appliquent pas s'il est prouvé que le dommage résulte d'un acte ou d'une omission du transporteur... fait soit avec l'intention de provoquer un dommage, soit témérairement et avec conscience qu'un dommage en résultera probablement...* ». C'est dire donc que le champ d'application de la faute inexcusable est plus limité dans la Convention de Montréal. Le juge malien semble avoir fait une saine application de cette disposition dans une espèce sus visée en 2013. Voulant se rendre à New-York par la *RAM*, Madame TOURE a été débarquée nuitamment à Casablanca au motif que son passeport avait une durée de validité inférieure à 6 mois. Elle tente de faire sauter le verrou du plafonnement en invoquant la « faute inexcusable » de la *RAM*. Elle est suivie par le tribunal de commerce de Bamako à travers une motivation magistrale :

« *Le fait pour la RAM de refuser de donner une information utile permettant d'éviter tous les désagréments subis par Dame TOURE à temps, puis de lui refuser toute assistance au débarquement, tout comme le fait d'exiger d'elle le rachat d'un billet constituent des actes et omissions fait avec témérité avec la conscience qu'un dommage en résulterait ; la RAM ne saurait donc bénéficier des limites de l'article sus évoqué et doit être condamnée à la réparation en fonction de la réalité du préjudice subi...* »[729].

Le Tribunal poursuit sa logique d'interprétation en disant qu'il s'agit d'un « *comportement négligent et inacceptable* ». Toutefois, l'indemnité allouée est restée très modeste (seulement 3000.000 f CFA). Il faut rappeler que son collègue le juge Moussa Toufado TOURE sans se fonder sur une faute inexcusable, a accepté d'allouer le montant très élevé de 50.000.000FCFA pour des faits extrêmement similaires[730]. Le juge TOURE aurait dû à cette fin viser l'article 25 de la Convention de Varsovie ou 22 de la Convention de

[729] T.com, Bamako, jugement n°52, préc.
[730] T.com, Bamako, jugement n°292, préc..

Montréal. Outre la faute qualifiée, le non-respect des formalités relatives au titre du transport permet d'exclure la limitation de responsabilité.

Paragraphe II. L'irrégularité du titre du transport

Nous savons que le contrat de transport aérien, de passager ou de marchandise, est purement consensuel. Les conventions de Varsovie et de Montréal disposent que l'absence, l'irrégularité ou la perte du document n'affectent ni l'existence ni la validité du contrat[731]. La seule sanction en cas d'absence ou d'irrégularité était le déplafonnement de la réparation qui figurait dans le régime varsovien. Mais celle-ci a été supprimée dans la Convention de Montréal.

I. Le lourd formalisme du système varsovien

La Convention de Varsovie avait instauré un formalisme extrêmement rigoureux en vue de satisfaire à l'obligation de renseignement du transporteur (A). Le Protocole de la Haye a apporté un allègement significatif (B).

A. Le texte originaire

Il convient de distinguer selon qu'il s'agit de transport de personnes (1) ou de choses (2).

1. Le transport de passagers

Dans le texte originaire de 1929, l'article 3 alinéa1erdisposait que le transporteur était tenu de délivrer un billet de passage. Cette non-délivrance de titre de passage était sanctionnée par la perte du privilège de limitation ou d'exclusion de la responsabilité du transporteur. Cinq mentions obligatoires devaient figurer sur le billet de passage :

1) le lieu et la date d'émission ;
2) les points de départ et de destination ;
3) les escales prévues ;
4) le nom et l'adresse du ou des transporteurs ;
5) l'indication que le transport est soumis au régime de la responsabilité établi par la Convention de Varsovie.

Les auteurs estiment que l'omission d'une ou plusieurs mentions n'entraînait aucune sanction à l'égard du transporteur[732], seul le défaut de délivrance du billet interdisait au transporteur de se prévaloir des dispositions de la Convention *excluant ou limitant sa responsabilité*. Sous l'empire de ce

---

[731] Convention de Varsovie art. 3-2, 4-2 et 5-2 ; Convention de Montréal art. 3-5 et 9.

[732] F. LETACQ, « titre de transport- responsabilité-Actions en réparation », *Juris-Classeur* Transport, Fasc. 925, 21 avril 2011, *op.cit.*, p.46.

texte, le transporteur qui acceptait un passager sans billet ne pouvait donc limiter sa réparation.

2. Le transport de bagages

L'établissement du bulletin de bagages ne concerne que les bagages enregistrés, les bagages conservés par le voyageur ne font l'objet d'aucun document. Dans sa version initiale, l'article 4 la Convention de Varsovie exigeait la délivrance d'un bulletin de bagages en deux exemplaires, distinct du billet de passage et devant porter les mentions suivantes[733] :

a) le lieu et la date de l'émission ;

b) les points de départ et de destination ;

c) le nom et l'adresse du ou des transporteurs ;

d) le numéro du billet de passage ;

e) l'indication que la livraison des bagages est faite au porteur du bulletin ;

f) le nombre et le poids des colis ;

g) le montant de la valeur déclarée conformément à l'article 22, alinéa (2) ;

h) l'indication que le transport est soumis au régime de la responsabilité établie par la Convention de Varsovie.

Il faut vite ajouter que toutes ces mentions ne sont pas obligatoires. En effet, l'alinéa 4 de l'article 4 précise que « *si le bulletin ne contient pas les mentions indiquées sous les lettres d), f), h), le transporteur n'aura pas le droit de se prévaloir des dispositions de cette Convention qui excluent ou limitent sa responsabilité* ». Ainsi, l'omission des mentions indiquées sous les lettres d, f et h est sanctionnée.

3. Le transport de marchandises

L'article 9 de la Convention de Varsovie sanctionnait le transporteur qui acceptait des marchandises sans qu'une lettre de transport aérien (LTA) ait été établie ou en l'absence de certaines mentions. En effet, l'article 8 exigeait dix-sept (17) mentions numérotées de la lettre a) à la lettre q). Toutefois, ce n'est que si la LTA ne contenait pas les mentions indiquées de la lettre a) à la lettre i), ainsi que celle figurant à la lettre q) que le bénéfice de la limitation ou de l'exclusion de responsabilité était exclu. Rappelons ces mentions :

a) le lieu où le document a été créé et la date à laquelle il a été établi ;

b) les points de départ et de destination ;

c) les arrêts prévus, sous réserve de la faculté, pour le transporteur, de stipuler qu'il pourra les modifier en cas de nécessité et sans que cette modification puisse faire perdre au transport son caractère international ;

d) le nom et l'adresse de l'expéditeur ;

e) le nom et l'adresse du premier transporteur ;

f) le nom et l'adresse du destinataire, s'il y a lieu ;

g) la nature de la marchandise ;

---

[733] Sept au total mais la plupart étaient identiques à celles du billet.

h) le nombre, le mode d'emballage, les marques particulières ou les numéros des colis ;

i) le poids, la quantité, le volume ou les dimensions de la marchandise ;

j) l'état apparent de la marchandise et de l'emballage ;

k) le prix du transport s'il est stipulé, la date et le lieu de paiement et la personne qui doit payer ;

l) si l'envoi est fait contre remboursement, le prix des marchandises et, éventuellement, le montant des frais ;

m) le montant de la valeur déclarée conformément à l'article 22, alinéa (2) ;

n) le nombre d'exemplaires de la lettre de transport aérien ;

o) les documents transmis au transporteur pour accompagner la lettre de transport aérien ;

p) le délai de transport et l'indication sommaire de la voie à suivre (via) s'ils ont été stipulés ;

q) l'indication que le transport est soumis au régime de la responsabilité établie par la Convention de Varsovie.

Ce formalisme rigoureux instauré en 1929 a été unanimement critiqué, d'où les allègements apportés par le Protocole de La Haye en 1955.

B. L'allègement opéré par le Protocole de La Haye

La Convention de Varsovie ayant péché par son formalisme excessif, le Protocole de La Haye a introduit un allégement significatif à travers 3 innovations majeures.

1. L'unification du régime des titres de transports

Tout d'abord, il relever que Protocole de La Haye a unifié la règlementation relative aux titres de transport en alignant le régime de la LTA sur celui du billet de passage et du bulletin de bagages. Désormais les éléments relatifs à l'obligation de renseignement pesant sur le transporteur sont les mêmes quel que soit le titre de transport. En conséquence, nul besoin de distinguer s'il s'agit du transport de passagers, de bagages ou de marchandises.

2. La combinaison du billet avec les bagages

À travers la seconde innovation, le Protocole de La Haye a autorisé la combinaison du bulletin de bagages avec le billet en un seul et unique document (Convention de Varsovie article 4-1 modifié). Toutefois, il ne s'agit que d'une option pour le transporteur et s'il n'y procède pas, le bulletin de bagages doit alors contenir les mêmes mentions que le billet de passage. Cette combinaison est largement justifiée, d'autant que le transport de bagages constitue l'accessoire de celui des voyageurs.

3. L'allègement des mentions

Si la Convention initiale prévoyait dix-sept mentions, le Protocole de La Haye a considérablement allégé le contenu de la LTA en n'édictant que trois de mentions. Ces mentions sont d'ailleurs communes à l'ensemble des titres de transport : la première est relative aux points de départ et de destination ; la seconde, lorsque ces points sont situés dans un même État l'indication des escales, si escales il y a ; la troisième est relative à l'avis renvoyant à l'application éventuelle de la Convention, laquelle limite la responsabilité du transporteur. (Convention de Varsovie article 8 modifié). Le Professeur TOSI résume la sanction du déplafonnement en deux mentions seulement : l'absence de titre de transport ou l'omission de l'avis indiquant que la Convention de Varsovie est applicable[734]. Monsieur HASSAN pense que la plus exigée[735] est l'avis renvoyant à l'application éventuelle de la Convention de Varsovie. Ainsi, même en présence d'un titre de transport, le transporteur ne saurait se prévaloir de la limitation de responsabilité si la dernière (3e) mention ne figure pas sur ce titre. Quelle que soit l'intention protectrice des rédacteurs internationaux, le mécanisme employé ne semble pas être très efficace. En effet, souligne Monsieur PEYREFITTE[736], rares sont les voyageurs qui prennent le temps de lire minutieusement les clauses imprimées sur un billet d'avion. Et plus infimes sont ceux qui les comprennent. L'auteur étaye ses propos par les résultats d'un sondage effectué auprès de passagers (habituées aux voyages aériens) résidant aux États-Unis et transitant par l'aéroport de Londres. Sur 512 passagers interrogés, seuls 19 % ont déclaré avoir lu l'avis imprimé sur le billet[737].

Cependant dans le transport de marchandises, des juges du fond au Mali n'arrivent pas distinguer d'une part, la perte du privilège de la limitation (absence d'une LTA ou omission de l'avis indiquant que la Convention de Varsovie est applicable) et d'autre part, l'inapplicabilité des dispositions de la Convention de Varsovie dans le contentieux de droit aérien au Mali. Tout est parti de la mauvaise interprétation d'un arrêt de la Cour suprême du Mali rendu en 1986. Dans cette affaire, Monsieur SYLLA a voyagé par Air Afrique de Lagos à Bamako, deux de ses colis sont perdus. Par confirmation, la Cour d'appel condamne Air Afrique à lui payer la somme de 29 445 000 francs malien[738] correspondant à la valeur de deux colis égarés et à 7 000 000 de F CFA à titre de dommages et intérêts.

---

[734] J.P. TOSI, Juris- Classeur Responsabilité civile et Assurances, Fasc.460-20, 9 mai 2009, n°44.

[735] H. ABDELHAMAN, *La responsabilité civile du transporteur aérien en droit American*, français et irakien, Thèse Paris II, 1988, *op. cit.*, p.101.

[736] L. PEYREFITTE, « Transport aérien », *Juris-classeur*, fasc. 905, 20 déc.1998.

[737] Voir la constatation de la révision de la Convention de Varsovie sur la responsabilité du transporteur aérien : RFD aérien 1970, p. 493, cité par L. PEYREFITTE, « Transport aérien », *Juris-classeur*, fasc.905, 20 déc.1998.

[738] Le franc malien fut la monnaie du Mali entre le 1er juillet 1962 et le 1er juillet 1984 où elle est remplacée par le franc CFA.

Voulant se prévaloir de la limitation de réparation, Air Afrique saisit la Cour suprême pour mauvaise interprétation de la Convention de Varsovie. Contrairement à ce que pensent des juges du tribunal de commerce, la Cour suprême a appliqué dans ce contentieux les dispositions des conventions internationales en visant expressément les articles 8, 9 et 10 de la Convention de Varsovie. Elle refusa seulement d'appliquer les dispositions de la Convention de Varsovie qui « *excluent ou limitent la responsabilité du transporteur* ». Faisant une bonne application et une saine interprétation de la Convention de Varsovie, la Haute juridiction décida :

« *En transport international le transporteur ne peut invoquer la limitation de sa responsabilité s'il a accepté les marchandises sans lettre de transport aérien ou si ce document ne contient pas un avis indiquant à l'expéditeur que le transport sera régi par la Convention de Varsovie* (…) *Qu'en conséquence la Compagnie Air-Afrique est dès lors mal fondée à se prévaloir des dispositions de la Convention de Varsovie qui excluent ou limitent sa responsabilité…* »[739].

Cet arrêt a fait l'objet de toutes les supputations et déformations dans son interprétation par le tribunal de commerce. Dans la logique de la Haute juridiction malienne en l'absence d'une LTA ou l'omission dans la LTA de l'avis indiquant que la Convention de Varsovie est applicable, l'indemnisation ne peut être limitée ou exclue. Il faudra dès lors se résoudre à admettre une réparation intégrale du dommage conformément au droit commun. Cela ne veut point dire que la Cour suprême a opté pour le droit national au détriment des conventions internationales. À l'observation critique, les juges du fond[740] ont dénaturé l'arrêt sus évoqué en en donnant un enseignement différent de celui qu'a voulu diffuser la Cour suprême. Mieux, la Cour continue à appliquer les conventions internationales notamment les articles 19[741], 22[742] et 21[743] de la Convention de Varsovie.

II. L'abolition des sanctions par la Convention de Montréal

À la grande différence de la Convention de Varsovie (originelle ou amendée) les dispositions de la Convention de Montréal relatives aux documents de transport sont sans effet sur la limitation de responsabilité (Convention de Montréal, art. 3 parag. 5). En clair la Convention de Montréal a aboli la sanction du déplafonnement en cas d'absence ou d'irrégularité du titre de transport. Nous vérifierons cette révolution au niveau de chaque titre de transport.

---

739 Cour suprême, arrêt N°57 du 04/08/1986.

740 T. com. Bamako, jugement N°88 du 28/02/ 2007 ; jugement N°149 du 20/02/2013.

741 Arrêt N°002 du 28/01/2008.

742 Arrêt N°44 du 03/11/2008.

743 Arrêt N°102 du 12/05/2014.

A. Le transport de personnes

La Convention de Montréal ne parle plus de billet de passage, mais plutôt de titre de transport, lequel peut être individuel ou collectif (Convention de Montréal, art. 3parag.1er). Deux mentions seulement sont désormais imposées : l'indication des points de départ et de destination et, si ces points sont situés dans un même État, l'indication des escales prévues dans un autre État. Outre ces mentions la nouvelle convention exige la remise au passager d'un avis indiquant sa possible application. Mais quoi qu'il en soit, aucune sanction ne vient frapper l'absence de titre ou le défaut de mention et le contrat n'en reste pas moins soumis aux règles de la convention, « *y compris celles qui portent sur la limitation de responsabilité* », précise le paragraphe 3 de l'article 3.

B. Le transport de bagages

Si dans la Convention de Varsovie (originelle ou modifiée) les prescriptions en matière de bulletin de bagages faisaient l'objet de dispositions distinctes de celles du billet de passage, les rédacteurs de la Convention de Montréal ont fusionné les prescriptions relatives aux deux documents dans un article unique (article 3). Deux obligations sont imposées au transporteur : la délivrance d'une fiche d'identification pour chaque bagage enregistré[744], ainsi qu'un avis écrit indiquant que la convention régit la responsabilité du transporteur en cas de destruction, de perte, d'avarie ou de retard des bagages[745]. Naturellement cet avis est le même que celui adressé au passager.

C. Le transport de marchandises

La Convention de Montréal exige la délivrance d'une LTA tout en donnant cependant la possibilité au transporteur d'utiliser tout autre moyen (art. 4 parag.2) En conséquence, la LTA devient facultative ; et aucune sanction ne viendrait désormais frapper l'absence de LTA (art. 9). Ainsi, le contrat reste valide et sera soumis à toutes les dispositions de la Convention, y compris celles qui limitent la réparation. Outre la faute qualifiée et le non-respect des formalités du titre, la déclaration spéciale d'intérêt permet de faire échec à la règle du plafonnement.

SECTION II. LA DÉCLARATION SPÉCIALE D'INTÉRÊT À LA LIVRAISON

Pour échapper à la rigueur de plafonnement de la réparation, les clients des transporteurs disposent d'autres moyens : soit le recours à l'assurance, soit la pratique de la *déclaration spéciale d'intérêt à la livraison* ou déclaration de

[744] Convention de Montréal art. 3parag.3.
[745] Idem.parag.3.

valeur[746]. Dans des termes identiques, les conventions de Varsovie et de Montréal admettent qu'en matière de transport de bagages et de marchandises, le plafond est inopposable à l'ayant droit si l'expéditeur a fait une déclaration spéciale d'intérêt à la livraison au moment de la remise au transporteur, moyennant paiement d'une taxe supplémentaire éventuelle[747]. Dans ce cas, le transporteur sera tenu de payer jusqu'à concurrence de la somme déclarée sur le titre de transport, à moins qu'il ne prouve qu'elle soit supérieure à l'intérêt réel de l'expéditeur. Nous verrons les conditions de validité de cette déclaration (paragraphe I) ainsi que ses effets (paragraphe II).

Paragraphe I. Les conditions de la déclaration

Nous examinerons successivement les conditions de fond (I) et de forme (II).

I. Les conditions de fond

Les deux conventions précisent clairement que l'expéditeur peut souscrire une telle déclaration de valeur. Il ne s'agit point d'une obligation, même pour une marchandise de grande valeur. Il n'appartient donc pas au transporteur d'en faire l'offre à son client. À défaut d'une telle proposition par le transporteur, l'expéditeur ne saurait prétendre engager de ce chef sa responsabilité. Le transporteur peut-il opposer un refus à la déclaration émanant de l'expéditeur ? Les textes gardent un mutisme total sur cette possibilité. L'article 22 se borne seulement à lui donner le droit d'exiger un prix supplémentaire. Cependant, étant donné que les conventions internationales[748] autorisent le transporteur à refuser la conclusion d'un contrat de transport, *a fortiori* on doit lui reconnaitre le droit de refuser de transporter un bien à valeur déclarée.

II. Les conditions de forme

La déclaration doit être faite « *au moment de la remise des bagages enregistrés ou du colis au transporteur* »[749]. La déclaration doit être mentionnée sur la LTA à la rubrique « *valeur déclarée pour le transport* » et non pas dans la rubrique « *valeur déclarée pour la douane* »[750]. Quel prix doit-il être déclaré par l'expéditeur au titre de la valeur de la chose ? Les conventions visent expressément une « *déclaration spéciale d'intérêt à la livraison* ». Pour la doctrine, il ne s'agit pas du prix de la marchandise lors de

---

746 J.-F. BARBIÈRI, JurisClasseur Code Civil Art. 1382 à 1386, régime de la réparation, fasc. 203, juin 2014, n°58.

747 Convention de Varsovie art. 22 parag. 2 ; Convention de Montréal art. 22 parag. 2 et 3.

748 Convention de Varsovie, art. 33 ; Convention de Montréal, art. 27.

749 Convention de Montréal art. 22 parag. 2 et 3.

750 T. com. Bobigny, 25 juin 1998 : BTL 1998, p. 739.

la remise au transporteur, mais « *de la valeur que représentera la chose* », selon l'estimation de l'expéditeur, lors de la livraison[751].

Paragraphe II. Les effets de la déclaration

Si les marchandises ou les bagages enregistrés n'arrivent pas à destination, arrivent en retard ou subissent des avaries, le transporteur est lié par la valeur déclarée (I). Cela étant, ce principe souffre d'une exception (II).

I. Le principe

Le transporteur sera tenu de payer selon la formule de l'article 22 « *jusqu'à concurrence de la somme déclarée* » sur le titre de transport. Selon la jurisprudence française, la somme déclarée couvre l'ensemble des préjudices, même purement commercial[752]. Si le transport a été l'œuvre de plusieurs transporteurs successifs, ils seront tous liés par la déclaration initiale, car le transport est censé être une opération unique. La déclaration de valeur semble bénéficier d'une présomption irréfragable.

II. L'exception

La présomption précitée n'est pas véritablement irréfragable. En effet, les conventions permettent au transporteur de contester le montant de la déclaration. Le second membre de la phrase des paragraphes 2 et 3 de l'article 22 est révélateur : « *à moins qu'il ne prouve qu'elle soit supérieure à l'intérêt réel de l'expéditeur à la livraison* ». Aussi, le transporteur est-il admis à prouver que la valeur réelle est inférieure à la valeur déclarée et qu'en conséquence il n'est tenu de réparer que le préjudice réellement subi. Ce serait l'hypothèse où un expéditeur de mauvaise foi, ferait une déclaration mensongère ou inexacte. Pour éviter une telle fraude, un transporteur prudent devrait, en présence d'une déclaration d'un montant faramineux, faire procéder à une expertise préalable. Cela étant, il faut reconnaitre que dans la pratique, le transporteur n'essayera de récuser la valeur que si l'écart entre la déclaration et la réalité est très considérable.

---

[751] P. CHAUVEAU cité par V. GRELLIERE, *op.cit.*, p.326.
[752] CA Paris, 20 novembre 1984, BT 1985, p. 99.

CONCLUSION DE LA SECONDE PARTIE

Dans le contentieux du droit aérien, la détermination de la juridiction compétente est à l'origine d'une large divergence entre les tribunaux maliens. En gardant le mutisme sur la compétence matérielle des tribunaux, les rédacteurs des conventions internationales ont certainement voulu laisser ce champ libre à l'appréciation souveraine des États parties. À cet effet, le tribunal de commerce de Bamako, a, nous semble-il, une position plus ou moins conforme aux conventions, contrairement à la Cour d'appel qui peine à présenter une motivation plus rationnelle quant à la compétence.

Toutefois, le tribunal de commerce de Bamako semble être dans une dynamique de *forcing* s'agissant des actes mixtes. En toute hypothèse, la cour suprême est impatiemment attendue pour asseoir une certaine cohérence au sein des juridictions du fond.

Si en droit commun les juges disposent d'une grande marge d'appréciation pour déterminer l'étendue de la responsabilité et le montant des réparations, il en est tout autrement dans le transport aérien soumis au principe du plafonnement indemnitaire. A travers le dépouillement de la jurisprudence malienne des dix dernières années, il ressort que les tribunaux du pays se refusent d'appliquer le principe de la limitation de la réparation. À ce titre, le juge commercial malien a très souvent fait montre d'un « excès » dans l'évaluation des montants de la réparation.

CONCLUSION GÉNÉRALE

Dans le cadre de l'étude de la responsabilité contractuelle du transporteur aérien au Mali, les conventions de Varsovie et de Montréal ont engendré de nombreuses difficultés d'interprétation et d'application par les tribunaux. Un certain nombre de constats et de recommandations s'imposent.

Les droits des passagers sont sauvegardés par le juge. L'étude de la jurisprudence malienne, révèle la « *générosité* » des tribunaux à l'égard des victimes. En effet, une telle pratique présente d'indéniables avantages pour les passagers qui sont confrontés à des « *puissantes compagnies* » aériennes, très souvent contrôlées par les États. C'est probablement la raison pour laquelle, le juge malien utilise dans le contentieux du transport aérien des schémas de raisonnement qui lui sont familiers en droit commun. Toute chose qui aboutit très souvent à ce que le professeur N'DIAYE appelle une « *interprétation confuse et maladroite* ».[753]

Une jurisprudence *contra legem*. Cela étant, si la démarche du juge malien est salutaire en termes de sauvegarde et de protection accrue des droits des passagers et expéditeurs de marchandises, reconnaissons tout de même qu'il s'agit soit d'une « *méconnaissance* » soit d'un « *coup de force judicaire* » contre les traités aériens. Ce désir ardent de favoriser les victimes ne saurait l'emporter sur la nécessité d'assurer l'unification du droit du transport aérien à l'échelle internationale. **La consécration d'un principe de responsabilité par les conventions internationales devrait naturellement conduire le juge à écarter le droit commun sur les questions relevant desdites conventions**. Autrement dit, il convient de faire jouer par ces textes tout le rôle qui est le leur, sans discriminer leur importance normative. En effet, une cohabitation harmonieuse de ces conventions avec les règles internes demeure souhaitable. À cette fin, les juges doivent garder à l'esprit le caractère supra-législatif de ces conventions consacrées par l'article 116 de la Constitution malienne ainsi que les principes d'interprétation de la règle de droit.

Le déficit d'ouverture du juge malien aux nations étrangères. Partant de l'interprétation authentique décrite par KELSEN[754], toute prétention de la

[753] I.Y. N'DIAYE, Intervention lors de la leçon inaugurale, Colloque international/UASZ : le COCC, 50 ans après ; consultable sur www.youtub.com

[754] Pour lui il n'y a pas de signification authentique que celle qui est attribuée par l'interprète authentique (le juge) quel que soit son contenu.

doctrine à qualifier de fausse une interprétation, est parfaitement vaine ; étant donné qu'aucune signification objective n'existe. Alors, continue l'auteur, affirmer que l'interprétation d'une juridiction de fond ou d'une cour suprême est fausse reviendrait seulement à la comparer à celle que la doctrine aurait elle-même érigée en standard. Sans ambigüité, notre prétention dans cette étude, ne vise point à dénigrer voire méconnaitre les efforts louables du juge malien. Loin s'en faut ! Dans une démarche académique constructive, nous tentons à apporter notre modeste contribution à ce qu'il conviendrait d'appeler « *la construction véritable d'un droit aérien du Mali.* »

Certes en accord avec KELSEN, nous avons « *érigé en standard* » la jurisprudence d'un certain nombre de pays que nous avons maladroitement appelé « *jurisprudence internationale* ». Il s'agit en fait d'une forte « *tendance jurisprudentielle* »[755]. Ce sont des pays qui ont une longue expérience dans l'application de ces conventions internationales. À titre d'exemple, la France est signataire de la Convention de Varsovie depuis 1929 alors que le Mali n'est partie à ce traité que depuis 1963. Sans vouloir réinventer la roue, nous pensons qu'il serait bienséant de passer par l'école de ceux qui ont eu la lourde charge ou le privilège d'interpréter ces instruments internationaux avant notre pays.

Le Professeur FAVRE-MAGNAN nous enseigne que « ***le droit n'est pas un ordre isolé et le juriste trouve toujours à s'enrichir de l'apport des autres…*** »Il convient par conséquent d'éviter « ***le repliement des juristes dans leur tour d'ivoire.***[756] »Tous les pays du monde ont des règles juridiques, même si la place qu'occupe le droit dans la vie sociale diffère d'une culture à une autre. Ainsi, « *comparer les droits permet de faire le pas nécessaire pour comprendre son propre droit* »[757]. Nul doute, l'examen des solutions adoptées dans les autres pays et la façon dont elles y ont prospéré peut toujours servir de leçon.

Dans un monde de plus en plus interactif sur le plan juridique transnational, notamment par des contrats de transports aériens internationaux quotidiens, il est de l'essence même du juge malien de tenir compte de l'environnement juridique communautaire et international ainsi que du fonctionnement de son propre système juridique. En juriste contemporain, il ne suffit plus, à notre avis, de s'intéresser au seul droit national, il conviendrait surtout d'élargir son horizon juridique en y laissant entrer d'autres perceptions moins familières.

Considérant qu'il n'y a pas de société sans droit, il faut se rendre à l'évidence que si les opérateurs juridiques aériens veulent interagir sur le plan mondial, il leur faut nécessairement une vue d'ensemble, une compréhension juridique qui ne se limite pas à la frontière de leurs juridictions. Le droit s'est forgé à travers des siècles dans différentes sociétés, mais son but initial reste le même, celui de donner un cadre aux actions et transactions humaines et

---

755 L'expression est du Professeur Gilles CUNNIBERTI, lors notre comité d'encadrement de thèse en novembre 2016.

756 M. FABRE-MAGANAN, *Introduction générale au droit*, 1ère éd., 2009, p.53.

757 *Ibid.*, p.51.

sociales. Tel est le **l'objectif d'unification voulu par les rédacteurs** des conventions de Varsovie et de Montréal. En tant que tel, le droit ne diffère pas entre les sociétés et cet esprit initial qui se trouve dans tout droit devrait être pour le juriste une motivation suffisante pour dépasser le cadre national du droit et s'ouvrir aux systèmes juridiques étrangers avec toutes les spécificités et différences qui les caractérisent. Ce n'est que par ce chemin que nous bâtirons un transport aérien véritablement international et transnational.

Pour autant, il faut d'office préciser que tout n'est pas bon dans cette jurisprudence étrangère ou internationale. Loin d'un mimétisme juridique, il nous arrive de contester très souvent la position des juges continentaux ou anglo-saxons tout en indiquant au juge malien de s'en écarter. Cependant, le droit interne étant la « ***source des outils intellectuels employés par les juristes de chaque pays*** »[758], le juge malien échappe difficilement à la tentation d'interpréter soit directement soit indirectement selon sa propre loi. À ce titre, l'on ne saurait en vouloir au juge malien. En phase avec le Professeur TROPER, la grande différence entre l'interprétation authentique et celle de doctrine est que l'ordre juridique attribue des effets à l'une et pas à l'autre. Si l'interprétation de doctrine (que nous faisons dans cette étude) n'est qu'une recommandation, en revanche, celle authentique (qui émane du juge) est un acte créateur de normes. Même si à l'antipode de Monsieur TROPER, Monsieur CATALA déclare de façon belliqueuse, que : « … ***plus que le législateur et même plus que le juge, la doctrine est gardienne du temple*** »[759]. Renversant les rôles, Monsieur GAUTIER[760] va loin en affirmant que, les juges sont un peu les enfants de la doctrine.

L'ouverture du juge aux autres interprètes. L'étude de la « responsabilité *contractuelle du transporteur aérien au Mali* » vue sous l'angle de l'application et/ou l'interprétation des conventions internationales, nous a montré « *l'audace* » et « *les faiblesses* » de l'interprétation judiciaire. Le Professeur FABRE-MAGNAN disait que « *le droit est un art de l'argumentation* »,[761] car devant le juge, il faut convaincre du bien-fondé de sa cause. Et partant de ce qu'il convient d'appeler la théorie de l'argumentation, Monsieur HABERMAS nous enseigne que :

« *Les arguments sont des raisons qui, dans des conditions de discussions, honorent prétention à la validité avancée par des actes de parole constatifs ou relatifs, motivant ainsi rationnellement les participants à l'argumentation à accepter comme valides les énoncés descriptifs ou normatifs correspondants* »[762]. À travers l'analyse de la jurisprudence malienne, dans

---

[758] M. DE JUGLART, et alii Traité de droit aérien, LGDJ, 2è éd., 1989, n°2489.

[759] « Discours de M. Pierre CATALA », Remise des études offertes à Pierre CATALA. Le droit privé français à la fin 20ème Siècle, 13 juin 2001, cour de cassation, la documentation française, 2002, p.47.

[760] Voir C. JAMIN, *L'unilatéralisme et le droit des obligations*, Economica, 1999.

[761] M. FABRE-MAGANAN, *Introduction générale au droit, cours et méthodologie*, PUF, 1ère éd., 2009, p. 43.

[762] J. HABERMAS, *Droit et démocratie : entre faits et normes*, Gallimard, 2012, p.248.

bien des cas, l'argumentation du juge à travers ses motivations, peine à emporter notre conviction, non seulement dans l'évaluation du préjudice, mais aussi dans la détermination de la juridiction compétente.

Les conventions de Varsovie et de Montréal constituent le fruit des efforts destinés à unifier, à l'échelle mondiale, le droit de la responsabilité du transporteur aérien. Après plus d'un demi-siècle d'application de la Convention de Varsovie et plus d'une décennie d'application de la Convention de Montréal, le bilan reste mitigé. Le mouvement d'unification n'a pas été assez profond et universel. Il faut se rendre à l'évidence que les objectifs placés en ces textes n'ont malheureusement pas été atteints. Cette étude nous prouve à suffisance que l'interprétation des conventions de Varsovie et Montréal au Mali se fait dans « ***le plus grand désordre, sans vue d'ensemble ni critères rationnels*** »[763]. Toute chose qui entraine l'existence d'« *une fâcheuse disparité dans l'application des textes internationaux* ».

On sait maintenant que tout n'est pas dans la loi et qu'elle est souvent imparfaite. Dans le système juridique malien, tributaire du droit français, la primauté est donnée à la loi comme source du droit. On ne saurait donc la négliger en reconnaissant au juge le droit de s'en en affranchir. Le juge ne saurait faire office de législateur. Cependant, on ne peut aussi rester figer au mépris des changements constants. En phase avec Monsieur BERGEL et François GENY, et sans être partisan d'un « ***légalisme outrancier*** »[764], nous pensons que face à des textes internationaux clairs, le juge – interprète – ne dispose pas d'une liberté absolue. Il doit fonder sa solution sur des éléments objectifs au risque de renier ces textes. En revanche, face à un texte obscur ou un texte nouveau, le juge doit nourrir son interprétation d'« *éléments existants* » en l'occurrence la jurisprudence étrangère. L'obligation pour le juge de fonder toute décision sur des sources connues du droit est une nécessité pour la sécurité des justiciables, rempart contre l'arbitraire.

Finalement, le juge malien doit cesser d'être « ***hercule*** ». Le juge hercule d'après DWORKIN[765] est celui qui dispose d'un privilège de connaissance et qui estime qu'on doit se remettre à sa seule interprétation. Mais loin de là, HABERMAS et MICHELMAN, estiment que le juge doit se considérer comme **partie prenante d'un ensemble**, il s'agit de la communauté d'interprètes composée de juristes experts. C'est ce que Gustavo JUSTE appelle « ***la société ouverte des interprètes*** »[766].

Somme toute, l'interprétation du juge malien doit évoluer à l'aune de la jurisprudence internationale, de la doctrine majoritaire et des mutations économiques et sociales en cours. A cet effet, il est rassurant de constater l'orientation de la cour suprême vers la bonne interprétation de la règle de

---

[763] M. DE JUGLART, et alii, *Traité de droit aérien, op. Cit.*, 1989, n° 2487.

[764] J.-L. BERGEL, *Méthodologie juridique*, 1ère, éd., PUF, 2001, p.262 ; F. GENY « Sciences et technique en droit privé positif », *Nouvelle contribution à la critique de la méthode juridique*, t. IV, n° 302.

[765] Cité par J. HABERMAS, *Droit et démocratie*, *op.cit.*, p. 244.

[766] G. JUST, *Interpréter les théories de l'interprétation*, *op.cit.*, p. 5.

droit. C'est plutôt du côté des juridictions de fond que l'inquiétude est palpable, surtout que le contentieux du droit aérien n'arrive presque pas devant la haute juridiction. Face à ces constats, il y a lieu défaire des recommandations :

- Une réforme tendant à assurer une meilleure publication de la jurisprudence nous semble plus que nécessaire. En effet, les nouvelles technologies de l'information et de la communication ont profondément affecté les différents secteurs d'activité. Le secteur juridique n'a pas échappé à cette révolution. Ces techniques ont considérablement facilité l'accessibilité du droit et par conséquent l'enseignement et la pratique du droit. Au Mali, ces nouvelles technologies peinent à trouver leur place dans le système judiciaire. Il en résulte une inaccessibilité de la jurisprudence et surtout des contrariétés de décisions préjudiciables à la sécurité juridique. Aussi, une réforme tendant à assurer une meilleure accessibilité de la jurisprudence s'impose-t-elle. On pourrait imaginer la création d'une base de données par le ministère de la justice regroupant l'ensemble des décisions de justice du Mali et accessible à l'ensemble des magistrats et les universitaires. Cette réforme ne pourrait qu'inciter les juges à mieux s'assurer de la qualité de la motivation de leurs décisions. Ainsi à partir d'un « *clic* », le juge du tribunal commercial pourrait rapidement savoir la « *position* » de son collègue du tribunal civil. De même, le juge du tribunal de la commune I pourrait connaitre les motivations de ses collègues des autres communes, dans des affaires similaires. Il s'agit d'une nouveauté qui aura le grand mérite de répondre à l'impératif de sécurité juridique auquel aspirent les acteurs du transport aérien. Cet important travail de diffusion et d'interprétation de la jurisprudence malienne en matière de responsabilité dans le transport aérien interpelle l'ensemble des acteurs intervenant dans ce secteur notamment le ministère de la justice, l'Université des sciences juridiques et politiques de Bamako.

- Par ailleurs, il y a un besoin d'outiller et de former les magistrats. En effet, comme souhaité par la direction de l'institut de formation des magistrats du Mali[767], il conviendrait non seulement d'introduire le « *contentieux du droit aérien* » parmi les modules enseignés aux futurs magistrats, mais aussi de renforcer la capacité des magistrats en exercice sur le droit aérien. Ces praticiens se rendront compte « *qu'au lieu de déformer les principes de responsabilité de la responsabilité civile* »[768], le régime de responsabilité dans le transport aérien les compléterait par sa propre finalité.

- En outre, le législateur doit bâtir un code unique des transports. La matière du droit des transports au Mali est régie par une série de codes. Il y a : le Code de la route pour réglemente le régime de la circulation routière, une série d'actes règlementaires régissent le transport de personnes par les voies ferroviaire et terrestre, l'Acte uniforme OHADA réglemente le transport des

---

767 Entretien avec le Directeur General M. DICKO et son Adjoint M. COULIBALY, courant juin 2016.

768 B. KAMENA, « Le principe de précaution en droit privé », op.cit., p.473.

marchandises par route tandis que le Code d'aviation civil régit le transport aérien. Un décret est en gestation afin d'encadrer le transport fluvial. Le moment est venu, nous semble-t-il, de fusionner ces textes épars dans un « *code unifié des transports* ». Cet assemblage dans un code unique, aura le mérite, d'assoir une meilleure lisibilité et une parfaite visibilité de la matière du droit des transports au Mali. En attendant, la Cour suprême doit faire cesser les « *errements* » des juges du fond dans leur combat en faveur des victimes.

En définitive, les conventions de Varsovie et de Montréal ont acquis un tel rayonnement qu'elles sont conçues comme la référence de premier rang devant évincer les emprunts que les juges du fond pourront faire au droit commun. Il faut donc espérer attendre une jurisprudence malienne audacieuse, capable d'appliquer des principes directeurs fondés sur le respect des textes internationaux, de leur contexte et des objectifs qui leurs sont assignés. Il s'agit à notre avis, d'une ligne de conduite claire **valant condamnation des solutions qui seraient en rupture avec les termes de ces conventions.**

BIBLIOGRAPHIE

I. OUVRAGES GÉNÉRAUX, TRAITÉS ET MANUELS

BERGEL J.-L., Méthodologie juridique, 1ère éd. Paris, PUF, 2001, 404 p.

BRUN Ph., Responsabilité civile extracontractuelle, Lexis Nexis, 2e éd., 2009, 582 p.

CHABAS F., MAZEAUD L., MAZEAUD H., MAZEAUD J., Traité théorique et pratique de la responsabilité civile délictuelle et contractuelle, L.G.D.J, t.3, vol. 2, 2014, 650 p.

CARBONNIER J, Droit civil, Les obligations, P. U.F, t.4, 22e éd. 2000, 665 p.

DE JUGLART M., DUPONTAVICE E., DUTHEL DE LA ROCHETTE J., MILLER G., Traité de droit aérien, LGDJ, t.1, 2e éd., 1989, 2799 p.

DE JUGLART M., DUPONTAVICE E, DUTHEL DE LA ROCHETTE J., MILLER G.,

Traité de droit aérien, LGDJ, vol. 2, 2e éd., 1992, 1340 p.

DEN HAUTE E.N, (Dir) Le droit des obligations dans les jurisprudences françaises et belges, Bruylant, 2013, 296 p.

DELEBECQUE Ph. et GERMAIN M., GEORGES R., ROBLOT R., Traité de droit commercial, t. 2, LGDJ 2004, 17e éd., 1324 p.

GUINCHARD S, CHAINAIS C, FERRAND F, Procédure Civile : Droit interne et droit de l'Union européenne, Dalloz, 32è éd, 2014, 1600 p.

GRARD L., Droit communautaire des transports aériens, édition JOLY, 1998.

KERGUELEN-NEYROLLES B., (Dir) Lamy Transport 2017, t. 2, 1823 p.

LEGIER G., Droit civil : les obligations, Paris, Dalloz, 22e éd., 2017, 226 p.

LE TOURNEAU P., Droit de la responsabilité et des contrats, Dalloz, 10e éd., 2014, 2262 p.

MATEESCO-MATTE N., Traité de droit aérien-aéronautique, Pédone, Paris-Montréal, 3e éd. 1980, 1031 p.

MERCADAL B., Droit des transports terrestre et aérien, Paris, Dalloz, 1996, 446 p.

NAVEAU J., GOODFROID M., FRUHLING P., Précis de droit aérien, éd. Bruylant, 2e éd., 2017, 498 p.

PAULIN Ch., Droit des transports, LexisNexis, 1ère éd., 2005, 318 p.

PIEDELIEVRE S., TANDONNET D., Droit des transports, LexisNexis, 2013, 602 p.

RAVARANI G., La responsabilité civile des personnes privées et publiques, Pasicrisie luxembourgeoise, 3e éd., 2014, 1389 p.
RODIERE R., MERCADAL B., Droit des transports terrestres et aériens, Paris, Dalloz, 1990, 478 p.
RODIERE R., Droit des transports terrestres et aériens, Sirey 1977, 2e éd. TOSI J.-P., Responsabilité aérienne, Paris LITEC 1978, 353 p.
TROPER M., La philosophie du droit : « Que sais-je ? », PUF, 3e éd., 2011, 128 p.
VINEY G., Le déclin de la responsabilité individuelle, Paris, LGDJ, 2013, 418 p. VINEY G., Introduction à la responsabilité, LGDJ, 3e éd., 2008, 704 p.
VINEY G., Les conditions de la responsabilité civile, LGDL, 4e éd., 2013, 1320 p. VINEY G, Les effets de la responsabilité, LGDJ, 4e, éd., 2017, 880 p.

II. OUVRAGES SPÉCIAUX

ABERHAHMANE H, La responsabilité civile du transporteur aérien en droit American, français et irakien, Thèse Paris II, 1988, 675 p.
ANCEL P., Plaidoyer d'un membre de la doctrine pour la recherche empirique, in Mélanges en l'honneur de Philippe JESTAZ : libres propos sur les sources du droit, Dalloz, 2006 p. 1-17.
BULAMBO NYANGI G., La responsabilité civile du transporteur aérien en cas de dommage subi par un passager, Université de Lubumbashi, Graduat en droit 2011, 162 p.
BOUTONNET M., Le principe de précaution en Droit de la responsabilité civile, LGDJ, 2005, 695 p.
CASSON Ph., Les dommages et intérêts, Répertoire de droit civil, juin 2014, 240 p.
DELEUZE N., La responsabilité du transporteur aérien de la communauté, Thèse, Montpelier I, 2001, 398 p.
DELOBELLE O., Les accords de partage de code (code sharing) et d'interligne (interligne), mémoire DESS, Aix en Provence, 1996.
FABRE-MAGNAN M., BRUNET F., Introduction générale au droit, PUF, 1ère éd., 2017, 450 p.
GENY F., Sciences et technique en droit privé positif, Nouvelle contribution à la critique de la méthode juridique, Sirey, t. IV, 1913, 236 p.
GEORGETTE M., Le système de responsabilité issu de la Convention de la Varsovie à l'épreuve des jurisprudences nationales, Thèse Montpellier, 1978, 425 p
GRARD L., le droit de l'aviation civile après le 11 septembre 2011. Quelles mesures face à « l'hyper terrorisme ? », Etude à la mémoire de C. Lapoyade DESCHAMPS, PU Bordeaux, 2003, p.776.
GRELLIERE V., Responsabilité du Transporteur aérien international, thèse, Toulouse, 1973, 559 p.

HABERMAS J., Droit et démocratie : entre faits et normes, Gallimard, 1997, 557 p.
HASSAN M. T., La limitation de la responsabilité du transporteur aérien international, thèse, université de Paris, 1970, 120 p.
JAMIN C., MANZEAUD D., l'Unilatéralisme et le droit des obligations, Economica, 1999, 103 p.
JUST G., Interpréter les théories de l'interprétation, Paris, Harmattan, 2006, 276 p.
KABONGO L., la responsabilité civile de l'exploitant aérien en droit congolais. « Cas du crash aérien survenu au Marché Type K », Université protestante au Congo, Licence en droit option droit économique et social 2009, 117 p.
KELSEN H., Théorie pure du droit, LGDJ, 2e éd., 1999, 367 p.
LAMBERT-FAIVRE Y, Le dommage par ricochet, thèse, Lyon, 1959, 367 p.
PRADON F., La responsabilité pénale de l'entreprise de transport aérien en cas d'accident aérien, Thèse, Aix-en-Provence, 2001, 362 p.
SOW O., La responsabilité contractuelle du transporteur aérien, mémoire de maitrise, faculté de droit, université de Bamako, 2001, 67 p.
TERRENOIRE O.M., De l'influence communautaire dans la protection du voyageur, Thèse, université Jean Moulin Lyon 3, 2005, 335 p.
ZOGBI H., La responsabilité aggravée du transporteur aérien, thèse, université Paris, 1960, 222 p.
ZIDOUEMBA N., La coopération en matière de transport aérien en Afrique Noire, Thèse doctorat à l'université de Yaoundé en 1975, 230 p.

III. ARTICLES

ANCEL P., Plaidoyer d'un membre de la doctrine pour la recherche empirique, in Mélanges en l'honneur de Philippe JESTAZ : libres propos sur les sources du droit, Dalloz, 2006 p. 1.
BARBIERE J.F, Les modalités de réparation, Fasc.203, Lexis Nexis, juin 2014, p.74.
BOURASSIN M., « Surbooking : les droits viennent aux passagers qui veillent, non à ceux qui dorment », Revue Lamy droit civil, avril 2005, p.46.
BON-GARCIN I., « Les limites applicables à la responsabilité d'un magasinier dans le cadre d'un transport aérien », Revue de droit des transports n° 4, Mai 2007, comm. 94.
BOYE L., « La faute inexcusable », semaine juridique, 24 juin 1987, N° 26.
CAS G., « La responsabilité du transporteur aérien pour dommages causés aux passagers au cours d'opérations aéroportuaires », RGA, 1968, p.81.
CASTEROT C.A, L'incompétence du juge pénal dans le transport aérien, Dalloz, 2014, 430 p.

CHARLES J.B., « La responsabilité du transporteur aérien postal en droit français : essai de panorama d'un régime méconnu et complexe », Revue de droit des transports n° 12, Décembre 2011, étude 14.

CORREIA V., « La protection du passager », Fasc.930, Lexis Nexis janv.2014.

DELEBECQUE Ph., la Convention de Montréal du 28 mai 1999 pour l'unification de certaines règles relatives au transport aérien international ou le nouveau droit du transport aérien : JDI 2005, 2003

DIALLO I. K., « L'UEMOA et Transport aérien », Bulletin de transport multimodal, n° 1, p. 8.

FEARON S. J., « La nouvelle Convention de Montréal de 1999, une vision américaine », RFD aérien 1999, n° 4, p. 400.

FOLLIOT G.M, De Varsovie (1929) à Montréal (2004) : le nouveau régime de la responsabilité aérienne : LPA 27 Juill.2005, n° 148, P.3

GAUTIER P.Y, « Influence de la doctrine sur la jurisprudence », Recueil Dalloz, 2003, 283 p.

GRELLIERE V., « La responsabilité du transporteur aérien interne : de Varsovie à Montréal », Gaz. Pal.. 03/08/2006, n° 215, p.2

HUET A., « Compétence des tribunaux français à l'égard des litiges internationaux », Juris Classeur, Fasc.10.

KAMENA B., « le principe de précaution en droit privé », Revue Africaine de Science Politique et Sociale n° 4 janvier 2015, pp.453-495.

KONZ F., « La Convention de Varsovie et ses révisions : l'application du régime des conventions internationales en matière de responsabilité du transporteur aérien dans le Grand-Duché de Luxembourg », RFD aérien, 1976, p. 107.

Lamy commercial, « indemnisation des dommages », dec.2014, N° 1219.

LEGIER G., « L'application de la convention de Varsovie par les juridictions américaines : évolution de la jurisprudence », RFD aérien, 1993, p. 134.

LEGIER G., « La limitation de responsabilité du transporteur aérien », Semaine Juridique Edition Générale n° 10, 9 Mars 2005.

LEMARIÉ A., « révision des limites de responsabilité de la convention de Montréal », Revue de droit des transports n° 4, avril 2010, étude 4.

LÉMEILLAT N., « Le droit à l'information du passager aérien : à quand une obligation de résultat ? », Revue de droit des transports n° 3, Mars 2011, alerte 21.

LEMOINE M., « Vers une uniformisation du contrat de transport aérien international » in RFD aérien 1954, p. 103.

LETACQ F., « Titre de transport-responsabilité-Actions en réparation », Juris-Classeur Transport, Fasc. 925.

LETACQ F., « Transport », Juris-Classeur, Fasc. 920.

MAYER P., « Droit international privé et Droit international public sous l'angle de la notion de compétence », Rev. Crit. DIP, 1979, p. 15.

MERCADAL B., *Transport aérien*, Répertoire de droit commercial, septembre 2017.

Ministère de l'équipement des transports du Mali, « Politique Nationale de l'Aviation Civile », 2011, 47 p.
PAULIN C, J.-Cl. fasc. Unique ou Civil Code Art. 1782 à 1786, n° 2, Décembre 2011.
PAULIN C, Transport aérien international : entrée en vigueur de la Convention de Montréal : D.2004, p.1954
PEYREFITTE L., « Transport aérien », Juris-Classeur, Fasc.905.
SAVAUX E., La fin de la responsabilité contractuelle ? RTD Civ, 1999, 28 p.
RAJSKI J., « La responsabilité du transporteur aérien dans la législation de quelques pays socialistes européens », RFD aérien, 1971, p. L3.
RIPERT G., « L'unification du droit aérien », RGDA 1932, p. 264.
RODIERE R., « Droit des transports. Transports terrestres et aériens » 2e éd., Revue international de droit comparé, vol.30, n° 4, pp. 1113-1114.
TOSI J.-P., « transport aérien - sources du droit applicable - champ d'application », Juris- Classeur, fasc. 460-20, septembre 2012.
TOSI J.P, « transport aérien-sources du droit applicable- titre de transport », Juris-Classeur, Fasc. 460-10, mai 2005.
VILLENEUVE G., « Le forum shopping dans la Convention de Varsovie », RGA 1967, p. 238.
VINEY G., « L'autonomie du droit de la réparation de la victime par ricochet par rapport à celui de la victime initiale », D. 1974, chr., p.3
VINEY G., « Les reformes du droit de la responsabilité civile », D. 2009, p.63.

IV. NOTES DE JURISPRUDENCE

CALME S., note sous Cour de justice fédérale allemande, 24 févr. 2011, n° I ZR 91/10, Revue de droit des transports n° 12, décembre 2011, comm. 199.
CHARLES J.-B., note sous Cass.com, 8 novembre 2011, Revue de droit des transports n° 3, juillet 2012.
CHARLES J.B., note sous Cass. 1èreCiv., 23 juin 2011, H. c/SNCF et autres, Revue de droit des transports n° 11, décembre 2011, comm. 173.
DELEBECQUE Ph., note sous Cass. Civ, 1ère, 12 novembre 2009, Revue de droit des transports n° 1, janvier, 2010.
DELEBECQUE Ph., note sous.CA Paris, 8e ch., sect. A, 25 janv. 2007, Benic c/Air France, Revue de droit des transports n° 4, mai 2007.
DELEBECQUE Ph., note sous Cass. 1èreciv., 12 nov. 2009, n° 08-15.269, F-D, El Doussi et a. c/Sté Airbus, Revue de droit des transports n° 1, Janvier 2010, comm. 19.
DELEBECQUE Ph., note sousCass. 1èreciv., 14 juin 2007, n° 05-20.614, F-D, Sabathier c/Sté Air France, Revue de droit des transports n° 9, septembre 2007, comm. 196.
DELEBECQUE Ph., note sous CA Riom, 1ère ch. civ., 16 mars 2006, n° 05-798, SA Axa Corporate solutions assurance c/Beraud, Revue de droit des transports n° 3, avril 2007, comm. 67.

DELEBECQUE Ph., note sous Cass. com., 13 mars 2007 SA Kuehne et Nagel, SA GMD- Handlair et Sté Mea c/Sté Best kid disques, Revue de droit des transports n° 4, mai 2007, comm. 88.

DELEBECQUE Ph., note sous Cass. 1èreciv., 5 juill. 2012, Revue de droit des transports n° 3, juillet 2012, comm. 40.

DELEBECQUE Ph., note sous Cass. 1èreciv., 12 nov. 2009, El Doussi et a. c/Sté Airbus, Revue de droit des transports n° 1, janvier 2010, comm. 19.

GRARD L., note sous CJUE, gde ch., 23 oct. 2012, Revue de droit des transports n° 4, octobre 2012, comm. 55.

GRARD L., note sous CJUE, 3e ch., 6 mai 2010, aff. C-63/09, Walz, Revue de droit des transports n° 7, juillet 2010, comm. 159.

GRELLIÈRE V., note sous Cass. com., 8 janvier 1985, La Semaine Juridique Edition Générale n° 47, 20 novembre 1985.

GROUTEL H., note sous Cass. 1ère Civ., 12 juin 2001, Cie d'ass. La Réunion aérienne c/Cts Vaux et autres, Responsabilité civile et assurances n° 10, octobre 2001, comm. 302.

MEKKI M., note sous Cass.1ère Civ., 21 mars 2006, JCP, mai 2006.

PRADON F., note sous Cass. 1èreciv., 28 juin 2006, n° 03-10.094, FS-P+B, GIE Avia France c/Véronique G., Revue de droit des transports n° 3, avril 2007, comm. 66.

PRADON F., note sous Cass. 1èreciv., 7 févr. 2006, Compagnie aérienne société Lufthansa c/SARL Atlas Voyages et autres, Revue de droit des transports n° 1, février 2007.

STAES O., note sous CA Orléans, ch. sol., 14 déc. 2007, n° 06/03130, Sté Kenya Airways c/Bonneau et autre, Revue de droit des transports n° 7, juillet 2008, comm. 155.

TOSI J., note sous CJUE, 3è ch., 6 mai 2010, Recueil Dalloz 2010 p.1762-1764. VINEY G., note sous Ass. Plén., 6 octobre 2006, Recueil Dalloz, 2006, p.2825.

V. JURISPRUDENCE MALIENNE

A. TRIBUNAUX D'INSTANCE

TGI commune IV, jugement n° 123 du 15 juin 2015 TGI commune IV, jugement n° 091 du 11 mai 2015

TPI commune II de Bamako, jugement n° 442 du 2 juillet 2014 TPI commune III, jugement n° 523 du 26 décembre 2013

TPI commune II, jugement n° 545 du 28 août 2013 TPI commune III, jugement n° 238 du 6 octobre 2011

TPI Commune II, jugement n° 708 du 22 décembre 2010 TPI Commune III, jugement n° 307 du 2 novembre 2009 TPI commune II jugement n° 200 du 15 avril 2009

TPI commune III, jugement n° 78 du 12 mai 2005

B. TRIBUNAL DE COMMERCE

T. com. Bamako jugement n° 780 du 7 décembre 2016
T. com. Bamako, jugement n° 31 du 13 janvier 2016
T. com. Bamako, jugement n° 399 du 10 juin 2015
T. com. Bamako, jugement n° 33 du 7 janvier 2015 T com. Bamako, jugement n° 292 du 30 avril 2014
T. com. Bamako, jugement n° 52 du 22 janvier 2014
T. com. Bamako, jugement n° 513, 10 juillet 2013
T. com. Bamako, jugement n° 362 du 15 mai 2013.
T. com. Bamako, jugement n° 149 du 20 février 2013
T. com. Bamako, jugement n° 149 du 20 janvier 2013
T. com. Bamako, jugement n° 28 du 12 janvier 2011
T. com. Bamako, jugement n° 88 du 28 février 2007
T. com. Bamako, jugement n° 135 du 29 mai 1996

C. COUR D'APPEL

CA Bamako, arrêt n° 1007 du 16 novembre 2016
CA Bamako, arrêt n° 763 du 18 décembre 2013
CA Bamako, arrêt n° 75 du 25 janvier 2012
CA Bamako, arrêt n° 513 du 8 septembre 2010
CA Bamako, arrêt n° 0361 du 23 juin 2010
CA Bamako, arrêt n° 65 du 4 novembre 2009

D. COUR SUPREME

C. sup., arrêt n° 102 du 12 mai 2014
C. sup., arrêt n° 33 du 18 décembre 2012
C. sup., arrêt n° 44 du 3 novembre 2008
C. sup., arrêt n° 002 du 28 janvier 2008 Cour sup., arrêt n° 57 du 4 août 1986

TABLE DES MATIÈRES

Structures éditoriales du groupe L'Harmattan

L'Harmattan Italie
Via degli Artisti, 15
10124 Torino
harmattan.italia@gmail.com

L'Harmattan Hongrie
Kossuth l. u. 14-16.
1053 Budapest
harmattan@harmattan.hu

L'Harmattan Sénégal
10 VDN en face Mermoz
BP 45034 Dakar-Fann
senharmattan@gmail.com

L'Harmattan Cameroun
TSINGA/FECAFOOT
BP 11486 Yaoundé
inkoukam@gmail.com

L'Harmattan Burkina Faso
Achille Somé – tengnule@hotmail.fr

L'Harmattan Guinée
Almamya, rue KA 028 OKB Agency
BP 3470 Conakry
harmattanguinee@yahoo.fr

L'Harmattan RDC
185, avenue Nyangwe
Commune de Lingwala – Kinshasa
matangilamusadila@yahoo.fr

L'Harmattan Congo
67, boulevard Denis-Sassou-N'Guesso
BP 2874 Brazzaville
harmattan.congo@yahoo.fr

L'Harmattan Mali
Sirakoro-Meguetana V31
Bamako
syllaka@yahoo.fr

L'Harmattan Togo
Djidjole – Lomé
Maison Amela
face EPP BATOME
ddamela@aol.com

L'Harmattan Côte d'Ivoire
Résidence Karl – Cité des Arts
Abidjan-Cocody
03 BP 1588 Abidjan
espace_harmattan.ci@hotmail.fr

L'Harmattan Algérie
22, rue Moulay-Mohamed
31000 Oran
info2@harmattan-algerie.com

L'Harmattan Maroc
5, rue Ferrane-Kouicha, Talaâ-Elkbira
Chrableyine, Fès-Médine
30000 Fès
harmattan.maroc@gmail.com

Nos librairies en France

Librairie internationale
16, rue des Écoles – 75005 Paris
librairie.internationale@harmattan.fr
01 40 46 79 11
www.librairieharmattan.com

Lib. sciences humaines & histoire
21, rue des Écoles – 75005 Paris
librairie.sh@harmattan.fr
01 46 34 13 71
www.librairieharmattansh.com

Librairie l'Espace Harmattan
21 bis, rue des Écoles – 75005 Paris
librairie.espace@harmattan.fr
01 43 29 49 42

Lib. Méditerranée & Moyen-Orient
7, rue des Carmes – 75005 Paris
librairie.mediterranee@harmattan.fr
01 43 29 71 15

Librairie Le Lucernaire
53, rue Notre-Dame-des-Champs – 75006 Paris
librairie@lucernaire.fr
01 42 22 67 13

www.ingramcontent.com/pod-product-compliance
Lightning Source LLC
LaVergne TN
LVHW011305061026
849535LV00005B/1417
* 9 7 8 2 3 4 3 2 0 8 4 7 3 *